思想政治理论课实践教学导论

主　编　朱丽霞
副主编　孙文礼　刘　艳
编　委　孙厚权　曹胜亮　汪季石　金　艳
　　　　刘小宁　熊治东　王　琳　常　沛

中国教育出版传媒集团
高等教育出版社·北京

内容提要

　　本书基于思想政治理论课实践教学的课程建设,从理论和实践两方面,对高等院校开展思想政治理论课社会实践作了介绍,较为系统地梳理了思想政治理论课社会实践的基本要求和组织实施,阐述了思政实践的社会调查方法(实地观察法、访谈法、问卷调查法、网络调查法)、实践方式(志愿服务、公益活动、红色革命旧址考察)和报告撰写等内容。本书以相关高校多年的教学实践为基础,具有鲜明的实用操作性,有助于提升思想政治理论课社会实践的目的性和实效性。

　　本书以高等院校在校生为读者群,同时也可作为高校思想政治理论课教师及相关课程教师指导实践教学和其他社会实践育人工作的参考用书。

图书在版编目(CIP)数据

　　思想政治理论课实践教学导论 / 朱丽霞主编;孙文礼,刘艳副主编. -- 北京:高等教育出版社,2023.9（2025.2重印）

　　ISBN 978-7-04-059380-8

　　Ⅰ.①思… Ⅱ.①朱… ②孙… ③刘… Ⅲ.①高等学校-思想政治教育-教学研究-中国 Ⅳ.①G641

　　中国版本图书馆 CIP 数据核字(2022)第 161786 号

思想政治理论课实践教学导论
SIXIANG ZHENGZHI LILUNKE SHIJIAN JIAOXUE DAOLUN

策划编辑	孙天旭	责任编辑	王溪桥	封面设计	李树龙	版式设计	于 婕
插图绘制	裴一丹	责任校对	刘娟娟	责任印制	耿 轩		

出版发行	高等教育出版社	网　　址	http://www.hep.edu.cn
社　　址	北京市西城区德外大街 4 号		http://www.hep.com.cn
邮政编码	100120	网上订购	http://www.hepmall.com.cn
印　　刷	河北信瑞彩印刷有限公司		http://www.hepmall.com
开　　本	787mm×1092mm 1/16		http://www.hepmall.cn
印　　张	15.5		
字　　数	250 千字	版　　次	2023 年 9 月第 1 版
购书热线	010-58581118	印　　次	2025 年 2 月第 4 次印刷
咨询电话	400-810-0598	定　　价	36.00 元

本书如有缺页、倒页、脱页等质量问题,请到所购图书销售部门联系调换

目　录

第一章　思政实践导论

"知者行之始，行者知之成。"知行合一是中华优秀传统文化的核心观念之一。从先秦到当代，思想家们围绕知与行的先后、轻重、难易，进行过大量辩难，但知行最终须合一，却是共识，于是有了"读万卷书，行万里路""没有调查，就没有发言权"这样的箴言名句。现代教育深受西方工业文明的影响，学科越来越精细，专业越来越专深，大多数人的学习精力有限，只能专注于把握某些知识内容，往往忽略了学习不仅要促进专业的提升，还要促进自我的发展。虽然，当今社会网络信息技术的高速发展为学生获取知识和拓展视野提供了极大的便利，但网络信息的浩如烟海与良莠不齐则给学生带来极大的困扰与伤害，何况信息的获取本身还只是属于知识的界域，并不能取代践行的功能。

党中央历来重视实践对大学生成长的重要意义，坚持理论学习、创新思维与社会实践相统一，坚持向实践学习、向人民群众学习，是青年学生成长成才的必由之路。习近平强调，要坚持理论性和实践性相统一，用科学理论培养人，重视思想政治理论课的实践性，把思政小课堂同社会大课堂结合起来，教育引导青年学生立鸿鹄志，做奋斗者。青年学生要在思政实践中深化对马克思主义理论的学习与运用，要深化对世情、国情、党情的认识与认同，厚植爱国主义情怀，将实现美好生活的个人理想与中国特色社会主义的共同理想统一起来，不断增强服务社会的本领，为实现中华民族伟大复兴的中国梦而奋斗。

第一节　思政实践的内涵与意义

思想政治理论课（简称"思政课"）是落实立德树人根本任务的关键课程，课堂教学是办好思政课的主渠道，实践教学是课堂教学的重要延伸。思政课实践教学是高校实践育人工作的重要组成部分，党中央历来高度重视。高校思政课实践教学多年来不断探索具有鲜明特色的实践模式，但是在现实中思政实践依然存在各种各样的问题，与一流课程建设和拔尖创新人才培养的要求还有差距。

一、思政实践的内涵

思政实践是在思政课教师的指导下，广大青年学生走出校门，到基层去，通过开展社会调查、志愿服务、公益活动、红色革命旧址考察等实践活动，考察、了解和分析中国特色社会主义建设和发展的成就与实际问题，加深对马克思主义理论的理解，丰富青年学生的社会知识，进而提高青年学生运用马克思主义的基本立场、观点和方法来观察分析社会现象的能力。思政实践旨在把思政小课堂同社会大课堂结合起来，在理论和实践的结合中，把青年学生的人生抱负落实到脚踏实地的实际行动中来，把学习奋斗的具体目标同民族复兴的伟大目标结合起来，立鸿鹄志，做奋斗者。

思政实践是思想政治理论课的重要组成部分。思政实践是思想政治理论课课堂教学的延伸，具有明确的能力目标与价值目标，主要引导青年学生在实践活动中进一步深化对马克思主义理论的学习与理解，逐步形成正确的世界观、人生观和价值观，并提高和掌握运用马克思主义的立场、观点和方法分析问题、解决问题的水平与能力。作为课堂教学的延伸，思政实践既不只是理论学习的拓展——譬如开展研讨辩论、阅读交流、演讲比赛等活动，也不只是校园活动的体验——譬如课外学习小组、学生社团活动、校园文化活动等，其最主要的目的在于引导大学生走出校门，走向社会，去开展社会调查、志愿服务、公益活动、红色革命旧址考察等实践，获得与社会接触的直接经验，运用马克思主义理论去发现问题，分析问题，进而解决问题。

思政实践是思想政治工作的重要组成部分，是推进思想政治教育资源一体化的重要途径。思政实践要与专业学习、就业创业等结合起来，可以与实习实训、实践教学共享实践育人基地平台，这有助于推进各专业的课程思政建设。思政实践还要与校团委、学工部组织的"三下乡"等假期社会实践活动结合起来，联系爱国主义教育基地和国防教育基地、城市社区、农村乡镇、工矿企业、驻军部队、社会服务机构等，建立多种形式的社会实践活动基地，为学生参加生产劳动、志愿服务和公益活动等创造条件。思政实践要有机融入社会实践、志愿服务、实习实训等活动中，需要建立思想政治工作协同创新机制，有效推进思想政治工作各个方面都守好一段渠、种好责任田，同向同行，把思想政治工作贯穿教育教学全过程，实现全员育人、全程育人、全方位育人。

二、思政实践的意义

思政实践是思想政治理论课的重要组成部分，是与理论教学环节相对应的实践环节，是思想政治理论课课堂教学与日常思想政治教育的延伸，有助于引导青年学生走出校门、走向社会、走近基层，掌握和运用马克思主义理论和马克思主义中国化理论成果，深入了解社会，增强社会认同感和社会服务意识，促进青年学生成长成才。开展思政实践是高校实践育人的重要组成部分，是高校人才培养的重要环节，是增强当代高校思想政治工作实效性的重要环节。

第一，思政实践有利于深化学生对马克思主义理论的理解，有利于提升学生对马克思主义理论的应用能力，有利于增强思想政治教育的实效性。

辩证唯物主义和历史唯物主义是指导我们正确认识世界和改造世界的思想方法和工作方法，马克思主义理论是科学的世界观和方法论的统一，具有鲜明的科学性、革命性、实践性、人民性和发展性。尽管时代在变化，社会在发展，但马克思主义理论没有过时，并且焕发着强大的生命力。中国共产党人将马克思主义基本原理同中国具体实际相结合，同中华优秀传统文化相结合，不断形成具有中国特色的马克思主义中国化理论成果，领导中国人民不断推进中国革命、建设和改革的实践发展，取得了新民主主义革命的伟大胜利和社会主义建设的辉煌成就。马克思主义理论和马克思主义中国化理论成果始终是指导中国人民实现中华民族伟大复兴中国梦的最有力理论武器。

马克思主义理论从实践中来，到实践中去，在实践中不断接受检验，并随实践不断发展。青年学生要真正理解、领会、掌握和运用马克思主义理论，必须将理论与实际相结合，走出校园的"象牙塔"，走向社会的广阔天地，通过社会调查、志愿服务、公益活动、红色革命旧址考察等实践活动，去亲身经历、实际感受，去独立发现、深度探索，才能不断深化对马克思主义理论的认识与理解，把握马克思主义理论的鲜明特征，感受马克思主义理论作为思想武器的强大魅力。只有这样，青年学生才能从马克思主义理论的学习中受益，真正牢固树立起马克思主义的理想信念，真正把马克思主义当成观察当代世界的认识工具，指引当代中国发展的行动指南，引领人类社会进步的科学真理。只有这样，青年学生才能进一步自觉学习和运用马克思主义理论，真正地激发起青年学生掌握和运用马克思主义的基本立场、观点和方法的主观能动性，真正地引导青年学生紧密联系自身实际，自觉地努力改造自己的主观世界，并用马克思主义理论去改造客观世界，真正地将马克思主义内化于心、外化于行，不断增强服务社会的本领，为实现中华民族伟大复兴的中国梦而努力奋斗。

第二，思政实践有助于引导青年学生认识世情、国情、党情，增强社会认同感，深植爱国主义情怀，坚定"四个自信"。

当前和今后一个阶段，中国仍然处于重要战略机遇期，但机遇和挑战较之前都有新的发展变化。中国的社会主义制度优势全面彰显，已经全面建成小康社会，实现第一个百年奋斗目标，正在乘势而上开启全面建设社会主义现代化国家的新征程。但我国发展不平衡不充分的问题仍然突出，深化改革的任务仍然艰巨。国际环境日趋错综复杂，不稳定性不确定性明显增加，不断面临新矛盾新挑战。面对中华民族伟大复兴战略全局和世界百年未有之大变局，青年学生需要增强机遇意识和风险意识，立足当前社会主义初级阶段基本国情，了解党的大政方针，坚定道路自信、理论自信、制度自信和文化自信，坚持中国特色社会主义共同理想与共产主义远大理想相结合，坚定社会主义信念，把我国建设成为富强民主文明和谐美丽的社会主义现代化强国。

当代青年学生成长在中国特色社会主义事业全面发展的新时代，中国社会正在经历从传统社会向现代社会转型，社会主义市场经济日益完善，网络信息高速发展，青年学生的个性日趋鲜明、选择日趋多元、人格日趋独立、追求日趋差异，这赋予了新时代青年学生全新的精神面貌。适应青年学生的成长成才，满足青年学生的精神需求成为社会不同领域不断努力的方向。但同时，网络信息的汹涌浪潮也不断冲击着青年学生的世界观、人生观与价值观。通过实践活动，引导广大青年学生真正走出虚拟的网络世界，面对真实的现实世界，直面真实的社会百态，才能使他们真正理解人民至上的马克思主义政治立场，辩证唯物主义和历史唯物主义的马克思主义世界观和方法论，以及致力于改造世界的不断发展、与时俱进的马克思主义的实践精神，才能使他们真正从历史的纵向格局中了解近代中国的磨难并领会中国共产党领导中国人民取得的从站起来到富起来、再到强起来的历史性成就，才能真正从世界的横向格局中正确认识世界和中国发展大势，并感受中国特色社会主义制度的显著优越性和旺盛的发展活力。通过思政实践，可以让青年学生直接观察中国特色社会主义建设与改革的成果，厚植爱国主义情怀，不断增强青年学生的社会认同感，坚定在中国共产党领导下走中国特色社会主义道路的信念，为实现中华民族伟大复兴而奋斗的理想，自觉成为中国特色社会主义的合格建设者和可靠接班人，努力成为用习近平新时代中国特色社会主义思想武装起来、可堪大用、能担重任的时代新人。

第二节　思政实践的历史沿革

实践的观点是辩证唯物主义认识论第一的和基本的观点。党中央历来重视对高校青年学生进行思想政治理论教育，并且十分强调开展实践育人。新中国成立伊始，党中央立即着手对青年学生进行政治教育，全面推行民族的、科学的、大众的教育，提倡和鼓励对马克思主义和毛泽东思想的学习，决定开设辩证唯物主义与历史唯物主义等高校思政课课程，改进学生思想，帮助青年学生树立科学的世界观、人生观。为有效地进行思想政治教育，教育部明确规定了高校政治课教学方针、组织与方法的原则，要求理论学习要配合实际行动，如参加劳动生产、社会活动，使实践认识与理论知识相印证，取得巩固提高的效果。党中央从一开始就有着非常清醒的认识，明确提出高校思想政治教育，一方面要注意启发引导学生联系自己的思想实际，通过系统学习马克思主义理论，正确地、适当地调适认知，改造思想，树立正确的世界观、人生观和价值观；另一方面要注意引导学生能够恰当地、逐步深入地联系生产实际，特别是联系我国社会主义建设的重大实际问题，以及党和国家的总路线和重要政策，加深高校学生对马克思主义理论的理解。同时还要与有计划地组织学生参观工厂、农场，以及听取各种有关当前重要实际问题的报告适当地结合起来。尽管实践活动是高校思想政治教育的重要组成部分，思想政治理论课的理论教育要与实践相结合，但实践活动与理论课教学毕竟分属不同部门负责，彼此各自发展。在新中国成立初期的政治形势下，这种思想政治教育体制确实取得了一定的成绩。

随着改革开放的逐步扩大，经济建设成为社会发展的中心工作，思想政治教育工作受到一定程度的影响，一些高校党委对思想政治工作重视不够，办法不多，思政课实效性不强，与青年学生思想实际结合不紧，实践活动部分地出现了形式化的趋势，思想政治教育的"两张皮"现象越来越突出。党中央充分意识到加强和改进青年学生思想政治教育是一项极为紧迫的重要任务，于2004

年颁布的《关于进一步加强和改进大学生思想政治教育的意见》明确指出，思政课是大学生思想政治教育的主渠道，社会实践是大学生思想政治教育的重要环节，提出要把理论学习与实践育人结合起来，深入开展社会实践。为落实该意见精神，2005 年中共中央宣传部、教育部联合印发的《关于进一步加强和改进高等学校思想政治理论课的意见》明确提出，高校思政课要加强实践教学，要建立和完善实践教学保障机制，努力探索实践育人的长效机制。思政课实践教学被正式提上日程，各高校按照"05 方案"的要求探索各具特色的实践教学模式。2008 年中共中央宣传部、教育部颁布的《关于进一步加强高等学校思想政治理论课教师队伍建设的意见》再次强调，要逐步完善实践教学制度，并明确提出要开展思政课实践教学，实践活动在思想政治教育中的地位得到进一步提升。2012 年教育部等七部门联合下发《关于进一步加强高校实践育人工作的若干意见》，明确提出统筹推进实践育人各项工作。此后，坚持理论与实际相结合，注重发挥实践环节的育人功能，成为思政课建设发展与改革创新的重要原则。2016 年，习近平在全国高校思想政治工作会议上专门强调，要推动高校思想政治工作改革创新，用好课堂教学这个主渠道；要重视实践育人，创新方式，拓展途径。习近平的重要讲话精神，是我们搞好思政课教学、积极探索思政课实践教学有效模式的重要指导。

为进一步加强对高校思想政治理论课的宏观指导，规范组织管理、教学管理、队伍管理和学科建设，教育部专门印发了《高等学校思想政治理论课建设标准》，明确提出实践教学要纳入教学计划，要统筹思政课各门课程的实践教学，落实相应学分、教学内容、指导教师和专项经费。实践教学要覆盖全体学生，要建立相对稳定的校外实践教学基地。① 2018 年教育部印发的《新时代高校思想政治理论课教学工作基本要求》明确提出，从本科思政课现有学分中划出 2 个学分，从专科思政课现有学分中划出 1 个学分，开展本专科思政课实践教学。从强调所有思政课课程都要加强实践环节，到统筹思想政治理论课各门课程的实践教学，再到开展统一的思政课实践教学，教育部关于思政课实践教

---

① 2015 年印发的《高等学校思想政治理论课建设标准》与 2011 年印发的《高等学校思想政治理论课建设标准（暂行）》相比，有几点明显不同。一是实践教学的覆盖面更广，由大多数学生拓展为全体学生；二是提出"统筹思想政治理论课各门课的实践教学"，这是针对 2005 年《意见》中的"高等学校思想政治理论课所有课程都要加强实践环节"而言的，2021 年版的文件延续了 2015 年版的这一要求。

学的设计不断深入，要求不断明确。2020 年中共中央宣传部、教育部联合印发的《新时代学校思想政治理论课改革创新实施方案》明确强调，各高校要规范实践教学，切实提高实践教学实效。

第三节　思政实践的基本要求

开展思政实践是贯彻党中央教育方针的需要，坚持理论教育与社会实践相结合是党中央教育方针的重要内容。坚持理论学习、创新思维与社会实践相统一，坚持向实践学习、向人民群众学习，是青年学生成长成才的必由之路。开展思政实践，对于不断增强青年学生服务国家、服务人民的社会责任感，勇于探索的创新精神，善于解决问题的实践能力具有不可替代的作用。开展思政实践，必须以马克思主义理论为指导，其中马克思主义的群众观点、实事求是观点，对思政实践有着特别重要的指导意义。

一、坚持群众观点，向人民学习

群众观点是马克思主义的基本观点。马克思主义的群众观点的主要内容包括：坚信人民群众自己解放自己的观点，全心全意为人民服务的观点，一切向人民群众负责的观点，虚心向群众学习的观点。人民群众是社会历史的主体，是历史的创造者。这是马克思主义最基本的观点之一。人民至上是马克思主义的政治立场。马克思主义政党把人民放在心中最高位置，一切奋斗都致力于实现最广大人民的根本利益。坚持群众观点，就是要全心全意为人民服务。青年学生要清醒明确地认识到自己是人民群众中的一员，人民群众对美好生活的需要与青年学生自我发展的需要是相一致的。青年学生要清醒地意识到自己的立场应该是也只能是与广大人民群众相一致。马克思主义是广大人民群众武装思想的最有力武器，也应该成为广大青年学生武装思想的最有力武器。青年学生处于人生成长的灌浆阶段，虽然通过各种途径——譬如学校教育、家庭教育、网络资讯以及部分亲身经历——不断获得对这个世界、这个社会、这样人民的大量认识，但这些认识同真正的世界、真实的社会、真实的人民还是有着一定的差异的。通过思政实践等各种实践活动，坚持群众立场，能够让青年学生直接地近距离接触和认识人民群众，同时展望自己未来的发展，能够更清醒地意识到自己作为广大人民群众一分子的身份，更能坚定自己的人民群众立场。群众路线是群众观点的具体应用，即一切为了群众，一切依靠群众，从群众中来，到群众中去。群众路线的实质，就在于充分相信群众，坚决依靠群众，密切联系群众，全心全意为人民群众服务。在思政实践中，青年学生要坚持群众观点，要在思政实践过程中保持真实，保持谦虚，保持勤奋与艰苦，要相信群众、依靠群众，与群众讲真话，交真心，求真知。

二、坚持实事求是，从实际出发

实事求是是马克思主义的基本原则。毛泽东指出："'实事'就是客观存在着的一切事物，'是'就是客观事物的内部联系，即规律性，'求'就是我们去研究。"① 坚持实事求是，最基础的工作在于搞清楚"实事"，就是了解实际、掌握实情。在思政实践中坚持实事求是，就是要求青年学生一切从实际出发，真正地走出书斋，走出课堂，走出校门，走进社会，走进基层，走向现实。坚持实事求是，就是要求青年学生一定要克服各种各样的主观主义，尊重鲜活的社会现实，而不能被书本上已有结论或条条框框所限制，不能被网络上带流量的热搜或有特殊目的的舆论所左右，不能被自己成长经历中已经形成的或正在固化的与实际不符的看法所牵制，不能像有些人那样盲目地以外国人的是非为是非、以外国人的好恶为好恶，也不能盲目地完全肯定或完全否定父母亲友、师长朋辈的观点，要与各种各样的形式主义、主观主义作斗争。在思政实践中，要尽可能地排除一切主客观因素的负面干扰，冲破教条主义和经验主义的禁锢，纠正僵化的形而上学的思维方式，不断适应新形势、认识新事物。坚持实事求是，要求青年学生要勇于实践、善于实践，在实践中积累经验，进行理论升华，再用以指导实践、推动实践，在实践中使认识得到检验、修正、丰富和发展。

当前，中国特色社会主义进入了新时代的历史方位，社会主要矛盾已经转化为人民日益增长的美好生活需要和不平衡不充分的发展之间的矛盾，但我国仍处于并将长期处于社会主义初级阶段的基本国情没有变，我国是世界最大的发展中国家的国际地位没有变。这是青年学生走出校门走进社会时必须首先清醒认识到的最大社会实际。习近平明确指出："要把实事求是贯穿到各项工作

---

① 《毛泽东选集》第 3 卷，人民出版社 1991 年版，第 801 页。

中去，经常、广泛、深入开展调查研究，努力把真实情况掌握得更多一些、把客观规律认识得更透一些。"[1] 通过思政实践等各种实践活动，坚持一切从实际出发，能够让青年学生脚踏实地接触现实社会，让真实的社会从自己的实践中显现出来，以自己的亲身经历去感受当下世态，思考和探索个人发展的未来方向和社会发展的未来前景；坚持务实进取，循序渐进，稳步向前，不因遇到困难而停滞，不被任何干扰所困惑，将自己的个人理想与中国特色社会主义的共同理想、共产主义的远大理想结合起来，与千万中华儿女一起实现中华民族伟大复兴的中国梦。

三、坚持问题意识，弘扬正能量

思政实践不是随便开展的，思政实践的选题确定无论是来自思政课教师的推荐，还是来自实践团队成员的商讨，兴趣都是青年学生确定选题的重要动力，而问题往往是兴趣的焦点所在。青年学生在长期成长与学习过程中，不断接受主流意识形态的熏陶与教育，个人生理与心理也在不断成熟，面对纷繁复杂、日新月异的社会现实，青年学生不可避免地会产生各种困惑与迷茫，形成种种心理矛盾和思想问题，迫切渴望得到解决。思政实践鼓励青年学生选择一个自己充满困惑而有着强烈兴趣的问题，通过实践团队的调查研究，去探寻问题的前世今生，去明确问题的关键，去搜集各种相关资料，去寻找问题的解决方案，或将问题的严重性进行确认，以唤起民众与相关部门对该问题的重视，为未来解决问题提供基础。坚持问题意识，需要青年学生高度重视思政实践，不仅仅是为了完成一次课程学习与考核，而是借此机会，反思自己思想中的困惑与迷茫，并将其以问题形式明确下来，然后积极地研究问题和解决问题。

没有一个社会是完美的，现实的世界总是会存在各种各样的问题，青年学生会遇到各种各样的问题。坚持问题意识，并不是说什么样的问题都要被纳入思政实践的选择范围。思政实践主要还是要引导学生深化对马克思主义理论的理解，深化对中国特色社会主义的认识。实践调查的问题最终应该能够为这两方面提供支撑。因而，思政实践的最终成果，应当是有着正面建设意义的，有助于弘扬正能量。青年学生社会阅历不够，理论思维也有所不足，对很多社会现象的认识往往停留于表面而缺乏深刻的思考，往往容易形而上学地看待社会

---

[1]　习近平：《在纪念陈云同志诞辰 110 周年座谈会上的讲话》，人民出版社 2015 年版，第 10 页。

问题，却又有着理想的诉求和青春的冲动，因而在问题无法得到有效解决时往往容易受到沉重打击，动摇理想信念。思政实践坚持弘扬正能量，并不是回避社会问题的存在，而恰是基于马克思主义的方法论，用辩证的观点看待问题。思政实践作为青年学生走出校门走向社会之前的重要窗口，其作用更主要在于使他们掌握和运用马克思主义的方法论，增进对社会现实的理解与把握，促进个人能力与品格的提升。坚持弘扬正能量，能够增进青年学生对社会的了解，增强青年学生对自我能力的信心，强化理想信念。这就好比一棵树在其幼年期接受照料，虽然经历风雨却十分有限，仍然能够茁壮成长，等到成长为参天大树，根深蒂固了，就可以承受狂风暴雨。思政实践要坚持问题意识，鼓励青年学生发现问题，探索问题；坚持弘扬正能量，引导青年学生增强信心，积极参与建设美好社会。

四、坚持量力而行，提升收获感

青年学生还没有真正走向社会，学习与成长仍然是他们最主要的任务。思政实践课教师在确定思政实践的主题时，青年学生在确定思政实践的具体选题时，都要明确地意识到这一点，即实践一定要量力而行。青年学生对了解社会有着强烈的意愿，在讨论思政实践选题时往往会表现出几种明显不同的导向：一些学生从追求美好生活愿景的想法出发，试图发现和解决一点社会问题，特别关注那些具有鲜明现实意义的实践选题；一些学生对实践活动的思考不足，进而确定了一个看起来简单、现实中做起来却很难甚至无法完成的实践选题；当然，也有一些学生着眼于完成课程基本目标拿到相应学分，只关注那些现实中比较容易完成的实践选题。作为还没有真正走出校门走向社会的群体，青年学生对社会的看法往往带有浓厚的理想主义色彩，在确定实践选题时同样带有一定的理想主义色彩，进而导致实践选题存在各种问题，譬如题目可能过大，不是几名学生协作就能够完成；题目可能太深，非短时间的思政实践活动可以完成；题目难度太大，超出了学生实践团队的能力范围；题目立意过高，脱离了学生实践团队的现实基础；选题存在偏差，试图去发现与纠正社会秩序中的一些不良现象。有些实践选题，不仅学生实践团队不可能完成，而且专业的社会组织可能都难以完成。要鼓励青年学生确定有一定现实意义的、有一定理想主义色彩的实践选题，但要确保青年学生实践团队有能力完成自己的实践任务。

　　思政实践主要是帮助和引导青年学生深化对马克思主义理论的学习与运用，引导青年学生认识世情、国情、党情，加深对现实社会的理解。青年学生的实践选题，主要应当从这一认识世界的角度去把握。在确定选题时，青年学生应当立足其学习角色、学习或生活的场所、专业能力或兴趣能力所能达成的现实情况进行考虑，立足社会基层、底层、身边，切入点宜小，可以适当深挖掘，认真研讨实践选题的可行性。青年学生充满激情，在讨论选题时往往未能充分认识完成其实践选题需要的各种条件，忽视了实践活动过程中可能出现的各种问题以及自身的能力是否匹配，可能需要等到真正开展实践活动之后才会发现问题。思政实践课教师应当对实践团队的选题进行指导分析，帮助青年学生确认选题合适与否，帮助实践团队分析实践选题的可行性，引导实践团队调整实践选题。坚持量力而行，激发青年学生的主观能动性。

第二章　思政实践的组织

教育部明确要求各高校要规范好思想政治理论课实践教学，这对思政实践的组织提出了明确要求。构建常态化的机制完善的思政实践运行模式是组织好思政实践、推进思政课实践教学规范化的关键。形成可操作性强的思政实践教学模式是实现全员覆盖、提升思想政治教育实效的重要保证。无论是实践的管理机制，还是实践的流程规范，从实践主题的确定到实践团队的组建、再到实践项目的策划和实践活动的实施，都需要进行精心的组织与指导。

第一节　思政实践的运行管理

思政实践课要面向全校学生，这些学生来自不同的专业学院，学生的校内管理一般已有成熟机制，但学生走出校门之后，安全保障、经费保障、学生管理、教学组织、外联对接等工作，涉及面广，有关人数众多，必须同样建立起常态化的运行机制，并不断加以完善。思政实践的运行机制涉及部门协同、学生管理、教学管理、考核管理等多个方面。

一、协同机制，专人负责

思政实践的具体开展一般主要由马克思主义学院或思想政治理论课教学科研部门来承担。思政实践是思想政治理论课的组成部分，但实践教学跟课堂理论教学有明显区别，即便是校园第二课堂，有时都已经超出马克思主义学院所能掌控的范围，更何况走出校门走向社会面对更为广阔的天地，因此需要在学校层面建立起必要的协同机制进行规范化管理。

按照教育部的相关要求，各高校一般都成立了由主要校领导牵头的实践育人工作领导小组和思想政治理论课建设领导小组。一般来说这些领导小组多是务虚的，主要是将实践育人和思政课建设可能涉及的部门组织起来，小组成员多是各部门主要负责人，日常并不直接开展相应活动，只在思政课建设发展和实践育人工作的重大问题上进行专题研讨，形成学校层面的政策意见。思政实践一般要面向全体学生，涉及学生人数众多，关联部门较多，事情繁杂，思政实践的管理运行显然需要一个协同机制，成立一个具体的协同工作小组，真正承担起思政实践的相关协调工作。这个协同工作小组，可以由马克思主义学院牵头，各专业学院、校团委、学工部、教务处、宣传部、保卫处等相关部门参加，构成一个基本运行机制，具体由各专业学院负责学生实践的教学秘书，校团委、学工部的具体科员、辅导员，教务处负责学生实践的工作人员，以及宣传部、保卫处的相关工作人员，共同搭建一个思政实践的协同工作流程架构，分工协作，推进思政实践的顺利展开。

确定思政实践的协同运行组织架构后，需要进一步明确各自的职责分工，以推进思政实践的常态化、规范化运行。政策层面的重大事项，可以提交实践育人工作领导小组或思政课建设领导小组进行专题研讨，从学校层面进行顶层设计和统筹协调；执行层面的重要事项，可以由教务处牵头，马克思主义学院、各专业学院、校团委、学工部、宣传部、保卫处等参加，通过召开协调工作会进行研讨，反馈各种具体执行问题，按各自职责分工进行磋商解决；操作层面的日常事务，则可以通过各学院教学秘书及相关部门工作人员进行具体落实。

马克思主义学院是思政实践的主体责任单位，由思政实践教学系部负责思政实践的具体执行，按照思政课课程的相关规范要求进行组织与实施，制订课程教学大纲和教学计划，开展集体备课，分配教学任务，落实实践安排，组织课程考核。思政实践的课程教学大纲、学期教学计划、教学任务分配和实践安排，都需要上报教务处进行确认，录入教务管理系统。思政实践课教师通过教务系统领取教学任务和实践安排，按照教学计划开展思政实践指导。校团委和学工部应积极参与思政实践集体备课，共建思政实践项目库。在思政实践课开始后，应选取或推荐优秀项目进行社会实践支持，并加强辅导员对学生实践的跟踪管理。

思政实践教学系部作为思政实践的具体落实部门，需要做好前期策划与准备工作。教学系部需要积极组织好集体备课活动，研讨思政实践过程中可能发生的情况，反馈思政实践曾经发生过的问题并探讨问题解决办法，不断优化与规范思政实践方案；按照教学要求与各专业学院情况，分配好教学任务，督促思政实践课教师落实实践方案。思政实践课教师作为教学任务的直接负责人，要及时并保持与专业学院的辅导员及学生的沟通，积极参与校团委、学工部组织的社会实践活动，积极跟进，确保思政实践保质保量完成，达到思政实践的教学目标。

通过思政实践的协同运行机制，要明确各个部门的职责分工，落实各部门的具体执行人，使其在本部门的常规职责之内推动思政实践的逐步落实。

二、全员覆盖，统筹规范

思政实践作为一门课程，要面向全校学生，全员覆盖是其基本要求。但在实际落实中，由于学生数量庞大，安全保障、经费保障等问题客观存在，许多高校采取选拔优秀学生或骨干学生的方式组织社会实践，通过精心设计，高度关注，确实取得了十分不错的效果。为解决思政实践全员覆盖的问题，一些高校尝试在校内做文章，譬如试图延伸理论教学，引导学生去阅读经典，举办演讲比赛、文艺表演等，确实也能够取得不错的效果，不过在一定程度上却限制了思政实践的教学目标与实践价值。一些高校探索校外实践，譬如让学生自行组队外出实践，虽然试图引导学生走出校门走向社会，但由于只限于思政教师的课程安排，没有一定的组织协调，学生能够开展的实践活动相对有限，再加上教师本人承担的实践教学任务较多，难以一一加以指导，可能造成学生的思政实践处于一种放任状态，消解了学生参与思政实践的积极性和主动性，思政实践的效果显然无法保证。

全员覆盖是思政实践的基本要求，不能因为存在难度而试图避重就轻。由于各高校实际条件不一，思政实践确实很难建立起如同理论教学那样的全国统一标准，因而需要从高校各自的实际出发，进行学校层面的设计，统筹安排，规范实践教学。实践环节是高校人才培养的重要环节，高校大学生人才培养方案中本来就有实践模块，虽然主要定位于专业实践，但这说明在实践组织的全员覆盖上，各高校其实是有丰富经验的。高校可以整合其实践资源，探索思政实践与专业实践的融合，将专业实践基地与思政实践基地整合起来，将专业能力的强化与思想素质的提升结合起来，实现成才与成人的统一。借助专业实践的全员覆盖，思政实践的全员覆盖其实是相对容易实现的。

实践环节作为学校与社会的联系纽带，对于促进校地合作有着重要的助益。围绕思政实践设计特定主题，可选拔一定数量的优秀或骨干学生，组织一支或多支社会实践团队，选派优秀教师进行团队指导，开展专项实践活动，达成特定的实践目标，譬如推动实践团队参加青年红色筑梦之旅，再加上一定的宣传，对扩大学校与地方合作的影响，有着重要的意义。但是，不能因为思政实践典型活动的精彩，而忽视思政实践面上的全覆盖要求。采取点面结合，对于思政实践的落实有着重要的积极意义。在专业实践的实施中，也可以借用和采取这样的形式。

思政实践要达成预期教学目标，思政实践课教师的密切指导是非常关键的。但考虑到思政实践课教师与学生之间的实际关系，不可能达到专业教师与学生之间的联系程度，所以通常来说，让思政实践课教师单独指导学生活动，效果有限；同时，在思政实践的实际开展中，思政实践课教师一般可能要承担多个教学班的教学任务，面向人数众多的学生群体，教师分身乏术，根本无法顾及同时开展的多个实践小组。利用专业实践的机会，同步开展思政实践，则可以在一定程度上解决这个问题。思政实践课教师集中精力针对思政实践活动进行指导，而学生的外出则由各专业学院的具体人员负责，这样可以确保学生在实践过程中的安全有保障、经费支持到位，让学生在专业实践的同时开展思政实践。

三、理论先行，精心策划

任何一门课程都有自己的一套理论体系。思政实践也是按照一定的理论体系建构起来的。对于思政实践的组织与实施，如何确保其顺利开展，如何确保其全员覆盖，如何确保其实效性，都需要从理论上进行深入探讨。对于广大学生来说，在理论基础不扎实的情形下，想要把思政实践活动开展好也是不容易的事情。在正式开始实践活动之前，无论是思政实践课教师还是广大学生，都应该进行理论上的准备。马克思主义学院首先应该认真建构好思政实践的理论基础和实施流程，系统解决好思政实践从组织到实施，再到考核的全过程问题。在正式开展思政实践活动之前，应当根据高校各自实际情况，对广大学生进行专门的有选择的理论指导，同时引导青年学生在有限的课堂时间之外，积极拓展阅读，获得更多的理论支持。那些认为思政实践就是实践课程，完全不需要进课堂进行理论指导的想法显然是错误的。实践本来就不是随心所欲的活动。学生的专业实践在正式开展之前其实都已经进行了相当长时间的理论准备。目前在高校本科教学中，除了少数相关专业之外，大学生一般很少真正接触过实践调查等相关理论知识，如果不进行一定的理论指导，学生就只能自发地开展实践活动，这样完成的思政实践活动，其效果显然是不能保证的。

相应的理论指导是必要的，但是作为实践类课程，其理论指导的课堂时间显然是有限的，学生在专业实践前已经进行了大量的专业理论学习，思政实践的理论指导时间应该是多少，需要根据各高校的实际情况来合理安排。此外，作为实践类课程，理论指导的学时必然是有限的，要在有限的学时内对学生进行全方位的理论指导显然也是不可能的，需要对理论指导的具体内容进行精确选择。一般来说，对学生的实践理论指导主要是社会调查的方法体系指导，包括基本方法论、基本范式、具体方法和相关技术等，强调其内容的操作方便，容易上手，能够为学生轻松掌握，并能够通过内容拓展获得更详细的方法支持。

俗话说，磨刀不误砍柴工。除了基本的社会调查方法指导外，还需要明确思政实践不是社会调查专业课程，有着其自身的特殊性，因而需要在理论指导过程中彰显思政实践的课程性质。思政实践的根本任务是立德树人，作为一门实践类课程，思政实践一方面要引导学生掌握和运用马克思主义理论的方法，另一方面则要引导广大学生深度了解社会，把握世情、国情、党情。可以说，思政实践与一般社会调查的专业课程相比，其价值目标与情感目标可能更为重要。在明确了思政实践的课程性质后，对学生的理论指导应该有所侧重。马克思主义学院的思政实践课教学系部应该进行精心策划，做好与一般专业社会调查不一样的理论指导和集体备课活动。

四、过程管理，强化实效

过程管理是思政实践的难点，也是各高校探索思政实践全员覆盖的痛点。思政实践的过程管理做不到位，则学生在实践活动中就会处于一种放任状态，就可能使得前期的理论指导无法在实践中落实，也可能导致最终的实践成果有诸多问题。正如许多学者曾经指出的，虽然教育需要激发学生的高度自觉性，但教育过程中永远不能寄希望于学生的自觉性。确实有些学生在学习上具有高度自觉性，但教育是面向全体学生的，在学习上存在自觉性不足需要教师予以督促的学生往往占大多数。作为一门更多看重学生的价值目标与情感目标的课程，学生在实践过程中的行为表现可能更多地成为思政实践课教师关注的内容之一。当然，加强思政实践的过程管理，确实是一个难题。一些高校为了解决实践课程的管理问题，探索出遴选优秀学生代表组织实践团队的模式，取得了丰硕的实践成果。但无论如何，优秀学生仍然只是广大学生群体中的少数而已。过程管理问题的解决必然需要面向全体高校学生。

解决实践过程管理的难题，主要通过不同部门之间的协同创新来实现。受现代教育分工的影响，许多人认为，既然思政实践课的开课学院为马克思主义学院，则思政实践的管理工作应当完全由马克思主义学院来担任。马克思主义学院自然应当承担其应有的管理工作，但这主要落实在实践指导环节。学生团队的外出活动，还是需要由专业学院的辅导员及相关教师来管理。一般来说，学生开展实践时应当向负责具体联系的辅导员进行报备；在开展专业实践过程中，实践团队根据需要在实践地点开展的思政实践活动，应当向专业实践的带队教师报备；在开展社会实践过程中，实践团队的实践活动应当向社会实践的领队教师报备，而且不能擅自脱离原有专业实践或社会实践的外出管理要求。

学生管理当然与实践活动的具体开展密切相关，在具体的实践过程中，实践团队还应当向思政课教师进行报告，思政实践课教师对学生的实践策划应当清晰明了，对于学生的实践场所应当有所把握，以方便根据学生的实践进展情况，与相关辅导员及带队教师建立起有效联系，以确保学生的实践过程在教师的掌握之中。同时，这也有助于思政课教师及时关注学生实践活动的开展进度。在学生实践团队完成相应的实践活动之后，如有条件，思政课教师应当对学生的实践活动进行了解，这样有助于对学生从实践活动中的收获进行把握，对学生在实践活动过程中可能遇到的问题也能进行有效指导。只有这样的全过程管理，才能从实践活动的理论指导开始，到实践策划、实践活动的开展，再到实践成果的形成和最终的实践考核，都在思政实践课教师的全过程把握下，确保在实践活动中，人人有收获，个个有感悟。

第二节　思政实践的主题选择

思政实践课的实践内容是思政实践性质的重要体现，是区别思政实践与专业实践或社会实践的重要体现。根据教育部相关文件精神，高校需要结合自身特色，确定本校思政实践的长期及阶段的实践主题。思政课教师需要对这些主题进行充分的阐释，让学生团队在主题之下可以有效地进行实践题目选择与拟定。

一、四种形式：社会调查、公益活动、志愿服务、考察红色革命旧址

思政实践作为思想政治理论课的重要组成部分，是深化思政课课堂教学的

重要环节。思政实践的内容显然应当与思想政治理论课的教学内容密切结合，也就是说应与"思想道德与法治""中国近现代史纲要""马克思主义基本原理""毛泽东思想和中国特色社会主义理论体系概论""形势与政策"等课程相结合；不仅如此，还应当与"四史"教育等思政选修课，以及与大学生日常思想政治教育的相关内容紧密结合。总之，思想政治理论课要加强实践环节。但是否在每门课程之后都附加实践环节，可能需要进一步探讨；考虑到思政课教师的教学任务、思政课教师与参与实践学生之间的师生配比，将实践环节分散到每门课程之中，可能是思政课教师无力担负的，最终的结果只能是疏于管理，可能自觉性较强的学生能够高质量地完成实践任务，但这显然与整个思政实践的全覆盖、全过程育人要求是不一致的，无法达成实践育人的根本任务。如果从加强实践环节管理，强化实践教学质量的角度来说，将全部与思想政治理论课的教学内容相关的实践要求集中在一起，作为任务清单提供给学生进行选择，并强化过程管理，则这样的思政实践是可以达到效果的。

思政实践要与社会调查相结合。思想政治理论课传递给学生的世界观、人生观、价值观不是孤立的，而是需要应用到具体的学习与生活实践中去的。将思政实践与社会调查相结合，有利于促进学生对马克思主义理论的真正应用。同时，将思政实践与社会调查相结合，在很大程度上还有助于解决实践过程中的管理难题。思政实践要与服务社会相结合，与就业创业相结合。大学生利用寒暑假及节假日参加生产劳动、勤工助学、公益活动、志愿服务，可以帮助大学生培养正确的劳动观念和职业道德，利用所学的专业知识与技能服务社会，同时，有利于培养大学生艰苦奋斗、自强不息、诚实守信、团队合作、遵纪守法等良好个人品格，并增进对社会和国情的了解。

思政实践要与考察红色革命旧址和传统教育基地相结合。大学生利用寒暑假，考察红色革命旧址和传统教育基地，到各类博物馆、纪念馆、展览馆、烈士陵园等爱国主义基地参观学习，了解中国革命、建设与改革的历史成就，增强对国家历史、党史的了解，增进对党的感情，加深对中国特色社会主义的认同与热爱。利用思政实践的机会，大学生可以充分了解其高校所在城市、其家乡以及实习实训所在地的红色革命旧址和传统教育基地，利用空余时间前往参观考察，并将其展现在实践成果中，有助于更多地了解，更多地认同，更好地宣传，让更多的人可以进行了解。

二、三个途径：思政基地、专业基地、"三下乡"

高校应当建设和利用好各种各样的基地平台，建立起校地合作机制，为广大学生的实践活动提供条件。思政实践作为高校实践育人工作的重要组成部分，思政实践基地的建设可以结合思政实践的基本形式来推进。

从思政实践与实习实训相结合来看，思政实践可以充分利用专业实践的教学基地。高校在其本科教育发展过程中，各专业学院、教务处已经建立了大量的实践基地。这些实习实训基地在过去主要承担了大学生的专业实践，在此基础上拓展专业实践基地的功能，开展思政实践活动是完全可行的。思政实践与专业实践的结合，有利于充分发挥各专业学院已有实践基地的作用。在实习实训的同时，各实践团队开展相应的思政实践活动，有利于拓展专业实践的视野，从更广阔的层面来提升专业知识与技能。通过在专业实践基地开展思政实践活动，能够让学生了解自身专业的实际状况以及未来前景，对大学生思考自身未来的发展提供借鉴。同时，通过社会调查等思政实践活动，能够让学生与基地在实习实训之余增进彼此的情感认同，进而加深校地友谊，对于校地合作也有着重要的推进意义。此外，通过思政实践的开展，有利于高校更多地了解和掌握实践基地的真实情况，对于学校的本科教育也有着促进作用。

各高校一般都有自己的公益活动和志愿服务部署，一般由学工部或团委来负责。不过，根据许多学生的反馈，高校大学生对于自己学校进行了哪些公益活动和志愿服务，事实上并不都清楚明白，往往只是在公益活动或志愿服务开始前学校进行相应的招募与组织工作时才知道。受限于学业安排，可能一些同学虽有参加公益活动与志愿服务的热心，却不知道如何真正参与。通过思政实践活动，可以将高校自身推进的公益活动与志愿服务，根据学生能够参与的程度进行统筹规划，建立公益活动与志愿服务大清单，让更多学生知晓和参与。当然，高校也可以与社会相关机构合作，围绕社会服务、生态保护、社会援助等，建立公益活动与志愿服务的校园招募机制，为高校大学生提供更广阔的参与公益活动与志愿服务的机会。而且，由学校出面建立合作机制，还可以减少学生自行参与社会机构组织的公益活动与志愿服务过程中可能面临的各种风险，甚至可以减少大学生上当受骗的可能。

自 1995 年以来，为加强爱国主义教育，引导广大青少年树立正确的世界观、人生观和价值观，提高民族自尊心和自豪感，民政部先后多批建立了近 400 个爱国主义教育基地，而各地方也先后建立了众多的爱国主义教育基地，大体上来说，基本上每个城市都有市级、省级或国家级爱国主义教育基地。这些爱国主义教育基地是高校开展思政实践活动、引导学生考察红色革命旧址的最佳场所。要充分利用好这些爱国主义教育基地，更好地发挥爱国主义教育基地的作用，深入地开展爱国主义教育活动，激发学生的爱国热情，培育民族精神。高校可以优先建立起与所在城市爱国主义教育基地的合作关系，并适当拓展到市外甚至省外爱国主义教育基地，为有组织的学生实践团队或深度实践调查提供便利。同时，思政实践课教师可以鼓励学生积极参观考察其家乡所在地的爱国主义教育基地，增进学生对家乡历史的了解，同时宣传家乡的爱国主义历史文化。

20 世纪 80 年代初，团中央号召全国大学生在暑期开展文化、科技、卫生"三下乡"社会实践活动，该活动随后逐步在全国各高校展开。2005 年，团中央、教育部提出要广泛发动大学生利用寒暑假等时间开展文化、科技、卫生"三下乡"和科教、文体、法律、卫生"四进社区"活动，选派相关专业的大学生组成团队，以志愿者的形式深入农村与社区，传播先进文化和科技，体验基层民众生活，调研基层社会现状。大学生"三下乡"社会实践活动涉及面广，内容丰富，形式多样，既可以组织青年学生开展学习科学理论、宣讲党的政策、践行主流价值、丰富文化生活、持续移风易俗等实践活动，也可以组织青年学生结合专业特长，开展普通话推广、爱心医疗、教育关爱等实践活动，还可以组织青年学生开展生态文明建设、特色产业调研、当地资源开发、安全生产教育等实践活动。

"三下乡"社会实践在主旨与目标上与思政实践是相一致的，是各高校顶层设计、重点投入、特色鲜明、典型推广的专项实践活动，得到了各级团组织的支持。思政实践课教师要动员青年学生积极参与"三下乡"社会实践，充分发挥"三下乡"社会实践的引领和辐射作用，引导和帮助广大青年学生在调查实践中上好与现实相结合的"大思政课"，了解国情民情，提高认识和融入社会的素质能力，在社会广阔天地中受教育、长才干、作贡献。这既可以服务于人民群众的根本利益，又可以丰富大学生的人生经历，有助于大学生的全面发展，使其成为能够担当民族复兴大任的时代新人。

三、两大目标：掌握马克思主义理论，深化对社会主义制度的认同感

思政实践有着与专业实践一样的任务，那就是要促进理论学习与实践应用

的统一，也就是说，要引导广大学生把思想政治理论课上学习到的马克思主义理论、中国特色社会主义理论体系特别是习近平新时代中国特色社会主义思想等理论知识真正入脑入心，而这仅仅靠课堂上的讲授显然是不够的。大学本专科阶段的思想政治课教学重在开展理论学习，强调政治性与学理性相统一，但要真正增强学生的使命担当，还需要学生真正去践行一番，才可能真正有收获。

高校思想政治理论课教学，重点在引导学生系统掌握马克思主义基本原理和马克思主义中国化理论成果，了解党史、新中国史、改革开放史、社会主义发展史，认识世情、国情、党情，深刻领会习近平新时代中国特色社会主义思想，培养运用马克思主义立场、观点、方法分析和解决问题的能力；自觉践行社会主义核心价值观，尊重和维护宪法法律权威，识大局、尊法治、修美德；矢志不渝听党话跟党走，争做社会主义合格建设者和可靠接班人。如果说掌握与了解可以在课堂学习中完成的话，那么，运用、践行、尊重与维护等要求，显然是不可能在课堂学习中真正完成的。必须让学生像专业学习那样，走出校门、走向社会、走进基层去真正实践一番才可能实现。这是党中央高度重视实践育人的根本所在，思政实践必然承担着这样的目的与要求。只有让学生真正去实践一番，才能进一步增强学生对马克思主义理论的认同感，才能让学生在实践中有真正的收获。

大学阶段是青年心智日益成熟的重要阶段，是人生发展的重要灌浆期，大学生的世界观、人生观与价值观伴随着其个体的成长不断成熟。思政课的课堂教学，固然能够从理论上讲清讲深讲透马克思主义理论和马克思主义中国化理论成果，但课堂之外所接受的许多信息可能使广大青年学生产生思想偏差，容易受到网络舆情的影响，对马克思主义理论与马克思主义中国化理论成果存在误解与偏见，对中国特色社会主义建设认同不足。思政实践能够帮助学生深度了解中国社会，通过开展各种各样的实践活动，深入社会的各个方面，让学生直接与社会进行接触，获得最直接的印象，同时，接触最直观的社会现象，让学生不局限于理论学习、媒体宣传等方式获得社会第一手的资料，以亲身经历去把握和认识社会发展的过去、现在与未来，可以极大地增进大学生对社会主义制度的认同感。在实践过程中的收获与感悟，也能够给个人的内心带来深刻的影响。

四、一个核心：促进学生成长成才，服务社会和国家发展

根据课程目标定位，思政实践的主题可以从几个方面来确定，一是与思政

课课程相结合，引导大学生学习和运用马克思主义的原理与方法发现问题、分析问题；二是与马克思主义中国化的理论成果相结合，引导大学生走出校门、走向社会、走进基层，深化对中国共产党领导社会主义革命与建设的历史的认识，对中国特色社会主义建设的辉煌成就的切身体验与情感认同；三是与大学生的专业发展相结合，引导大学生加深对所学专业的了解，彰显校本特色；四是与国家大政方针相结合，引导大学生及时学习与贯彻马克思主义中国化的最新理论成果，学习与贯彻习近平新时代中国特色社会主义思想。思政实践的主题既可以彰显特色，也可以与时俱进地根据国家政治形势的最新发展及时调整。在确定思政实践的主题时，应当围绕一个核心：要促进学生成长成才，引导学生服务社会和国家发展。思政实践可以根据学校实际来确定特色主题或年度主题，同时提供一定数量的选题清单给学生参考借鉴。在确定思政实践的主题及选题清单时，除了鲜明思政特色的相关主题或选题外，还应当引导大学生结合自身的专业成长及未来发展确定实践选题。

习近平在全国高校思想政治工作会议上强调，高校各类课程都要守好一段渠、种好责任田，同向同行，形成协同效应。思政课是落实立德树人根本任务的关键课程，思政课的作用不可替代。其他各门课对于人才培养的作用也是不可替代的，各类课程对于青年学生的成长成才都是必要的。不仅其他各类课程要发挥思政育人效用，而且思政课程要助益专业能力提升。思政实践是高校实践育人工作的重要组成部分，思政实践与专业实践的结合，不仅有助于发挥专业培养的思政育人功能，而且有助于促进思政课程的入脑入心。思政实践与专业实践的结合，能够让大学生在专业实习实训的过程中，超出专业的视野，关注专业背后的故事，引导大学生反思专业选择的初衷，展望专业发展的前景，适应日新月异的社会变化，将个人发展与社会发展有机结合起来，强化社会认同感和责任感，深植爱国主义情怀，服务社会和国家发展。

第三节　思政实践的团队组建

实践团队，是思政实践的基本单元，是实现思政实践全员覆盖的重要保证，是推进思政实践与专业实践、社会实践等不同实践活动融合的关键。做好实践团队的建设工作，整合好各种实践资源，对于落实大学生的实践环节，提升团队合作意识，强化实践效果，有着十分重要的意义。高校开展实践环节教学，要高度重视实践团队的建设工作。

一、全面动员，明确要求

许多大学生对于实践的理解与接受主要是围绕专业实习实训来展开，对于思想政治理论实践课的开设，可能持怀疑态度，因而对于思政实践的团队建设往往不以为然。对于思政实践的重视不足，容易造成实践团队建设的随意性，缺乏开展实践活动的主观积极性，从而影响最终的实践效果。因此，对于思政实践团队的组建，思政实践课教师要做好全面动员。

一是做好实践动员。教师需要全面系统地对思政实践的必要性、重要性和意义进行详细阐释，让学生充分理解思政实践具有跟专业实践一样的重要性，甚至对个人的专业成长和品格养成都意义重大。

二是做好全员动员。教师需要面向全体学生进行动员，而不只是对个别学生或部分学生进行动员，要确保每个学生都能够充分理解和把握思政实践的必要性、重要性和意义，进而促进全体学生能够主动思考自己可以在思政实践中做些什么，调动学生参与思政实践的主观能动性，根据自己的兴趣与特长思考自己准备进行思政实践的方向，以便为实践团队的组建奠定基础。

三是做好团队建设动员。教师要让学生明白，实践团队的组建不是一件随意的事情，实践团队对其后思政实践活动的开展有着重要影响，最终会影响到实践成果的完成情况以及实践效果的好坏。实践团队还可能给同学之间的关系带来长远的影响。

思政实践课教师要对学生开展思政实践活动提出明确要求，强调思政实践的过程管理，强调思政实践的考核要求，对实践团队的建设提出指导意见。要让学生充分意识到，思政实践需要认真对待，不能投机取巧，不能应付了事，只有踏实付出，才能有真实收获。思政实践课教师还要对实践团队建设的基本原则、主要形式、人员构成和协作方式提出相应指导意见。

二、自愿组队，班委协调

在思政实践课教师的指导下，各教学班同学可按照不同方式自愿组合，组成实践团队。

实践团队的组成一般来说主要有两种形式。一种形式是由同一宿舍的学生组成。目前大学宿舍一般是 4 人一间，符合实践团队人员基本要求；同一宿舍的学生相处多年，在志趣倾向上往往相近；同一宿舍的学生共同生活多年，已经具备基本的团队意识，对于后续实践活动的开展助益良多。另一种形式是由玩得较好的、关系亲密的学生组成。能够相处较好，关系亲密，本身就可能意味着这几位同学之间有着共同的志趣倾向，同时相处时间可能较长，其团队意识大体上初步具备，对于后期实践活动的开展助益良多。

在实践团队的组建过程中，除了学生之间自愿组队以外，各班班委也要积极进行协调。一般来说，在实践团队的组建过程中，总有少数学生，因为住宿分散、休学复学以及个性特点等原因，可能无法与班上其他学生组成实践团队。这些少数学生，平常学习或参与班级活动时可能就独来独往，跟班上其他学生交往不多，在组成实践团队时往往不会被首选为组队成员。当然，他们可以通过自己的努力，在条件允许的情况下，争取加入某一实践团队。一般来说，只要相处没有问题，团队成员对该学生的学习与行为都还认可，那么加入团队大体没有问题。不过，存在极个别同学，学业表现不好，同学交往不佳，以至于在实践团队组建时，没有哪个团队愿意接纳他，从而造成一个人或两个人单独行动的境况，这样开展实践活动，其质量难以保证。因而，需要班委主动积极地进行协调，动员已有团队去接纳这样的学生，以确保每位学生都能参与思政实践，一个都不能少，并从整体上确保实践质量。

对于班委来说，动员和帮助那些情况特殊的个别学生加入实践团队只是第一步，其后，还需要实践团队组长继续关注，从而让这些学生不只是加入实践团队之中，还要融入其中，共同参与实践活动。通过这样的实践活动，在一定程度上能够促进这些学生养成团队意识，增强对集体活动的认同，对其以后的班级活动参与，专业实践参与，甚至对其将来的社会生活参与都是有所助益的。当然，这些情况特殊的个别学生，如果在团队中表现不佳，可能会造成其他同学的反感，进而影响到团队的建设发展，因而需要班委及组长耐心细致地引导，而这类学生本人的态度也是极其重要的。

按照教师的明确要求，各班学生依据自愿原则，组建实践团队；对于个别学生的情况，班委要积极进行协调，最后确保全部实践团队顺利组建。

三、组长统筹，各展所长

实践团队组建起来后，可以推选 1 人担任组长。组长在思政实践中负责组织团队成员进行讨论，可以按照实践进程将实践活动划分为不同阶段，计划好每一阶段的集体讨论时间和内容，譬如组织讨论实践活动的选题，落实小组成员的实践分工，统筹小组成员的各项工作，协商实践活动的开展进程，及时围绕实践活动的每一次进展组织有效讨论。这样既有利于让全体成员了解实践活动的进展状况，也有利于推进实践活动的进度。同时，作为实践团队组长，需要对实践活动进行整体的把握，统一成员的思想，要比其他成员站位更高，能够有效预估实践活动的最终成果。此外，组长应该自己或发动成员去了解其他团队的选题和实践活动进展情况，进行横向比较，反思本团队实践活动的特色与意义，争取让自己领导的团队在众多实践团队中脱颖而出。

当然，实践团队组长可以从一开始由某位学生主动提出担任，按照自己的想法与思路去招募成员组建团队；团队建立起来之后，再根据成员的特点进行合理分工。一般来说，这样的团队组长有着较强的主动积极性，对于实践活动的考虑可能有更明确的想法，其实践特色也往往较为鲜明。这样的实践团队，在组长的号召之下，往往具有较强的团队合作意识。可能有些学生将这样的实践团队及实践活动当成自己未来领导项目小组的一次尝试或锻炼，这样的实践团队可能会取得更为可观的效果。

作为团队成员，除特殊情况外，一般相互之间较为熟悉，可能在其他方面譬如在专业实践、班级活动中已经有过合作，彼此较为了解，在这次实践活动中再次合作；因为有一定的团队合作基础，对实践团队会有较强的认同感，能够主动关心团队的状况以及实践项目的推进情况。这样的团队在讨论实践活动的分工时，一般能够主动地承担起相应的项目任务。实践团队成员在讨论活动分工时，往往能够根据自己的特长和实际，主动承担相应工作，不推诿，不逃避。一旦接到相应任务后，能够认真完成。

实践团队的分工，一般来说包括两大方面，一是整个实践过程中的分工，譬如实践策划书的执笔、实践活动的统筹、实践报告书的撰写、实践汇报的准备；二是具体实践活动中的分工，譬如前期资料的收集、活动的流程安排、活动现场的分工、活动之后的资料整理、活动资料的完善等。团队组长需要在实践任务发布后，对整个实践活动进行全盘把握，通盘考虑，让每个成员都能够发挥所长，各尽其责，且符合实际，组长要对整个实践活动的进程以时间节点的方式进行固化，以利于推进实践活动的开展，确保实践活动按期保质保量地完成，取得预期的效果。

四、分类指导，及时响应

思政实践课教师一般不需要参与到实践团队的具体组建过程中，但需要把握实践团队的建设情况，全面了解实践团队的组建结果，对实践团队组建过程中出现的异常情况或不合理情况进行及时了解和相应处理。譬如，有时可能出现团队成员人数过少的问题，可能出现个别学生在组建团队过程中孤立无助，经过班委协调后也未能解决问题，决定独自完成实践活动的情况，思政实践课教师可从班级实践团队的整体情况出发，根据该学生的情况，继续协调，帮助该名学生找到实践团队的归属感。有时也可能出现团队成员过多、难以取舍的问题，在处理这类事情时，实践团队组长可能担心影响团队合作，不愿意作出取舍，班委也难以协调，因而需要思政实践课教师来进行把关。

实践团队组建起来之后，可能会存在几种情况，譬如同一团队跨了同一教学班的不同行政班级；同一教学班存在各种不同的实践选题类型；团队成员来源有相对简单的，也有相当复杂的；还有往届因为特殊情况未能拿到实践学分的学生或团队。实践团队存在各种不同情况，需要思政实践课教师进行分类指导，针对各个不同团队的具体情况，分别进行具体指导。这样，既方便加强对实践活动的管理，有利于思政实践最终成果的完成；也有助于个性化指导，强化学生参与实践活动的主动性，提升实践活动的完成质量。

思政实践课教师要向全体学生公布自己的联系方式，譬如电话号码或学习平台联络群，可以在联络群里约定指定时间进行集中答疑。这个指定时间可以提前计划好，提前通知，让实践团队组长知悉，也可以由班委及时在学生日常联系群里进行通知，确保人人知晓。当然，也可以由实践团队来联系教师，需要确保学生能够及时联系到教师，虽然说不一定需要思政课教师 24 小时响应，但至少要确保即使在电话不能直接沟通的情况下，各媒体平台的留言也能够得到及时回应。同时，思政实践课教师应该主动掌握各实践团队的联络方式，在实践活动开展过程中，及时关注实践活动的进展情况，并了解各实践团队在实践过程中出现的一些问题，对实践活动的开展进行明确的指导。原则上，思政课教师应该在实践活动开展的不同阶段，通过各实践团队组长及时把握实践活动的开展情况；对于一些推进较慢的团队，应该督促其按照进度开展实践活动，以确保实践活动的全过程管理不落空。

作为思政实践活动的前期重要内容，实践策划书的制订是思政实践课教师进行指导的重要环节。在正式开展实践活动之前，虽然已进行了一定的理论指导，但一般来说，很多学生几乎并没有真正理解实践策划书的重要性。可能在教师布置实践任务并组建实践团队之后，实践团队经过简单的讨论，便由其成员完成实践策划书的制订工作。而提交的策划书虽然可能依据了教师提供的模板，但其内容的填写可能与既定的目标存在较大差距，因而需要思政实践课教师进行明确的指导。思政课实践教师的指导涉及的实践团队数量较多，思政课教师既要进行统一指导，还要进行一对一指导，以确保各实践团队在一开始就走上正确的实践路径，才能确保实践活动的最终成果。

第四节　思政实践的项目策划

实践策划的制订是思政实践的重要环节。不同于专业实践的大体上统一分配安排，思政实践按团队开展，需要由各团队自行讨论制订计划与方案。大学生在这方面普遍经验不足，需要思政实践课教师对策划书的制订进行指导，提供一个可以实操的模板，引导学生能够对整个实践活动的过程进行整体把握与安排。做好实践策划，得到思政实践课教师的指导，思政实践才能够取得事半功倍的效果，进而有利于实践活动的开展与推进。

一、围绕主题，自拟题目

马克思主义学院的思政实践教学系部应当根据课程整体安排和实际情况发展需要，经过集体讨论确定思政实践的特色主题或年度主题，并对主题的内涵进行充分阐释。思政实践课教师需要在课堂上给学生讲清楚思政实践的主题要求。实践团队组建完成后，需要通过团队成员专题讨论来确定团队实践题目。

一般来说，实践题目应当清楚明白具体地描述实践活动并显示自己的特色或意图，换句话说，实践题目可以让人清楚明了地把握实践团队的意向与目的。需要明确的是，实践题目不是最终实践报告书的题目，也不需要带有太多的文学气息。

实践团队在讨论实践题目时，应当根据思政课教师所要求的四种实践活动形式，结合团队成员实际情况，经过充分协商，在不回避困难、不避重就轻的情况下，充分考虑团队成员自身的条件和能力，同时结合自己的专业学习进度，进行适当选择。需要明确的是，思政实践课教师所提供的四种实践活动形式，并没有难易之分，每一种类型的设计都有各自相应的要求。实践团队应当从自己的学业发展需要出发来拟定实践题目，在条件允许的情况下可以选择稍有一定难度的题目，能够充分激发和展现当代大学生的风采。

实践团队在确定实践题目时，对其最终完成的实践成果应该有所预计。思政实践课教师对思政实践的最终成果会有相应要求，实践报告是最常见的形式，微电影与照片图展也是许多实践活动的重要展示手段，实践手工作品也可以成为大学生思政实践的最终成果形式。实践团队可根据团队成员的能力与实际情况，以及展现团队风采的角度来选择最终成果形式。考虑到实践成果会参加考核、汇报与评比，能够脱颖而出的实践成果形式当然是最佳选择。

在讨论实践题目时，实践团队要避免应付了事，不能仅仅出于获得相应课程学分的目的来拟定实践题目，而应当充分听取团队成员的意见，形成团队共识，避免仅由实践团队组长确定实践题目。随着教育部对高校人才培养质量的要求越来越高，只有好的实践成果才能获得同学和思政实践课教师的最终认可，并得到令人满意的课程评分。

作为实践团队组长，在初步确定实践题目后，应该主动去了解其他小组的实践题目拟定情况，通过横向比较，确保本团队的实践题目与其他团队相比具有鲜明的特色；在最终的实践成果汇报上，才有更多机会取得较其他团队而言更为优秀的评分。

实践团队在讨论实践题目的时候，应当准备几个候选题目，毕竟题目的拟定主要是在学校完成的，在思政实践课教师完成动员之后，团队刚刚组建，团队成员尚处于一种新鲜兴奋状态，主观能动性较强，在情绪良好的情况下拟定了实践题目。有一些实践题目，等到开展实践活动时，可能发现实际情况跟预期不一样，一些初步设想的方案根本无法实施，一些原计划调查采访的对象最终并不愿或不能接受访谈，或因为特殊形势的影响，一些原计划的实践活动甚至根本无法开展，譬如受新冠肺炎疫情的影响，原本计划好的专业实践、社会实践最终可能无法进行，那么依托于专业实践、社会实践的思政实践同样无法开展。不过相对于专业实践、社会实践的组织规模，思政实践以团队形式开展，作为课程而言必须修完才能获得学分，但团队规模应及时调整并修订实践题目，通过团队成员讨论重新拟定实践题目。在思政课教师对实践题目进行指导后，实践团队发现题目不合适，也可以主动修订与调整实践题目。实践团队原则上应当准备几个候选实践题目，根据之后实践活动的开展需要来选择备用方案。

二、确定对象，获得许可

实践团队在确定实践选题之后，无论是社会调查、公益活动、志愿服务还是考察红色革命旧址，都需要着手确定实践对象。校内讨论只能是一种计划方案，方案是否能够落实，其中最重要的一步就是实践活动能否得到实践涉及对象的支持。一般来说，实践团队可以通过口头或书面的形式向实践对象提出申请，也可以通过电话或网络咨询等方式来获得确切信息。如有必要，可能需要通过学校层面的支持才能获得许可。实践团队必须意识到，并不是所有的申请对方都会批准，有些申请可能需要实践团队提供详细的计划或情况说明，有些申请可能因为一些特殊原因不可能得到批准。在讨论实践活动策划的时候，从一开始就应该提供几个可能的候选对象，并对目标进行优先排序，根据实际申请情况来综合权衡。在申请被否定之后也不必过多懊恼，可以对自己的策划进行反思，对实践策划进行相应调整。同样，原先做好的策划，因为实际形势的变化，可能无法顺利推进，也要求实践团队进行调整。

考虑到思政实践与专业实践的不完全同步，可能思政实践在进行实践策划的时候，专业实践还没有开始进行动员，因此实践策划的对象可能无法确定。那么，实践团队需要做好实践对象的前期联系沟通工作，等到专业实践开展的时候，能够迅速接触实践对象并获得许可。只有在获得许可的情况下，才能有效推进实践活动的开展。切不可未经对象许可，擅自开展相关实践活动，以免造成不良影响。从理论上来说，如果实践活动不能获得对象的许可、进行直接接触，那么所获得的信息则主要是间接信息，在信息的有效性上就存在严重缺失，这样实践的最终成果可能会存在问题。同样，即便实践方案得到了实践对象的许可，在实际实践活动中，如果要对调查过程或访谈过程进行录音、录像等记录操作，需要向录音、录像的对象说明情况，得到对方的支持与同意，尊重对方的立场与想法，如有必要，在最终的实践成果中，应当按照对方的要求进行相关处理，同时要确保所有录音、录像的原始材料去向遵守双方约定，不可擅自处理或传播实践活动中的录音或录像资料。在最终实践成果完成之后，建议跟实践对象联系，提交审核，以避免因无意造成的不良影响。

考虑到学生在实践调研过程中直接联系实践对象单位可能存在种种困难，为保证实践活动的正常开展，根据教育部相关要求，高校最好能够通过协议的方式建立校外实践基地，这样既可以充分利用已有的各种专业实践基地，也可以新建一批专门的思政课实践基地，譬如红色革命旧址等，可以充分挖掘本地红色文化资源，甚至可以利用专业实践基地周边的红色文化资源，也可以与公益活动组织、志愿服务机构建立稳定的联系，为学生的实践活动提供稳定的平台，减少学生在实践活动前确定实践对象时可能存在的种种不确定性。

三、论证可行，主观能动

实践团队在确定实践对象之后，就需要仔细讨论实践方案的可行性。研判实践方案的可行性，应了解完成这次实践活动需要的具体条件，以及实践团队能够达成的条件。根据思政实践课教师多年指导经验，许多实践团队在确定实践题目时往往有一些理想主义色彩，加上平时实践活动开展较少，最初的实践题目容易大而空，需要通过研判其实践方案的可行性，了解实践活动的难度，仔细分析达成实践目标需要的具体条件，才能反向确定实践题目的适当与否。

实践团队需要确定的一点是，实践活动的开展只能针对一些具体的对象或地点，这些对象或地点只能代表个别具体的对象，暂时不能说其典型意义是什么，更不能说其普遍意义在哪里，因而在这样的实践对象或地点进行实践活动所形成的实践成果，仅代表这一具体对象与地点。如果想要拓展实践对象的代表意义，一方面需要分析对该对象进行调查活动的普遍意义，另一方面需要延伸实践对象，寻找更多的实践对象以获得相近或相反的实践活动结果。

在讨论实践方案的可行性时，一般来说，有些实践对象是较为容易确定的，其实践方案也较容易落实；有些实践对象虽然容易确定，但实践方案却不一定容易落实；有些实践对象虽然较难确定，但一旦确定了实践方案却容易落实；有些实践对象既难确定也不易落实。实践团队需要讨论发现其实践方案所需要具备的条件有哪些，自己能够达成哪些条件。这对相对容易落实的实践方案来说自然不是难事，但对于那些不易落实的实践方案，更要多加讨论，充分发挥团队成员的主观能动性，群策群力，确定该方案到底是完全不可行，还是只要足够努力，大体上是可以实现的。在必要的时候，可以考虑寻求学校层面的支持。相对于容易落实的实践方案，通过充分调动主观能动性而达成目标的实践方案，对于实践团队全体成员来说，最终的收获意义可能更大。在实践方案的确定过程中，有一定挑战的实践方案，既能让本团队脱颖而出，取得不菲的成果；也能让团队每位成员收获更多，锻炼个人品格，提升个人能力。

需要注意的是，一些可行的条件也可能随着时间与形势的变化而发生改变，可能讨论的时候还具备，但到真正实践的时候，却发现无法达成，这需要及时调整方案。同样，一些开始似乎挑战性很高的方案，可能随着时间与形势的变化，最终顺利完成。保持充分的主观能动性，确定合适的实践目标与方案；保持一定的挑战度，完成实践活动的各项任务，对于实践团队来说将是一次难忘的经历。

四、讨论方案，详细具体

讨论实践方案，应当包括从实践活动发布到最终实践汇报的全过程实践活动。如果可以的话，一般来说，建议尽量详细具体，将实践团队成员的各项分工落实到人，同时尽量列出时间安排，通过确定时间节点的方式将实践明确下来。让每个成员都清晰明了，相互提醒，一起共同推进实践活动的完成。

实践方案的讨论与实践方案的可行性密切关联。当大家一起讨论这件事情能否达成时，一般情况下会设想一下实践活动的开展方式，对于实践活动的基本过程有基本考量，以确定实践活动是否能够开展与达成。

在具体的实践活动开始之前，一方面要按照时间节点，安排实践活动的开展进程，另一方面要针对每一阶段实践活动的开展，讨论可能需要解决的问题，对于这些实践过程中可能遇到的问题，需要尽可能地进行分析，结合实践团队成员的个人能力进行适当分工，在必要的时候可能需要额外的援助。

在实践活动的具体实施过程中，实践团队可能发现，一些在讨论中设想的行动安排可能在实践活动中并不能如预期开展。譬如拍照，这似乎是当前实践活动的一个重要内容，按照一般想法，只需要有一部拍照功能好一点的手机即可，但事实上，手机拍照功能出色，并不代表实际拍照的效果就一定非常好。一些红色革命旧址的室内展览馆，光线可能不是那么明亮，在较暗的环境里拍照，既对手机或相机的功能有要求，也对个人技术有一定要求。同时，现在的手机拍照，基本上是彩色照片，但是在作为成果提交的时候，如果转换成黑白效果，则实际效果可能较差。一些选择拍摄微电影的团队，在完成手机片段拍摄之后，可能会发现不同手机的拍摄格式存在差异，这些对后期处理都会造成影响。还有一些同学发现，实际的电影编辑比预料的可能要难。

总之，在讨论实践方案时，要尽可能详细具体，充分预料实践活动中可能出现的困难，做好前期准备，甚至可以进行试拍或试处理，查找相关资料，力争做到心中有底，顺利完成实践方案，达成实践任务。

五、出行安全，防患未然

除了实践方案在讨论时要详细具体之外，还需要注意的一点是，实践活动的开展，需要走出校门走向社会，进入基层。安全问题一直都是实践活动走向校外的重要顾虑之一。由于师生配比不足，学生人数众多，组建的实践团队数量也不少，且实践形式多样，实践活动的开展多为学生自行组织，即使是在学生实习实训期间开展实践活动，即使教师能够跟随指导，安全问题还是不容忽视。

学生应该具有清醒的安全意识。无论在校园内外，安全问题都要谨记在心，需要学习和掌握一定的安全防范知识和处理方法，要从学校宣传的各种安全反面案例中汲取经验与教训。首先是财物安全，主要是防范财物遗失、损坏和经济诈骗等。当前高校学生遭遇的经济诈骗案件多发，社会上的财物诈骗类型复杂，学生社会阅历不足，需要极其小心谨慎。其次是人身安全，主要是防止意外事件发生。学生要遵守各类不同场所安全要求，外出时学生之间要相互提醒并帮助，面对意外伤害等突发情况时，要沉着冷静，及时向相关部门和学校教师请求援助，并积极配合妥善处理。再次是交通安全，主要是防范交通意外带来的伤害。原则上学生应当组团结伴外出，遵守交通规则，乘坐公共交通工具要注意保留各种外出期间的相关票据，如有必要，可以购买相应交通保险，如遇交通意外，不可进行私下处理，要及时通知学校教师与家人，通过官方途径进行处理。最后是交往安全，主要是防范与陌生人交往中的冲突或诈骗。俗话说，害人之心不可有，防人之心不可无。外出期间要注意言行举止，尊重当地风俗习惯，与陌生人交往时要注意，必要情况下要确认对方身份；如需单独与对方一起行动，需要做好防范安排，行动前在对方知晓的场合告知团队成员对方情况及行动计划，保持信息畅通。

外出千万条，安全第一条。无论校园内外，大学生都应该把安全摆在第一位，牢固树立安全意识。同时，遇到意外情况发生时，切记不可慌张，要积极运用以前所学安全救护知识，做好现场维护和必要处理工作；要提前掌握紧急求助电话，第一时间向相关部门电话求助，并及时联系学校学院辅导员或其他教师，及时告知家人相关情况；要积极协助完成相关现场处理及善后工作，不隐瞒不逃避，如有必要可要求学校教师或家人陪同。除此之外，还要注意维护个人权益，可以通过学校或家人及时寻求法律帮助，了解自己的权益及保障，切不可盲目行事或达成私下协议，以免造成次生伤害。思政实践与其他实践以及日常校园学习生活一样，都有可能面临各种突发风险，大学生应当养成良好行为规范，强化安全意识，遵守法律法规及当地公序良俗，遇事沉着冷静，理性对待，在安全的前提下完成思政实践活动。

第五节　思政实践的活动实施

思政实践的活动实施是思政实践的核心环节，是落实思政实践、达成教学目标的重要保证。在实践团队确定选题，完成实践策划，并经过思政实践课教师指导审核之后，实践团队需要将实践方案付诸具体的实践行动，按计划完成实践任务，撰写实践报告书，提交实践成果。思政实践活动是大学生走出校门、走向社会、走进基层，深入了解社会，深入掌握马克思主义理论，增强理论认同感和社会认同感的重要环节。实践活动的开展涉及面广，学生实践团队各自开展实践活动，需要马克思主义学院及各相关管理部门高度重视，引导学生实践团队严格按照实践策划方案开展实践活动，确保活动有保障，学生有收获。学生实践团队需要高度重视，严格按照实践方案开展实践活动，注意实践活动过程中各项安全事项。

一、落实计划，核实方案

通常情况下，实践团队组建并拟定实践策划方案时，并不在寒暑假期间。因此，团队成员拟定好方案并提交思政实践课教师审核之后，大多会投入到专业学习当中，在完成本学期考试任务后，按照专业学院的专业实践及学工部、团委的社会实践安排，进行申请及分组，再正式开始实践活动。在具体操作过程中，思政实践与专业实践、社会实践的团队组建可能并不完全吻合，但这不会完全影响思政实践的开展。思政实践只需要借助专业实践与社会实践的基地与组织，通过实践团队小组分类开展实践活动。当实践团队完全吻合时，可以让实践团队一起行动；当实践团队不相吻合时，则实践团队的讨论可以转移到网络平台进行，团队成员各自的分工并不受影响。

实践活动正式开展之前，实践团队成员需要进一步审核方案，联系和确定实践对象，如果此前团队尚未完全确定具体对象，此时正好可以确定；如果此前团队已经确定好具体对象，则可以联系并进一步确认。

同时，实践团队需要对实践方案的可行性再一次进行审核，毕竟此前的实践策划，基本上是在校园内完成的，在策划过程中无法完全预料到情况可能发生的改变。在正式实施实践活动之前，实践团队需要对实践策划方案进行全盘审核，根据实际情况的变化，作出相应的调整，然后开始着手实施实践方案。

在正式开展实践活动之前，实践团队应当进行一些准备工作，譬如对实践对象相关资料的进一步搜集，购买开展实践活动需要用到的一些办公用品和器材，实践行程的规划、安排与预订，如果需要在外住宿，还需要带好相应的生活用品。此外，只要开展实践活动，一般都会产生费用开支，考虑到实践活动多为团队自行组织，活动经费往往需要自行筹集，或可能获得相关部门经费支持，因而需要做好经费预算并控制使用，以保证实践活动的开展并尽可能减少不必要的开支。

二、分工协作，保持沟通

按照实践团队分工安排，团队成员或联合或单独开展活动，按照确定好的策划方案，联系实践对象，积极开展实践活动。如果是团队成员联合开展活动，需要确定活动负责人，按照计划把现场活动做好，协调现场活动成员之间的工作，在活动过程中，遇到问题可以迅速协商，拿出解决方案。如果是团队成员单独行动，在行动之前，仍然需要与团队其他成员通过网络平台及时沟通，对于一些可能会遇到的问题准备预案。无论是联合行动或是单独行动，活动前一天最好把第二天的行程全部检查一遍，对于行程中不能确定的细节，最好做出预案；活动正式开始之后，要保持团队在线沟通或现场沟通，及时交换信息。无论活动是由其中一名成员或几名成员开展，全体成员最好保持在线，确保及时响应，方便及时沟通。

俗话说，众人拾柴火焰高。分工协作要充分调动团队成员的积极性及各种相关资源，团队成员都处在一定的社会关系中，有一定的社会资源，团队成员的积极性调动起来后能够激活各自的社会资源，对于实践活动的开展可能会提供极大的便利。一定要做好内部协调，形成合力，团队成员之间应相互支持、相互理解、相互包容，彼此密切配合，需要确定团队纪律和工作原则并得到团队成员认同与遵守，不可搞独断主义，不宜事事迁就妥协。除了保持团队内部及时有效沟通，还要注意保持团队与实践对象、指导教师、辅导员、领队、其他团队等的协调沟通，尊重他人，虚心听取他人意见建议，获得他人的支持与帮助，不可一意孤行，不能事事六神无主。实践活动期间，有效沟通可以起到事半功倍的效果。

三、意料之外，及时调整

在现实中，再周全的准备，都有可能发生预料之外的事情。当然，在具体实践活动中，遇到突发情况是很正常的，需要区分几种类型。譬如，原计划前往某红色革命旧址参观考察，到达现场后却发现闭馆休息，或一些小的场馆大门紧闭，找不到管理人员，对于这些情况，在做策划时可能是无法预料的。事实上，除了指定时间进行内务整理外，有些闭馆情况确实无法预料，那就需要现场确定闭馆是临时的还是较长时间的，会不会影响实践活动的开展。如果影响实践活动，则需要调整实践策划；如果不影响实践活动，可以等待下次机会。再譬如，原计划访谈某位对象，对方因突发情况无法接受访谈，这些突发事件需要团队能够及时进行调整。在做策划时，团队应该有应对突发情况的预案。

实践活动中遇到挫折可能会给团队信心带来消极影响。俗话说，世上之事，不如意者十之八九。实践活动是青年学生接触社会的尝试和开始，遇到挫折也是实践中的重要体验。要正视实践活动中发生的意外，经过团队内部协商寻求替代方案；如果某些意外超过了团队的承受能力，需要及时与辅导员、指导教师及学校学院相关部门联系报告，在必要的时候还可以直接跟社会上相关职能部门联系报告，譬如医院、公安局、消防队等，以确保团队成员的安全，特别是人身安全。

四、随访随写，感悟在场

全体成员要高度重视实践活动，用心去实践，在实践过程中用心去体会。或是深入群众基层，或是走到田间地头，或是走进工厂车间，直接与人民群众话家常，直接面向社会现实，实践团队都会经历很多事情，会听到很多故事，会看到很多实物。随着实践调查的推进，及时进行自我反思，对于一些触动自己内心深处的细节要留心，对于当时的感觉与领悟要及时记录。有些感觉，现场可能非常震撼，情绪高昂，等到事后重新寻找时，却无法找到这种感觉。这些感悟，不需要太多的语言，三言两语，简明扼要，跟随调查的进度，及时记录下来，不但可以强化这种收获，还可以留下深刻印象。

思政实践对团队成员在实践活动中的个人感悟十分重视，一般都会要求全体青年学生在完成实践活动后提交实践感悟，可以是对实践活动过程中团队成员之间协作的感受，可以是对实践活动中出现的困难及最终解决的感悟，可以是对实践对象的工作状态或生活状态的感受，或是对自己的专业未来发展的感慨，或是对实践活动中的某一细节的感悟，等等。不同成员的感悟可能有相通之处，也可能有所差别。通过随访随写的方式，可以将自己在实践活动中的感悟固化下来，事后再去反思体会，可能收获更多。当然，要在实践活动中收获感悟，首先要积极投入，用心去实践，以心交心，自然能激活心灵的体验。

五、记录整理，认真细致

实践活动中，一项重要的任务是要认真做好现场记录，无论巨细，尽量记录好。不要心存事后整理的想法，不然会发现事后一些细节根本无法回溯。通常情况下，建议做好活动日志，即要做好现场记录，通过文字或拍照、录像等方式，尽可能周全地记录活动过程，每天活动结束后及时整理这些记录材料。在整理过程中，按照一定方法，分门别类，认真细致地做好整理工作。要做到，通过这些记录能够回溯活动过程，再现活动情景，尽量避免到后期处理数据资料时发现材料不全，以至于需要重新提供相关资料。

俗话说，好记性不如烂笔头。随着科学技术的发展，手机的功能越来越强大，人们往往利用手机来拍照、录像、录音和存储文字。使用手机记录确实很便利，但切记实践活动过程中不能完全依赖手机作为载体。一般说来，仍然建议分别使用不同的工具来记录实践活动，譬如录音笔用来录音，相机用来拍照，摄像机用来摄像，纸笔用来做书面记录。这可能会增加实践活动中携带的物品数量，但使用专门工具分别处理，有利于获得更多记录资料，同时，团队成员分别采用不同的记录方式，通过不同方式记录的资料最后也有利于部分不够清楚的信息相互印证。在有的场合，可能实践对象并不一定愿意采访者进行录音或录像，可能只允许进行纸笔记录，面对这种情况，建议团队多名成员同时进行记录，以备后期相互印证与补充。

六、发现不足，及时补缺

尽管每天做好活动记录，后期还进行了认真细致的整理，但在撰写最终实践报告书时，仍然可能发现前期搜集整理的一些资料不符合相关要求，或无法达成预期目标，还可能存在一些前期没有考虑到的遗漏与不足。这样的情况发生以后，也不必惊慌，要冷静思考。一是整理前期的资料，看看能否有替代资料；二是确实必要的情况下，可以考虑进行及时补缺。

按照策划方案顺利完成实践活动之后，团队进入后期资料整理阶段，此时可能会出现一些突发状况。譬如一些照片或视频资料因为磁盘损坏等特殊情况而无法读取，或手写的笔记因为意外情况而遗失，以至于整个实践活动相当于做了无用功，可能对团队带来极大的冲击，甚至可能影响团队内部的团结，造成团队解体。如果只是个别环节的资料缺失，一般来说只是资料处理上的问题；如果是重大的资料缺失，团队成员需要保持冷静，相互攻讦显然是不可能解决问题的，越是在这种情形下，越是需要团队成员团结应对，一起分析有无找回资料的可能，如果不能找回如何补救，等等。即使最终无法再进行一次此前的实践活动，重新进行策划也是可以的。注意要及时与指导教师联系沟通，汇报事情经过以及团队最新计划。切记，即便遇到极端情形，仍然要尽量保持团队成员之间的相互支持、相互理解与相互包容。

七、活动总结，优化完善

在实践活动进行当中，全体成员要养成一起做活动总结的习惯，通过整理日志的方式，一天一总结；可以按照实践活动的进度，对不同阶段的进展进行总结。活动总结时，一方面要检查与初步处理已获得的调查素材，另一方面团队成员要汇报彼此的分工进展，交流相关情况。每天一总结，或每阶段一总结，有利于把握实践活动的推进情况，对活动过程中出现的情况进行反思，准备下一步的实践活动安排；如果实践活动进展不顺利，可以根据实际情况作适当调整。同时，开展活动总结，有利于团队成员之间的相互沟通，有利于团队意识的进一步强化，有利于团队整体及个人的成长。

实践活动全部结束，取得实践成果之后，实践团队全体成员可以一起对整个实践活动再进行一次总结，反思实践过程中大家的分工及完成情况，反思彼此在实践活动过程中的协作情况，或者通过团队之后的沟通，了解自己的团队与其他团队的横向比较情况。团队成员可以向实践对象反馈实践成果，表达诚挚谢意，听取意见建议，这样既可以加深情感，也可以检验实践成果的有效性和针对性，提升服务国家经济社会发展的能力和水平。

思政实践，是重要的人生经验，做好相应总结，可以为将来的团队项目及个人发展提供借鉴，方便大家在未来的项目中更好地发挥自己的主观能动性，更好地与其他团队成员进行协作，完成好项目的目标任务。

第三章　思政实践的社会调查方法（一）

第一节　社会调查概述

就其实质而言，社会调查是一项认识世界和改造世界的活动，是主观与客观相统一的过程。在极度复杂的当代社会中，正确认识并科学管理社会中的事或物，需要客观地掌握事或物的基本情况，也就是要通过社会调查的方式对社会中的事或物进行了解。社会调查作为认识世界和改造世界的一种最基本的方式，在现代社会中的作用越来越重要。然而，要掌握科学的社会调查方法，就必须对社会调查的概念、特征、原则、任务、功能等有所了解。

一、社会调查的概念和特征

（一）社会调查的概念

所谓社会调查，是人们运用特定的方法和手段，从社会中收集社会现象的信息资料，并对其进行描述、分析的认识过程。我们可以从如下几个方面对社会调查的基本概念进行认识和理解。

第一，社会调查是一种自觉的认识活动。社会调查的过程是人们有意识地对社会现象进行考察和认识的活动，遵循"实践—认识—再实践—再认识"的循环往复过程。

第二，社会调查的对象是社会中客观存在的社会事实。社会调查必须以客观存在的社会事实为基础，否则就会导致社会调查陷入空洞处境。

第三，社会调查的目的是要对社会现象的本质进行了解和掌握。任何一项社会调查活动从根本上来说都是为了更好地认识事物的本质，以更好地符合人类社会的需要。

第四，社会调查需要运用科学的调查方法。社会调查属于社会科学研究的范畴，因而需要借助科学的调查方法，运用科学的调查手段展开调查。

（二）社会调查的特征

1. 实践性。社会调查需要深入到现实生活中，从社会生活中掌握一手资料。社会调查的目的、内容、途径等均源自现实社会，又服务于现实社会。

2. 客观性。社会调查不能脱离客观存在的社会现实，必须以客观存在的社会现实为基础，坚持实事求是的基本原则。

3. 综合性。社会现象的极度复杂性要求任何社会调查活动都不能局限于特定的视角和特定的方法，必须综合运用多种研究方法，从不同的视角对社会现象展开综合研究。

二、社会调查的原则、任务、功能

（一）社会调查的原则

1. 时效性原则。社会调查的时效性原则指人们在开展社会调查的过程中要及时对所掌握的社会现象进行分类、归纳、整理、发送、加工、分析等，社会调查的时间要短、效率要高，这样才能最大限度地发挥社会调查的功效。

2. 准确性原则。社会调查的准确性原则指所调查的资料、信息必须真实地、客观地反映社会现象的原貌，不能夹杂主观成分，更不能人为地伪造社会现象本身不存在的情况。

3. 全面性原则。社会调查的全面性原则指要从多方面、多层次、多维度对社会现象的内容、特征等进行全面调查，这样才能真正全面地认识和把握社会现象。

4. 科学性原则。社会调查的科学性原则指在开展社会调查过程中要根据调查对象本身的具体情况有针对性地选取调查方法、制订调查策略，以便更好地收集调查资料和准确地反映调查结果。

5. 费用-效益性原则。社会调查应当根据调查的目的和调查的方法，争取用较少的成本获取更多的成果。因此，社会调查需要进行成本收益分析，比较不同调查方式的成本投入和成果产出，从中选取投入少、产出多的调查方法。

6. 保密性原则。在社会调查过程中涉及的个人信息、隐私等，在未经本人同意的前提下，不得泄露。调查人员、统计分析机构等负有保密义务。

（二）社会调查的任务

社会调查的目的和根本任务是揭示事物的真相和变化发展规律，实现对社会现象的客观认识，在此基础上寻求改造社会的途径和方法。由于社会调查的具体目的不同，其具体的任务也各有侧重。概括来说，社会调查的一般任务主要包括如下几个方面。

1. 客观地描述社会事实。社会调查必须客观地描述社会事实，全面地收集社会事实的相关信息资料，真实地再现社会事实的基本情况，如民意测验、市场调查等。只有客观地描述社会事实，才能准确地把握和了解相关情况。

2. 科学地解释社会事实。许多社会现象，仅靠客观地描述是远远不够的，还要在此基础上分析社会现象产生的原因，揭示事物或现象变化发展的规律，这是社会调查的重要任务。

3. 对策研究。展开社会调查的目的不是为了调查而调查，而是在调查的基础之上探寻解决问题的方法和策略。因此，在社会调查过程中，除了要客观地描述社会事实、科学地解释社会事实之外，还要进行对策研究。通过对策研究，为党和政府制定政策提供参考，为科学研究提供经验借鉴，等等。

（三）社会调查的功能

1. 社会调查是正确认识社会的基本途径。人们认识社会的途径很多，有社会调查、书本知识学习等，其中，社会调查是最重要的方法，也是认识社会的基本途径。书本知识是前人在认识社会过程中的经验总结，受所处时代和认识主体自身认识能力的影响，因而具有一定的局限性，并非所有的经验总结都具有普适性。此外，随着时代的不断发展，过去的经验总结不一定适合当下的社会，当下的经验总结不一定满足未来的社会需要。因此，如果过度迷信书本知识，就有可能犯经验主义、教条主义的错误。通过社会调查，能够获得更为广阔的社会生活知识与经验，可以使我们能够更全面、更深刻地认识客观事物。

2. 社会调查是科学管理社会的重要前提。科学管理社会有赖于正确地认识社会。正确地预测社会发展走向，正确地制定和执行政策，都离不开对社会现实的正确认识，都离不开社会调查。只有在社会调查的基础之上，才能全面正确地了解本国、本地区的实际情况，并从本国、本地区的实际出发制定相应的政策，从而提高科学管理社会的水平。

3. 社会调查是提高人的思想水平和认识能力的有效手段。社会调查能够帮助我们在思考问题和分析问题时做到从实际出发，做到主观符合客观，从而避免犯经验主义、教条主义、主观主义的错误。此外，任何调查活动都会在客观上对调查主体产生一定的影响，在不同程度上对调查主体产生某种启发和引导，对于提高人们的思想水平和认识能力具有重要作用。

4. 社会调查是端正党风、学风的重要法宝。科学的社会调查是端正党风的重要法宝，是转变党风的重要途径。党风建设中的最大问题是脱离群众、脱离实际。要解决这个问题，就必须实事求是地开展社会调查，从人民群众中来，又到人民群众中去。学风问题的实质是思想认识问题，主要表现形式是主观主义、教条主义、经验主义，社会调查有利于了解实际情况，有利于理论联系实际，是避免和克服主观主义、教条主义的重要途径。

第二节　实地观察法

实地观察法是社会调查中的一种重要方法，实地观察是人类认识世界和从事科学研究的起点。对于自然现象，既可以采取实地观察的方式进行研究，也可以在实验室中通过实验的方式进行研究。对于社会现象，虽然有少数能够通过实验室观察进行研究，但是绝大多数都需要通过实地观察进行研究。实地观察法在认识社会现象、发掘社会规律、分析事件起因等方面具有十分重要的作用，是对社会现象进行认识和剖析的重要社会调查方法。

一、实地观察法的内涵与特点

（一）实地观察法的内涵

东汉文学家、经学家许慎在《说文解字》中指出："观，谛视也。从见，雚声"，即仔细地看。"察，覆也"，意为循环往复。"观察"即为仔细地、反复地查看和细看。观察是人类和动物具有的一种本能行为，是观察主体运用自身的感觉器官（眼、耳、鼻、舌等）直观感知和认识外部世界的过程。在日常的生活实践中，观察活动和观察行为无处不在、无时不有。如常言中所谓的"眼观六路""察言观色"等，指的就是观察活动。然而，这种意义上的观察具有较大的随意性，没有特定的目的，缺乏系统的观察规则和方法，因而还不能称为科学的观察。观察要从个体的行为演变为一种科学的方法，必须有明确的研究目的，具备一定的理论素养，制订专门的观察计划。就此而言，科学观察有别于一般观察。社会调查活动中的观察不是随意的一般观察，而是围绕着确定的研究目的和研究方向，按照事先制订的观察计划和理论准备进行的连续细致的观察和记录测量，以便全面、客观地获得观察对象的研究资料的过程。

实地观察法，又称观察法，是观察主体根据一定的调查目的，凭借自身的感觉器官和外部的辅助工具，以实地的方式从观察对象那里搜集预先确立的有关观察对象的性质、属性、特征等方面资料的调查方法。在社会调查研究的过程中，实地观察法是搜集观察对象一手资料的最常用的方法，也是最有效的方法和最基本的方法。实地观察法是提出问题和发现问题的基础环节，是验证理论是否科学的有效手段。从科学研究的角度来看，通过实地观察的方法获得的一手资料对于科学研究具有极为重要的价值，构成了科学研究的起点。从实地观察法的具体形式来看，它是在不改变观察对象形态、性质，保持观察对象的自然状态不变的情况下，对观察对象的产生、发展、演变的过程进行的分析和研判。从实地观察的现实结果来看，观察主体所选取的观察视角、观察主体自身的知识结构和水平、观察主体自身的经历、观察对象的复杂程度以及观察对象与观察主体之间的关系等，都会对观察的结果产生影响。从实地观察对观察主体的要求来看，它既要求观察主体所开展的观察活动具有系统性、计划性和目的性，同时又要求观察主体将自身观察到的事实或现象作出科学性的阐释和说明。由此可见，实地观察法是观察主体与观察对象共同构建的。

（二）实地观察法的特征

作为社会调查中运用广泛的研究方法之一，实地观察法具有自身显著的特点，构成了实地观察法的基本特征。具体来看，主要有如下几方面。

第一，实地观察法是观察主体基于特定目的开展的有计划的认识活动。总体上来看，人类的观察活动主要分为自发性观察和自觉性观察两类。所谓自发性观察指的是观察主体无意识地观察被观察对象。如人们在森林中行走时会有各种植物映入眼帘，在城市中会看到许多高楼和车辆，在海边会看到一望无际的海水等，这些都是人自发观察到的现象。而自觉性观察指的是观察主体基于一定的目的而进行的观察活动，如医生对病人病情的观察、警察对犯罪嫌疑人神态的观察、科研人员对研究对象的观察、教师对学生学习状态的观察等。自发性观察属于感性观察的范畴，自觉性观察属于在特定理性规则指导下的观察活动。实地观察法不是感性的自发性观察，而是有特定目的的计划性观察，围绕研究的目的和任务，对观察的对象、步骤、领域等进行详细的规划，并据此开展观察活动。因此，实地观察法是观察主体基于特定的目的而开展的认识活动，这种认识活动是在日常生活中进行的自觉性观察。

第二，实地观察法是借助于特定的观察中介而进行的观察活动。无论是何种类型的实地观察活动，只要有具体的实地观察活动的展开，就必然会有观察的主体、观察的中介、观察的对象这几个要素，否则，实地观察活动就不可能实现。与其他的社会调查法不同，实地观察中的观察中介不是一般意义上的工具性中介，而是与观察主体紧密关联的眼睛、耳朵、鼻子、嗅觉，依靠视觉、触觉、味觉等，是观察主体无需外界的许可就可能自觉运用的。然而，在具体的实地观察中，也会借助其他的工具，如照相机、摄影机、录音机等，但这些辅助性工具从根本上来说是人的感觉器官的延伸，是为了辅助人的感觉器官能够更好地观察对象的工具。在各种观察中介中，最重要的是观察主体的眼睛。

第三，实地观察法不改变观察对象的自然状态。实地观察是观察主体对自然状态下的观察对象进行的观察。观察主体在观察的过程中，不对观察对象的存在样态和存在方式进行干涉，对影响观察对象的各种自然、人为方面的因素也不进行干预，确保观察对象处于自然状态，以便更加直观地和全面地把握观察对象的真实面目。实地观察活动观察的是观察对象的当下现象，而不是观察对象已经发生的或尚未发生的现象。因此，它是一种最为直观的调查方法。

第四，实地观察法是在一定的理论指导下进行的观察。作为一种科学的观察活动，实地观察需要在一定的理论指导下进行。现实来看，由于观察主体在知识结构、价值立场、观点态度方面存在着这样或那样的差异，导致观察主体在观察同一对象时，观察角度和观察结论会产生差异。如普通的观察者看到苹果从树上掉下来会得出"苹果熟了"的结论，而据说牛顿通过苹果下落发现了"万有引力定律"。就此而言，不同的观察主体在知识结构方面存在的差异直接决定了观察结果的不同。实地观察法指导下的观察活动实际上是观察主体开展的有意识的理性认识活动。尽管实地观察的过程是以感性的方式进行的，但在对观察对象进行的认识和判断中蕴含着观察主体的理性活动，是观察主体积极的能动反映过程。

第五，实地观察法是对观察对象的外显特征、行为进行的观察。由于在实地观察的过程中不改变观察对象的自然状态，因而观察主体观察到的往往是观察对象向外界显现出来的特征和行为。至于观察对象的观念、态度、价值等内在的隐性的信息，通常无法通过观察主体的直接观察搜集到。因而，实地观察法与其他的社会调查方法有所不同，尤其体现在特定的适用边界和特定的理论阈限方面。

二、实地观察法的种类和原则

（一）实地观察法的种类

根据不同的标准和划分方法，实地观察法可以被划分为不同的类型。根据观察程序的不同，可以将实地观察分为结构式观察和非结构式观察；根据观察场所的差异，可以将其分为现场观察和实验室观察；根据观察主体角色的不同，可以将其分为参与式观察和非参与式观察；根据观察对象的不同，可以将其分为直接观察和间接观察；等等。由此可见，不同的划分立场决定了实地观察法的类型。

1. 结构式观察与非结构式观察

根据观察内容是否事先预定，是否有标准化的观察安排，是否有清晰的观察程序，可以将实地观察法分为结构式观察和非结构式观察两种基本的类型。

结构式观察是指观察主体按照在观察活动准备阶段制订的观察提纲进行的程序固定、记录标准的观察。结构式观察需要对观察对象有一定的了解，严格按照设计好的观察目标和任务，通过运用事先准备好的记录仪器、各种表格等，详细做好观察记录，保证观察结果的标准化。观察提纲主要包括观察项目清单、观察日期、观察地点、观察人员构成、观察对象的基本情况等。在具体的观察过程中，结构式观察主要按照观察提纲设计的步骤进行。因而，结构式观察也被称为有控制的观察和系统的观察。结构式观察能够获得丰富的观察材料，有助于对观察对象进行定量分析和定性研究，在具体的社会调查研究中运用十分广泛，也是社会科学界近年来大力提倡的观察法。

非结构式观察适用于观察主体对观察对象的情况不太了解，观察对象的相关概念、假设有待进一步明确，需要原始的资料提供研究的基础。因此，不同于结构式观察，非结构式观察基本无需事先准备观察的工具、设备、表格等，而是在日常生活中以自然而然的方式进行的对对象的观察和体验。由于非结构式观察无需在观察活动展开之前根据特定目标制订严格的观察计划和观察提纲，因而在观察的过程中形式比较灵活、机动，不受事先设计好的规则的限制，具备较大的观察空间。但是，通过这种观察获得的资料往往是零散的，这会在后期对观察对象进行的定量分析和定性研究造成一定的困扰。

2. 现场观察与实验室观察

按照观察的地点和观察活动的组织条件，实地观察法可分为现场观察和实验室观察两种类型。

现场观察是实地观察法最主要的观察类型，它是观察主体深入到观察对象所处的自然环境、社会环境中对观察对象展开的观察活动。现场观察能够直观到对象没有经过掩饰的真实状态，得到的是关于观察对象的一手资料。在一般社会调查活动中，现场观察运用较多，也是本章要重点讨论的社会调查。

实验室观察是在人为创造的观察环境中，观察主体对观察对象进行的观察活动。通过这种观察，观察主体能够根据观察的需要，自觉地设计观察的情景，使观察主体所要掌握的观察对象的相关情况能够充分暴露，从而更好地研究观察对象。随着现代科学技术的飞速发展，实验室观察在社会调查研究中的作用越来越大，主要用于了解和掌握观察对象的细微特征。在社会科学的调查研究过程中，由于受研究对象的限制，实验室观察经常用于对儿童进行的研究活动。例如在实验室中，观察主体一般借助一种单面镜来进行观察，镜子里面的人看到的是一块不透明的黑板，而镜子外面的人看到的是一块透明玻璃。镜子里面的人看不到镜子外面的人在看他，这样就使观察对象意识不到观察主体正在对其进行观察，而观察主体却一清二楚。这样，就为观察对象充分展现观察主体所要掌握的相关信息提供了可能。然而，由于实验室观察对观察环境和观察对象要求较高，需要满足较多的外部条件，故在社会调查研究中运用较少。

3. 参与式观察与非参与式观察

参与式观察，就是观察主体深入到观察对象的自然处境、生活背景和社会关系中，通过参与到观察对象的活动中从内部对其进行观察。因此，参与式观察又称局内观察。参与式观察一般适用于无法从外部观察的"封闭性"社会或群体组织。[1] 其目的是全面、深入地掌握观察对象的社会现象。参与式观察根据参与程度的不同，又可以分为完全参与式观察和不完全参与式观察两类。

完全参与式观察，指的是观察者完全深入到观察对象之中，作为观察对象的其中一个成员参与这个群体的日常活动。例如，人类学家为研究某一少数民族的风俗习惯而与该少数民族群体生活一段时间。然而，如果观察对象知晓观察主体是为了特定的目的而参与其日常活动，就必然会导致观察对象对观察主体产生戒备心理，从而不利于观察活动的开展。因此，在完全参与式观察中，被观察对象一般并不知道观察主体是一个观察者，而相信他是这个群体中的普通一员。美国社会学家罗伯特和兰德在对美国中部城镇进行研究时，就特别要求观察员长期住在城镇的公寓或私人住宅里，让他们在任何可能的情形下，参加该城镇的社会交往活动并建立各种社会关系，就像居住在城里的普通居民一样尽他们的责任和义务。[2] 完全参与式观察可以获得研究所需的许多深入的真

---

① 参见张创新主编：《社会调查理论与方法》，吉林大学出版社 2003 年版，第 185—186 页。

② 参见王高飞、李梅主编：《社会调查理论与方法（实践）》，哈尔滨工程大学出版社 2016 年版，第 151 页。

实的资料。

不完全参与式观察，指的是观察主体以公开的身份参与到观察对象所在的群体之中，即观察对象所在的群体一般都知道观察主体是基于特定目的参与进来的观察者，并且，观察主体有时和观察对象共同活动，有时以旁观者的身份进行观察。比如，从事农村问题研究的社会工作者，通常以调研者的身份深入农村，与农民同吃、同住、同劳动，同时进行实地观察。不完全观察的优点在于观察主体不仅能够通过与观察对象共同活动得到大量的具体的感性材料，而且以公开身份的方式还有助于观察主体与观察对象就观察的问题进行深入探讨，从而搜集到更多更准确的理性资料。但是，由于观察主体的身份公开，使观察对象感觉到他们正在被观察，进而有可能促使他们有意识地改变自己的行为方式，影响观察主体获得观察资料的真实性和准确性。

非参与式观察，即观察主体处于观察对象所在的社会或群体之外，完全不参与观察对象的活动，观察对象意识不到观察主体正在对其进行观察。换句话说，非参与观察也就是"冷眼旁观""坐山观虎斗"式的观察。这种观察方式主要适用于观察主体无法或无需介入观察对象的情况。非参与式观察也称局外观察。例如，领导干部到基层检查工作、大学生利用节假日到农村进行参观等，都属于非参与式观察。非参与式观察的优势在于，它并未与观察对象建立密切的联系，可以从不同的角度、不同的方面、不同的视角对观察对象进行全方位"扫描"，站在客观公正的立场冷静地观察，并且非参与式观察也具有省时、省力的优势。但非参与式观察由于站在观察对象的"彼岸"审视观察对象，往往难以持续深入掌握观察对象的情况，使观察结果带有表面性和偶然性；要使研究能够透过现象发现本质，要求观察主体具备较高的素质。

4. 直接观察与间接观察

直接观察指的是凭借观察主体的感觉器官对当前正在发生的社会现象进行的观察。直接观察能够使观察主体从观察对象那里直接获得观察主体所需的信息。实地观察过程中的许多观察活动都属于直接观察的范畴。例如，通过观察图书馆内的书的磨损程度，可以大致判断学生的阅读情况；观察校园的晨读情况，可以知道学生的勤奋程度；观察小区的生活垃圾，可以知道居民的生活水平和饮食习惯。直接观察的优点在于，它能够身临其境，使观察主体得到直观生动的感受和印象，容易形成对观察对象的整体认识。其缺点在于，由于观察主体自身的素质存在差异，针对同一现象不同的观察主体往往会得出不同的结论，并且人的感觉器官也有其局限。其一是有些现象人的感觉器官无法感受。其二是人的感觉器官很难在短时间内把所有观察到的现象准确无误地保存下来，甚至还会出现"错觉"现象。其三是受观察主体自身偏好和价值立场影响，会影响搜集到的信息资料的客观性和真实性。[1] 在社会调查中，直接观察运用较为广泛。

间接观察，即观察主体不直接感知观察对象，而是运用其他途径或方式去感知观察对象的观察方法。间接观察通常是对已经发生的现象或事件进行的观察，这些现象或事件往往以物化的方式呈现于当下，是物化了的社会现象。所谓物化的社会现象，指的是反映过去社会现象的各种物质载体，如写实性绘画、古迹、遗址、各种腐蚀性或积累性物质遗迹，以及反映一定社会现象的物质或环境等。通过物化了的载体对观察对象的发生、演进的历史进行回溯性认识。例如，考古人员通过出土文物所记录的文字、图案，就可以大致地勾勒出当时的历史文化面貌和社会发展状况。一般来说，间接观察需要观察主体具备较强的理论知识和分析能力，有时还需要科学的鉴定手段和方法，并且在对物化了的社会现象进行推论的过程中还可能发生种种误差。但是对于已经发生的事件而言，间接观察可能是唯一可行的观察方法，对于一时无法采用直接观察方式观察到的事物而言，需要采用间接观察的方法。由此可见，间接观察与直接观察是互补的。

5. 静态观察与动态观察

根据观察主体及观察对象的状态，可以将实地观察法分为静态观察和动态观察两种类型。从观察主体的角度来看，静态观察是观察主体固定在相对稳定的地方对观察对象进行的观察。从观察对象的角度来看，由于观察对象所处的位置是相对固定的和不变的，因而观察主体需要在特定的地点对观察对象展开静态观察。在静态观察中，观察主体和观察对象的其中一方是固定的，另一方既可以是固定的，也可以是动态的。动态观察是观察主体与观察对象都处于实时的运动变化过程中，观察活动随时间、地点的变化而变化。具体来看，动态观察可以是一个短时间内的观察，也可以是一个长时间的观察。根据马克思主义的观点可知，运动是绝对的，静止是相对的。因而从绝对的角度看，无论是何种观察对象都处于持续的运动和变化过程中，即观察对象并不是固定不变

---

[1] 参见王茜、肖晗主编：《社会调查方法》，重庆大学出版社2010年版，第133页。

的。所以，社会调查中的观察多属动态观察。动态观察是实地观察的基本观察形式之一。

6. 短期观察、长期观察与定期观察

在实地观察过程中，根据观察主体对观察对象进行的观察时间长短，可以将实地观察分为短期观察、长期观察与定期观察几种类型。短期观察是观察主体在特定时间内进行的暂时性观察。相对来说，短期观察对观察时间和精力的要求较低，是在短时间内对观察对象进行的即时性了解，其缺点在于只能对观察对象有片刻印象，很难获得全面的整体认识。长期观察是在一个连续不断的、较长的时间范围内观察主体对观察对象进行的观察。长期观察的优点是通过持续不断的观察，可以比较全面地、细致地了解和掌握观察对象的情况，其缺点在于耗时长、费精力，此外长期持续不断的观察对被观察对象的影响和感染也比较大。定期观察是在预设好的时间段内对观察对象进行的反复性观察和探究。定期观察适用于那些情况复杂且难以在短时间内把握的社会现象。

（二）实地观察法的运用原则

实地观察法作为一种重要的社会调查方法，在社会调查过程中具有十分重要的地位。对于社会科学的调查研究而言，要做到对客观事物的科学观察，就必须制定一系列具备实用性、可行性、可操作性的基本原则。这些原则为实地观察活动的展开提供了方向指引。现实来看，要保证实地观察工作和实地观察活动的准确与合理，并使其具有较高的可信度和有效性，切实发挥实地观察法在社会调查研究中的特殊作用，就必须在运用实地观察法时要遵循以下几个基本原则。

其一，客观性原则。无产阶级革命家列宁曾指出，观察的客观性是唯物辩证法的第一要素。只有按照客观事物的本来面目对其进行观察，才可能正确认识事物的本质。在实地观察过程中，观察主体往往会受到自身情感、知识与经验等因素的影响。在这种情况下，如果稍有不慎，就会使我们的观察结果偏离正确的轨道，从而对我们的研究活动造成直接的影响，甚至还有可能产生灾难性的后果。因此，实地观察要秉持客观性的原则。具体来说，就是从实际情况出发，观察对象是什么情况，就观察什么情况和记载什么情况，决不能按照观察主体自身的好恶、感情偏好去观察社会现象，决不能出现歪曲社会现象真实面目的情形，更不能主观任意地去捏造、臆造那些根本就不存在的事实。

其二，全面性原则。任何客观存在的事物，都具有多面性。因而，对客观存在的事物进行观察不能片面化，要秉持全面性原则。所谓全面性原则，就是要求我们在认识和观察对象的过程中不能从对象的某个维度出发，而是要从对象的各个角度出发，进而获得对象的全方位认识。列宁曾指出："要真正地认识事物，就必须把握住、研究清楚它的一切方面、一切联系和'中介'。我们永远也不会完全做到这一点，但是，全面性这一要求可以使我们防止犯错误和防止僵化。"① 无论是同一事物，还是不同事物，都需要从不同的侧面、不同的角度和不同的层次进行多方面的观察，才有可能把握和认识事物全貌，"以偏概全"的观察方式不仅不能全面认识事物，而且还有可能造成不必要的困难。

其三，深入性原则。在观察对象的过程中，不能停留在观察对象的表面和表象上，而是要深入对象的内部进行细致、深入的观察。这是由被观察对象的复杂性决定的。人类社会实践的极度复杂性和多样性决定了社会现象的复杂性和多变性，因而许多社会现象不是一下就能观察清楚，而是需要观察主体深入观察才能澄清其本质。在现实生活中，经常出现部分人自觉或不自觉地将一些偶然的、片面的、虚假的现象视为事物的本质，其根源在于没有深入地对事物进行全面细致的观察。因此，对于实地观察而言，切忌"走马观花"，也不能"浮光掠影"，而是要长期、反复地深入观察，透过事物的现象发现事物的本质。

其四，条理性原则。实地观察不等于随意观察，必须按照一定的程序和步骤来进行。在实地观察的过程中，要根据观察对象的不同情况，分门别类制订相应的观察计划，按照观察对象出现的时间从先到后，按照观察对象所处的空间由近到远，按照观察对象的结构由外到内，按照观察对象呈现的形态从部分到整体，按照观察对象的性质由主要矛盾到次要矛盾，从而进行全面观察。

其五，持久性原则。实地观察通常来说是一项十分枯燥的工作，要进行全面的、客观的、深入的观察，就必须坚持持久观察的原则。有时观察活动也不是一次或一时就能获得观察的结果，达到观察的目的，甚至还有可能遭遇观察失败，或者一无所获。对于许多复杂的社会现象来说，要得到正确的观察结论，往往需要坚持数月、数年甚至更长的时间。英国著名人类学家马林诺夫斯基在对新几内亚原始部落进行研究时，就花费了长达六年的观察时间。

其六，合法性原则。在实地观察的过程中，观察主体一定要在宪法和法律

---

① 《列宁全集》第 40 卷，人民出版社 1986 年版，第 291 页。

规定的范围内对观察对象进行观察，决不能为了达到观察的目的而限制观察对象的人身自由，决不能在没有得到观察对象许可和允许的前提下就私闯观察对象的住宅、偷看观察对象的信件、窥视观察对象的隐私或做其他违法事情。

其七，伦理性原则。在实地观察的过程中，观察主体要遵从一般的道德规范，尊重观察对象的风俗习惯，尊重观察对象的语言风格，尊重观察对象的生活方式，尊重观察对象的道德规范，必须处理好与观察对象之间的伦理问题。

三、实地观察法的步骤与技巧

实地观察法作为一种具有很强目的性、计划性、系统性的社会调查方法，在具体的运用过程中应当按照一定的过程和步骤进行。这不仅是为了使观察工作循序渐进和顺利开展，更重要的是为了保证观察结果的科学性、合理性和有效性。此外，实地观察作为社会调查研究的方法，有特定的技巧。

（一）实地观察法的步骤

首先，确定观察的问题。社会调查研究总是围绕着某一问题展开的，为实现某一特定的目标和任务而进行的。因此，确定观察的问题是实地观察活动最基础的步骤。只有观察的问题明确了，即观察主体要观察什么清晰了，后续的观察过程和观察步骤才能顺利开展。观察的问题是在观察主体有了明确的问题意识和研究指向后选择好观察方法，并根据研究的需要而设计的需要通过观察来解决和回答的问题。例如，为了研究村落社群关系问题，就需要进入村落社群中进行观察，于是观察的问题就是村落社群内部的人在日常的生产和交往过程中的互动模式、沟通方式、语言行为、联系的紧密程度等。通常来说，观察的问题相对而言比较具体，具有明确的目标指向。因此，对于实地观察活动，事先准备好观察的问题是其能够顺利开展的前提，有了对观察问题的充分准备，在具体的观察中就不会漫无目的，从而有助于节省大量的观察时间，提高观察活动的效率，把观察精力放到需要观察的事物或现象上去。

其次，制订观察的计划。在确定观察的问题后，需要制订观察活动具体开展的计划。所谓观察的计划是指为观察活动的顺利开展而事先制订的计划。

1. 确定观察的具体内容、具体对象、具体范围。包括观察主体要观察什么，对什么对象进行观察，观察什么现象，观察的具体内容是什么，观察的样本和范围有多大，为什么要观察这些对象或现象，等等。社会中的事物或现象具有多变性和复杂性，我们不可能对所有的事物或现象进行观察，只能选取部分事物或现象进行观察。为了使观察结果具有代表性和典型性，应该选择那些具有代表性的事物或现象进行观察。通常来说，观察的内容和范围应根据调查和研究的问题来决定。具体包括如下几个方面。一是现场情景。根据观察活动所处的社会环境和自然环境确定观察的内容和范围。二是观察对象的身份角色。观察的对象情况如何，是正式群体还是非正式群体，其中的代表是谁，谁最具代表性等。三是目的、动机、态度。观察对象的行为有何目的，表象背后有何深层次的动机，态度如何。四是社会行为的类型，行为的产生和发展的过程，行为的性质、细节及其影响等。例如，观察对象在工作、学习、生活中所表现出来的言谈举止和行为习惯是如何产生的，这些现象对观察对象有何影响，对观察对象造成何种后果等，都是对观察对象进行观察的主要内容。五是事物或现象发生的时间、出现的频率、持续的时间等。在观察对象身上体现出来的某种现象是偶然现象还是常见现象，是短暂的还是长期的，是高频的还是低频的，这些都会影响观察主体对观察对象的判断，也直接影响甚至决定具体的观察结果。

2. 观察的地点和区域。社会中的事物或现象都不是静止不动的，而是不断地运动和变化着的，并且每一种具体的事物或现象的形成都与周围的其他事物或现象处于千丝万缕的联系之中。因此，对于实地观察而言，观察主体选择在何地对观察对象进行观察就显得尤为重要。例如，对医患关系的观察必须要选择在医院进行，对村落文化变迁的观察必须选择在村落进行，对学生学习态度和学习习惯的观察必须选择在学校进行。如果观察的地点选择在与所要观察的对象或现象无关的地点和区域，那么必然会使观察效果大打折扣甚至偏离观察的方向。因此，观察主体选择在什么地方进行观察，观察的地理范围有多大，观察的地方有何特点，是否能使观察对象的性质、特点等充分显现出来，观察的地点及其与观察主体之间的距离等，对观察活动的开展至关重要。

3. 观察的时间安排。在不同的时间段内对观察对象进行观察往往会取得不同的观察结果。因此，在具体观察之前要选择观察对象充分表现自我的观察时间和观察时刻。例如，对农民劳作状况的观察，就应当选择在白天农民劳作的时间段内，这个时间段农民劳作的具体情况能够充分地展现出来，而不能选择在傍晚，这个时候农民基本处于休息的状态。再如，对工厂生产情况的观察应当选择在工人上班时，而不能选择在工人下班休息时。由此可见，在什么时候进行观察，每次观察的时间长短，观察的次数等，都会直接影响观察的效果。那么究竟应当如何确定观察的时间呢？在观察活动开始前，观察主体应当充分与观察对象进行沟通，以相互之间的协定时间为准，以观察的方便为主。否则就有可能出现观察对象"不在场"的情况，从而影响具体的观察活动的顺利开展。

4. 观察的方式和手段。在与观察对象就观察活动进行预约的基础上，还应当明确观察的具体方式和观察的手段。以什么方式进行观察，是公开的方式还是隐蔽的方式，是参与式的观察还是非参与式的观察，在观察的过程中是否使用录音笔等电子设备，如果不能现场录音应如何处理，等等。这些都需要在具体的观察活动开展之前予以确定。然而，究竟在实地观察过程中采取何种观察方式，需要根据观察的对象和观察的环境而定。例如，对医患关系进行观察时，既要与医生进行充分交流，又要与患者进行充分交流，还要与旁观者进行充分交流，从不同的层面掌握相关信息。但是，在医患关系现场，会出现许多不易掌控的复杂情况，需要采取合适的观察方式确保观察活动顺利进行。

5. 观察活动中的伦理道德问题。由于观察对象的复杂性及其所处地域的文化环境、风俗习惯等方面的差异性，决定了在实地观察活动中需要处理好与观察对象之间的伦理道德问题。具体观察中可能会出现什么伦理道德问题？如果出现之后打算如何处理这些伦理道德问题？如何规避伦理道德问题？如何借助伦理道德更好地促进观察活动的开展？这些都是事先需要有相应预案和准备的。否则，就会影响实地观察活动的开展，不利于我们取得预期观察结果。

（二）实地观察法的技巧

尽管实地观察的过程需要借助一定的理论知识，但是在实地观察中也能总结出一些能够让观察活动顺利开展的观察技巧。观察技巧是观察活动顺利开展的基本技能和重要保证，能够使观察活动的开展省时省力，提高观察的实效。

1. 实地观察前了解观察对象的相关情况

在实地观察之前，对观察对象的基本情况进行了解和掌握是观察活动能够顺利进行的前提。通常来说，了解和掌握观察对象的基本情况主要包括观察对象的构成、观察对象的文化程度、观察对象的风俗习惯、观察对象的生活方式和宗教信仰等。在充分了解观察对象的基本情况基础上，有助于观察主体迅速地深入到观察活动中去。例如，对中国文化进行研究的外国学者，当其对中国文化中的特殊礼节、生活方式、节日庆典等有充分了解后，就能加深对中国传统文化的认知，从而避免在实地观察过程中出现不利于观察活动开展的行为。

2. 与观察对象建立良好的关系

　　在实地观察过程中，观察主体应尽快与观察对象建立良好的关系，这是顺利开展观察工作的一个必要条件。一是观察主体要向观察对象反复说明观察的目的和来意，以消除观察对象的顾虑，使他们充分认识到观察所具有的重要价值和意义。二是应当参与观察对象的某些活动，通过共同活动的方式增进观察主体与观察对象之间相互了解的程度，进而建立友谊。三是要尊重当地风俗习惯和道德规范，最好能够学会当地的话语表达方式，决不能做违反当地禁忌的事情，决不能说违反当地禁忌的话。四是在力所能及的范围内，帮助观察对象解决某些现实困难，这对于加深彼此的感情具有重要作用。五是在实地观察的过程中应选择当地具有威信和影响力的人作为支点，首先与他们建立起良好的关系，然后再通过他们与其他观察对象建立关系。六是不要介入观察对象间的宗族和派系斗争，遇到此类现象应尽可能做好团结工作，起码保持中立立场。

　　3. 观察活动不能影响观察对象的生活

　　在实地观察过程中，尤其是在近距离观察的时候，观察主体不要主动和认识的观察对象打招呼，从见到对方那一刻起就开始观察和记录，当对方发现观察主体并与之交流时就是观察活动的结束之时。实地观察活动是在不打扰观察对象的正常生活状态下进行的客观、中立的观察活动，因而一旦观察对象察觉到观察主体的存在并与之进行互动的时候，这种客观的、中立的观察状态就会受到干扰甚至被打断。因此，实地观察活动不能影响观察对象的正常生活。

　　4. 做好观察记录的技巧

　　常言道："好记性不如烂笔头。"实地观察，一般都应做好观察记录，最好是同步记录，即在现场观察的同时记录下观察的情况。观察主体在做观察时也需要借助特定的记录方式，而有些记录方式可能会引起观察对象的反应，有些记录方式则没有引起观察对象的注意。因此，究竟选择何种记录方式需要观察主体结合现实情况进行考虑。如果有些观察需要观察主体及时记录而观察主体又无法在短时间内完全记录下来，可采用自己知晓意思的图表和特殊符号进行即时记录。图表和特殊符号的优势是简洁、直观，能够一目了然地把所记录的内容呈现出来，而且不容易产生歧义或分歧。观察记录的方式主要包括两种基本的类型，其一是结构式的记录方式，结构式的记录比较细致和繁琐，不过较为客观，适合陌生的观察场景；其二是功能式的记录方式，功能式的记录比较简单，但会存在研究者的主观成分，主要用于熟悉的场景。观察记录还可以分为即时性的记录和观察后的记录。即时性的记录是边观察事物或现象边记录，把自己观察到的事物或现象当场记录下来。观察后的记录是在观察活动结束之后通过观察主体回忆观察场景、现象的方式记录观察的事物和观察的现象的记录方式。总体上来看，观察记录的方式不存在好坏之分，具体采用何种记录方式对事物或现象进行记录，需要观察主体根据实际情况进行抉择。

（三）运用实地观察法时应注意的问题

第一，灵活安排观察程序。尽管在实地观察活动开展之前已经制订了相应的观察计划，但是在实地观察的过程中也不能犯经验主义错误，而是要灵活地安排观察的程序。观察的程序主要有三种安排方法，即主次程序法、方位程序法和分析综合法。所谓主次程序法，就是先观察主要对象、主要部分、主要现象和主要矛盾，再观察次要对象、次要部分、次要现象和次要矛盾。方位程序法，即根据观察对象的位置，采取由近到远、由左到右或由右到左、由下到上或由上到下等方位逐次观察。分析综合法，指的是先观察事物的局部现象，后观察事物的整体，或者先观察事物的整体，后观察事物的局部，然后再进行综合或分析，得出观察结论的方法。在实地观察过程中，究竟应当采取何种观察方法，需要观察主体根据观察的目的和任务，结合实际情况灵活决定。

第二，将观察与思考结合起来。实地观察不是借助人的感觉器官对观察对象进行的纯客观审视，而是在一定的理论指导之下，以一定的知识和经验为基础的自觉认识过程。不可能有纯粹的现象描述式的观察。事实上，观察主体在观察事物或现象的过程中都带有一定的目的，包括感性认识和理性认识两个基本的方面。从感性认识的角度来看，观察主体对观察对象进行的观察，首先呈现在观察主体视野中的是观察对象显现出来的表象，这些表象有些可能是事物本质的显露，有些可能是假象，是不可靠的。要全面客观认识事物，就需要通过表象把握事物的本质，也就是要从感性认识上升到理性认识。因此，在实地观察的过程中，不能仅仅停留在事物或现象的表面，而是要深入到事物或现象的内部对其进行剖析和澄清。就此而言，在观察事物现象的同时，还需要对所观察到的事物或现象进行思考和检视。在观察中思考，在思考中观察，要善于把观察和比较结合起来。只有这样，才能在观察中捕捉到有价值的观察材料。

第三，努力减少观察误差。由于观察主体对观察对象的感知和认识会受到自身及观察对象的复杂性、多变性的影响，从而导致在观察过程中产生一定的观察误差。究其原因，无外乎两个维度。首先，从观察主体自身的角度来看，观察主体的态度、观念、知识水平、经验、责任心等方面存在的差异会使观察活动产生观察误差。其次，从观察对象的角度来看，一是观察主体进入观察对象的视野时，就会在一定程度上影响观察对象的心理状态或行为取向，特别是在观察对象感到存在威胁时，就会对观察主体的活动产生戒备心理；二是"报喜不报忧"的心态，使观察主体难以对观察对象的真实面目作出判断；三是观察对象的本质尚未充分呈现，使观察主体难以把握其规律而产生误差。针对实地观察过程中出现的观察误差，需要我们通过科学和有效的方法尽可能地将其降低。首先，需要提高观察主体自身的素质。提高观察主体的思想素质、知识水平、观察能力、观察技巧，是提高观察质量，降低观察误差的根本途径和方法。因此，观察主体必须采取实事求是的态度，奉行求真务实的精神，提升自身的知识水平，同时还应加强观察能力、观察技巧的培养和训练。其次，减少观察活动对观察对象的影响。通常情况下来说，实地观察只有在自然的状态下才能观察到观察对象的真实面貌，如果观察对象处于非自然的状态，就极易导致观察误差的出现。所以，在实地观察过程中，观察主体应努力控制自己的观察活动，尽可能地不对观察对象的自然状态造成任何形式上的破坏，甚至在必要的时候，可以采取隐蔽的方式进行观察，以减少观察活动对观察对象造成的影响。再次，力求进行深入细致的观察。深入细致地进行观察是避免观察误差的有效方式。只有深入细致地对观察对象进行观察，才能看清观察对象的实质和全貌，弄清事情的真相。特别是在社会领域中的社会现象，尤其需要持续不断地深入细致观察。最后，采取多人多组多次反复观察的方式进行观察。单独的观察主体对某事物进行观察，可能会因观察主体自身的局限或缺陷而出现观察误差。因此，为了降低观察误差，应当采取多人多组多次反复观察的方式。通过多人多组多次观察，对观察对象进行横向对比和纵向对比、观察时间的先后对比、观察位置的上下对比和左右对比，以便相互补充和纠正偏差。此外，还可考虑通过借助现代观察仪器的方式以有效降低观察的误差。

四、实地观察法的优点与局限

（一）实地观察法的优点

第一，实地观察法在自然的状态下能够提供研究事物或现象的一手资料。实地观察的环境一般是自然的、真实的，能够保证观察对象的客观性，对观察对象自然地展现自身的特质影响较小，尤其是在间接观察、非参与式观察中，观察对象很难感知到观察主体在对其进行观察，减少了人为因素对观察对象进行的控制和影响，进而减少可能发生的观察误差，使得通过观察获得的资料具有真实性。通过这种观察，人们不仅可以得到对社会现象或事物的感性认识，还可以在感性认识的基础上将其上升为理性认识。这是其他社会调查方法无法比拟的。

第二，实地观察法简便易行，适用范围广。无论观察对象是自然界中存在的自然现象，还是发生在日常生活中的社会现象，都会以某种形态的方式出现在社会中，向人们展现出来。这也是人为什么能够认识自然现象和社会现象的重要原因。作为客观存在的对象本身不会自觉地"潜入"到人的认识中，而是需要通过人的观察对其进行认识。实地观察法只需观察主体基于特定的观察目的，在一定的理论指引下就能对事物或现象进行认识。因而它具有简便易行的优势，不用太复杂的准备过程就能对观察对象进行观察。并且实地观察法弹性大，适用于自然界、社会等诸多领域，应用范围广。观察主体只要进行适当准备就可以进行观察，还可以随着观察的进步不断修正观察目标。

第三，实地观察适用于那些通过其他调查法难以获取信息的领域。在社会调查的过程中，实地观察法能够弥补其他调查方法的局限。比如，在对对象进行访谈时，由于对象自身的原因或外界其他因素的影响，导致访问对象不愿意接受访谈或半途终止访谈，拒绝回答或错误回答提出的问题，拒不提交发放的调查问卷等。实地观察法可以很好地解决此类现象。除此之外，实地观察法还适用于那些不能够或无法用语言文字沟通交流的观察对象。如对幼儿、少数民族群体、聋哑人等进行的调查，尤其需要通过实地观察的方式对其进行调查。

（二）实地观察法的局限

第一，实地观察受时空环境影响和限制。观察对象是处于特定时空环境中的存在，对观察对象进行观察离不开一定的时空环境。从时间的维度看，许多在极短时间内爆发的突发性社会事件，观察主体很难在短时间内做好对其进行观察的准备工作，因而难以做到对其进行有目的的调查。如恐怖主义性质的行为、交通事故等。从空间的维度来看，实地观察不可能大规模开展，只能是局部的小范围内的观察。此外，事物或现象是运动变化着的，许多事物或现象的发生随着时间的变化而变化，在不同的时间段内有可能呈现完全不同的特征，这也给观察活动的开展带来了一定困难，甚至还可能因时空的变动得出完全不同的结论。

第二，实地观察受观察主体的主观因素的影响较强。由于观察主体往往是具有情感性和主观性的存在，因此在观察的过程中难免会受观察主体的情感、知识和经验的影响。在实地观察中，观察主体与观察对象之间有着不可分割的联系，这种联系使观察主体很难做到完全客观、公正地对观察对象进行观察。一般来说，观察主体介入观察对象的生活越多，那么观察结果的主观成分越大，情感色彩也就越浓。正如著名社会学家怀特所言："开始时我是一名非参与性的观察者。但是，当渐渐为这个群体所接纳时，我发现自己几乎成了一名非观察性的观察者。"这必然会影响观察的效果。此外，实地观察主要依赖观察主体的感官和思维，然而观察主体的感官和思维是有选择性的，观察主体所选择的角度不同就会得出不同的结论，正所谓"仁者见仁，智者见智"。观察主体在观察过程中不仅可能会忽视某些重要的方面，并且不同的观察主体对相同的观察对象也有可能得出完全不同的结论。由此可见，观察主体的主观因素直接决定了观察的具体结果。

第三，实地观察法难以对所观察到的事物进行定量分析。定量分析是社会调查研究的重要分析法，与定性分析一道构成了社会问题研究的两个重要维度。定量分析要求运用标准化的语言和数据对观察对象进行记录，并在此基础上运用统计的方法对其进行分析。然而，实地观察法主要是对观察对象显现出来的特征和性质等进行的主观描述和判断，属于定性的范畴，观察主体很难把握和控制观察对象的环境变量和时间变量。此外，主观描述不同于数据统计，无法进行数量分析和数量对比。因此，在社会调查中，实地观察法有自身的局限性。

第三节　访　谈　法

访谈法是社会调查研究中的一种较为常见的调查方法，也是社会调查研究中一种重要的调查方法。在社会调查研究中，访谈法既可以单独作为搜集资料的研究方法，又可以与其他方法结合使用。通常来说，很多对事物或现象进行的定性研究要以访谈法的方式进行。要正确地使用这一方法，就必须深刻理解访谈法的内涵、类型与特点，掌握访谈法的一般过程和访谈的基本原理。

一、访谈法的内涵与特征

（一）访谈法的内涵

访谈法，也称访问调查法、访问法或谈话法。在汉语中，"访"指的是探望、寻求的意思；"问"是指询问、追究。访谈法，顾名思义，就是访问主体通过口头交谈等方式直接向访问对象了解社会情况和探讨社会问题的方法。访谈作为一种口头交流的过程，不同于一般意义上的聊天。聊天是在日常生活中比较随意的话语交流方式，没有固定的形式，可以随时随地进行，也可以随时中断谈话。而访谈则不同，访谈是访问主体基于特定的目的而与访问对象之间进行的谈话，有较固定的程序和规则。在访谈的过程中，访问主体按照调查提纲或问卷规定的内容，以个别访谈或集体访谈的方式，有计划地系统收集与访问与主题相关的资料。毛泽东十分重视访谈法在调查中的运用，著名的"兴国调查""长冈乡调查""才溪乡调查"就是以这种方法进行的。访谈法有自己的哲学基础，它是建立在解释学、建构主义基础之上的。20世纪解释学的代表人物是德国哲学家伽达默尔，与狄尔泰的解释学相比，伽达默尔的解释学已经走出了心理主义的框架和仅以理解文本为目的的基本立场。他把研究的目的定位在探寻所有事物的理解性上（包括艺术、历史与语言）。他的解释学涉及的范围已不是历史上遗留下来的文本翻译，而是扩大到一切人文学科，甚至拓展到一切以语言方式存在的事物。① 由于追求"理解"的普遍性，于是建构在这种理论基础之上的访谈法要求研究者在研究的过程中，把访谈法作为一种"言语事件"，并对这种"言语事件"进行分析研究，诠释并建构"言语事件"的意义之维，从而揭示出言语背后蕴含的真实内涵，而不是言语所呈现的表象。

（二）访谈法的特征

第一，访问主体与访问对象面对面的双向互动。访谈是访问主体与访问对象之间面对面的交谈，彼此相互沟通、交流的过程。在访谈过程中，访问主体针对特定的问题，对访问对象进行提问、追询、解释，借助手势、表情等非言语行为，与访问对象进行深入交谈。访问对象对不理解的问题，也可以向访问主体进行询问，从而保证访问主体与访问对象之间双向交流。在具体的访谈过程中，访问主体不是尽量减少对访问对象的影响，而是积极地、有目的地影响访问对象，从而掌握访问的主动权，促使访问对象按照预定的计划回答问题。

第二，访谈的过程具有灵活性。通过面对面的访谈，访问主体具有较大的主动性，访谈法比其他社会调查方法更加灵活。在访谈过程中，访问主体可以

---

① 参见孟雪晖、朱静辉主编：《社会调查与统计分析实验教材》，浙江大学出版社2016年版，第103页。

根据访问对象自身的情况灵活安排访问的时间和访问的形式。访问既可以以公开的方式进行，也可以以私下的方式进行；既可以以面对面的方式进行，也可以以非面对面的方式进行。此外，还可以根据访问对象的态度和反应及时地调整访问的内容和访问的方式，灵活多样选择提问的形式、提问的顺序。访谈法的形式比较灵活，受时空因素的影响小，因而有利于按照预定的访谈计划进行调查。

第三，访谈具有较强的目的性。任何社会调查都是基于特定的目的而开展的活动，因而社会调查具有较强的目的性。访谈法作为社会调查的一种重要的方法，也具有较强的目的性。在访谈过程中，访问主体往往是基于预先设定好的问题有目的地进行访谈，并试图从访问对象那里获取访问主体想要的信息，从而展开访谈活动。需要特别注意的是，在访谈过程中，切忌访谈活动脱离访谈的主题，尤其是要注意不能跟着访问对象的思路走，出现访谈偏离访谈主题的现象。因此，访谈的过程一定要围绕着访问主题来展开。

第四，访谈是在一定访谈技巧控制下进行的调查活动。访问对象都是有思想、有感情、有心理活动的活生生的人。因此，访谈的过程首先是人与人之间的交往过程。访谈活动只有在访问主体与访问对象之间建立起基本的信任关系和情感纽带之后，并根据对方的实际情况采取恰当的访谈形式，才能有效地进行。实践一再证明，要取得访谈活动的成功，访问主体必须要掌握相应的访谈技巧，并且要善于处理与访问对象之间的人际关系，才能有效控制访谈过程。

第五，通过交谈的方式进行的口头调查。与实地观察法、文献调查法、网络调查法不同，访谈法是通过口头询问的方式进行的调查，即通过口、耳来询问和听取有关社会信息。因此，它能够通过口头交谈的方式反复地就某个问题或某个情况与访问对象进行沟通交流，从而深入地了解和掌握相关社会问题。

二、访谈法的类型

按照不同的标准、不同的呈现形式、不同的表现方式，可以从不同的视角和立场对访谈法进行划分。具体来说，访谈法可以从如下几个方面进行分类。

第一，直接访谈与间接访谈。按照访谈的方式，访谈法可以划分为直接访谈和间接访谈两种类型。直接访谈指的是访问主体与访问对象进行的面对面的访谈。这种访谈方法，又可以分为"走出去"和"请进来"两种方式。"走出去"就是访问主体深入到访问对象中去，与访问对象直接展开访谈。所谓"请进来"

就是将访问对象请到访问主体所处的环境中来，然后有针对性地开展访问的过程。间接访谈，就是访问主体与访问对象不直接面对面，而是通过电子邮件、电话、聊天软件、书面问卷等形式对访问对象进行访谈。这种访谈方式的最大优势在于时间快、成本低、保密性强，其缺点在于只能向访问对象询问比较简单的问题，难以就访谈的内容与访问对象进行深入沟通与交流，并且受访问对象条件的限制。直接访谈和间接访谈是访谈法中运用得较多的两种类型。

第二，一般访谈与特殊访谈。按照访问对象构成的不同，可以将访谈法划分为一般访谈与特殊访谈两种类型。一般访谈主要针对的是普通的访谈过程和访问对象，如对工人、农民、学者、社区居民等进行的一般性访谈。特殊访谈针对的是特殊的事件或特殊的访问对象，如对重大突发性公共事件、社会公众人物、政治家等进行的专门访谈。访问对象的不同决定了访谈类型的差异。

第三，个别访谈与集体访谈。所谓个别访谈，即访问主体与访问对象之间进行的一对一访谈。个别访谈是访谈法的基础，也是在实际访谈过程中运用得较多的一种访谈方式。个别访谈的长处在于，它能够根据访问对象的特殊性进行区别对待。[1] 比如，根据访问对象的职业、受教育程度、性别、年龄、民族和所属的社会阶层等来掌握访问技巧。个别访谈的优势在于，访问主体与访问对象之间的距离较近，能够进行更多的交流，也便于访问主体及时地调整和控制访问的过程。其缺点在于，当访问对象缺乏安全感或认为没被重视时，访谈结果的真实性就会受到影响。集体访谈，就是访问主体邀请若干访问对象，通过集体座谈的方式了解社会情况或研究社会问题的方法。集体访谈不是通过与个别访问对象的个别交谈来了解情况，而是通过与若干访问对象进行访谈来了解相关的社会情况。因此，集体访谈不仅是访问主体与访问对象间相互影响、相互作用的过程，还是访问对象之间相互影响、相互作用的过程。[2] 因此，要取得集体访谈的成功，访问主体需要有较为熟练的访谈技巧和驾驭集体座谈的能力。

第四，标准化访谈与非标准化访谈。标准化访谈，又称结构性访谈，即按照统一设计好的问卷或编制得很详细的调查提纲进行的访谈。这种访谈的特点是：选择访问对象的标准和方法，访谈中提出的问题，提问的方式、顺序和访问的记录方式都是统一设计的，甚至访谈的时间、地点、环境等外部条件也保

---

① 参见张彦：《社会研究方法》，上海财经大学出版社 2011 年版，第 112 页。
② 参见万崇华、许传志主编：《调查研究方法与分析（新编）》，中国统计出版社 2016 年版，第 91—92 页。

持基本一致。标准化访谈最大的好处在于，能够对访谈的结果进行统计和定量分析，以便进行对比研究。其局限在于缺乏弹性，难以有效应付复杂多变的社会现象，难以对社会问题进行深入探究，也不利于调动积极性。非标准化访谈也称非结构性访谈，指的是根据调查课题确定的基本内容或事先拟定的结构松散且灵活的提纲进行访谈。在非标准化访谈中，访谈具有很大伸缩性，访谈主体能够根据访谈遇到的情况灵活机动地进行提问。这样，就可以发现拟定的课题当中许多尚未被考虑到的新问题。其优势在于，有利于发挥访问主体与访问对象的主动性和创造性，有利于适应千变万化的情况，对于深入探寻新问题大有裨益，它常被用于参与式观察或个案调查，被国外学者称为"自由面访法"。

第五，一般访谈与深度访谈。按照访谈内容的深度和层次，可以将访谈法划分为一般访谈和深度访谈两类。一般访谈也称为浅度访谈，是指访谈的内容比较简单、浅显，回答方式比较统一、规范的访谈。例如，人口普查、户籍调查、生育调查中的访谈，以及一般问卷调查中的访谈，大都属于浅度访谈。而深度访谈又称临床式访谈，是指访谈内容比较复杂、敏感、艰深的访谈。在深度访谈过程中，访问主体与访问对象主要围绕着一个主题或者问题进行比较自由、深入的探讨，其目的不仅是了解主题或问题的一般情况，而且是深入探讨因果关系、发展规律和应对策略，因而多用于各种因果性调查和对策性调查。

第六，一次性访谈与多次性访谈。根据访问主体对访问对象进行访谈的次数，可以将访谈法分为一次性访谈和多次性访谈两种类型。一次性访谈通常内容比较简单，主要以收集事实性信息为主；多次性访谈则通常用于追踪式调查研究，或深入研究某些社会问题。多次性访谈可以有一定的结构设计，逐步由浅到深、由表层到深层、由事实信息到意义揭示等。美国学者塞德曼认为，如果要就有关问题对访问对象的经历和看法进行比较深入的了解，起码应进行三次访谈。第一次访谈主要粗略地了解一下访问对象的经历，访谈的形式应当绝对开放，以访问对象自己讲故事的方式进行。第二次访谈主要就研究的问题询问访问对象目前有关的情况，着重了解事情的有关细节。第三次访谈主要请访问对象对自己行为的意义进行反省和解释，重点在认知和情感层面对访问对象的反映进行探索，在访问对象的行为、思想、情感之间建立一定联系。[1] 无论是采取一次性访谈的

---

[1]　参见孟雪晖、朱静辉主编：《社会调查与统计分析实验教材》，浙江大学出版社 2016 年版，第 106 页。

方式还是多次性访谈的方式，都必须坚持搜集的资料应尽可能饱和的原则。如果搜集到的资料信息相对有限，往往意味着访谈的次数还不够。

三、访谈法的过程与技巧

（一）访谈法的一般过程

1. 明确访谈的目的

在访问调查活动正式开展前，需要针对访问对象明确访谈目的。通常情况下来说，访问的目的即为研究所要达到的目的。因此，访谈目的必然涉及访问对象、访谈范围和访谈边界。由于访谈目的一般来说是访问主体思想观念和意识层面的东西，因而较为抽象，不具体。所以，对于现实的具体访谈活动而言，需要将抽象的观念、概念、思想转化为具体的问题，从而指引具体的访问实践。在访谈过程中，明确访谈目的对于访谈活动的各项工作的开展具有至关重要的作用。然而，访谈目的不是凭空臆造的，而是需要访问主体在问题意识的基础上，深入考察访问对象的相关情况，仔细查阅与访谈的内容相关的文献资料，从中汲取有价值的东西，不断丰富和完善访谈目的。此外，社会实践的极度复杂性和多变性决定了任何预先形成的访谈目的都可能根据实际情况的变化而改变。由此可见，我们需要历史地、动态地、发展地审视访谈目的。

2. 做好访谈的准备

一是根据访谈目的选择恰当的访谈方法。访谈准备的第一步是根据已经确定或初步确定的访谈目的选择恰当的访谈方法，不一样的访谈方法可能会得出完全不同的结果。因此，访谈方法的选择对于访谈而言极其重要。针对特定的访谈活动，是选取定性分析的访谈方式，还是需要获取定量分析的信息，都需要根据访谈的目的来确定。如果访谈的目的是探索性研究，则可以采取非标准化的访谈。如果访谈的目的是要对问题进行深入细致调查，那么个别访谈、深度访谈、多次性访谈显然更为合适。如果要迅速地对某种社会现象得出结论或看法，则可以采取集体访谈的方法，这样有助于快速地收集各方的信息。

二是制订访谈的提纲。在确定访谈所要采取的基本方法后，访问主体还要根据访谈的目的和访谈的方法制订相应的访谈提纲。所谓访谈提纲就是访谈过程中的具体实施步骤和问题。访谈提纲对于访谈活动的具体开展有导向意义，指引着访谈活动的方向和形式。然而，不同类型的访谈、不同对象的访谈，其访谈提纲迥然有别。例如，进行标准化访谈，访问主体需要在全面了解访谈内容和访问对象的前提下，设计出规范、统一的访谈提纲；进行非标准化访谈，访问主体需要在基本掌握访谈内容和访问对象情况的基础上，形成概要性的访谈提纲。总体上来看，访谈提纲主要涉及访谈目的、访问对象、访谈问题设计等。访谈提纲不需要严格的理论推断，只需要紧扣访谈主题，并进行相应的访谈设计即可。无论采取何种访谈方法，访问主体都需要事先准备好访谈提纲，以便在访谈中就被访谈的问题与访问对象进行深入、细致的交流。

三是确定访谈的对象。访谈对象也称访问对象，是在访谈过程中访问主体向其了解访谈内容的客体。确定访问对象作为访谈活动的重要一环，是整个访谈活动不可缺少的组成部分。是否能够选取合适的访问对象，直接决定着访谈活动的成败。由于访谈是访问主体带着特定目的进行的活动，因而访问对象应当是对访谈内容最熟悉、最具有发言权的人。所以，访问对象对情况的了解程度，访问对象的知识水平能否清晰地描述情况，访问对象的经历、年龄、职业、习惯、性格、性别等，都直接或间接地影响着访谈的成效。正是在这种意义上，在访谈活动正式开展前，选择合适的访问对象对访谈至关重要。

四是确定访谈的时空环境。在访谈过程中，为了方便访问对象，通常情况下，访谈的时空环境应以选择访问对象方便的时间和空间为原则。从访谈时间维度来看，访谈活动应选择在访问对象工作、家务都不繁忙时。从访谈空间维度来看，访谈的地点和场合应选择在能够使访问对象畅所欲言和准确回答问题并且能够保证访问对象隐私不被侵犯的地方。例如，对教师进行访谈，应选择在课后的空余时间，地点选择在办公室、家里均可。对基层干部进行访谈时则选在其办公地点进行比较适宜。总体上来看，访谈的时空选择需要坚持两个基本的原则。第一，以方便访问对象为主；第二，所选时空环境应当具备融洽的访谈气氛。只有这样，才有利于访谈活动的开展和访问主体掌握更多的信息。

五是选择恰当的访问主体构成人员。在选取合适的访问对象后，还应当选择恰当的访问主体构成人员。这是因为，访谈活动是由访问主体和访问对象共同构成的，离开任何一方，访谈活动都不可能顺利进行。并且，访问主体的人员构成情况也直接决定和影响着访谈活动的成效。一项访谈活动能否达到预期的效果，在很大程度上取决于访问主体构成人员的业务素质、道德品质和交流沟通的能力。特别是在一些专业性较强的访谈活动中，访问主体需要由专业人员构成，并且需要对访问主体人员进行业务培训。此外，某些大型的访谈活动需要多人参与和多次访谈，这就对访问主体的构成人员提出了更高的要求，即不仅要熟悉访谈目的、内容，还要开展适当的方法训练和模拟访谈。

六是准备访谈的工具。在开展正式访谈之前，还应针对访谈活动准备访谈工具。具体来说，访谈的工具主要包括三个方面。首先是普通工具。访谈活动不是访问主体与访问对象之间进行的随意式聊天，而是需要根据访问对象的叙述和表达进行记录、整理，因而笔、笔记本等记录工具就成了访谈活动的必备工具。其次是特殊工具。针对重要的、复杂的访谈活动，还需要进行现场录像和录音、填写表格和问卷等。因此，对于这类访谈活动还应当准备录像和录音设备、表格问卷等。最后是访谈的身份证明。如介绍信、身份证等证件。

3. 进入访谈的现场

在现实中，一项访谈活动是否成功进行、是否取得了预期目标，在很大程度上取决于访问主体与访问对象之间初次接触时的表现、印象。如果访问对象对访问主体留下了较好的印象，就会助推访谈活动开展；如果访问对象在初次见面时，没有对访问主体留下深刻的印象，就会或多或少地影响访谈活动的成效。为了在访谈过程中获得访问对象的认可、接纳，使访谈活动能够顺利进行，访问主体进入访谈现场时，需要从如下方面进行准备。

首先，提前与访问对象约定时间、地点。由于在许多访谈活动中，访问主体与访问对象之间是初次接触，比较陌生。因此，访问主体首先应当与访问对象就访谈活动的时间、地点、形式等进行约定。实践经验表明，在事先与访问对象就访谈活动进行约定后再进行访谈活动，通常能够让访问对象感受到自身受到尊重，这样一般不会遭到访问对象的拒绝，并且有助于访问对象敞开心扉地谈论访谈的相关内容。所以，在开展访谈之前，应与访问对象所在的单位或访问对象本人取得联系，事先约定，争取访问对象的支持和配合。

其次，在与访问对象交谈中称呼要恰当。与访问对象沟通时遇到的第一个问题便是如何称呼对方。如何恰当地称呼是接近访问对象的关键，称呼不恰当有可能导致访问对象的反感，进而影响访问活动的顺利进行。在如何称呼访问对象的问题上，需要注意如下几个问题。其一要入乡随俗、亲切自然。在访谈中要做到这一点，就必须深入了解访问对象所在地的文化习俗。其二要符合双方的心理距离和亲密程度。如果与访问对象之间关系比较亲密，称呼自然就比较随意；如果与访问对象之间关系较疏远，称呼则不同。一般来说，称呼的变化规律是：从称呼头衔、尊称到姓氏，再到姓名，直到小名、爱称或绰号。其三要尊重恭敬并且恰如其分。有的人开口一个"喂"，闭口一个"伙计"，这样对人极不恭敬；也有的人一口一个"老前辈""老首长"等，想以奉承换取廉价的好感，结果却往往适得其反。其四要注意称呼习惯的发展和变化。

最后，衣着要得体、大方。初次见面，人们往往根据对方的衣着相貌获取第一印象。因此，访问主体的衣着、服饰、打扮等外部形象，对能否在初次见面时就获得访问对象的好感具有重要影响。一方面，访问主体的衣着打扮应尽可能与访问对象相类似，给对方一个易于接近、能够接近的感觉。比如，在乡村地区进行访问，衣着打扮应尽量朴素些；在城市进行访谈，衣着打扮应该比较整齐和讲究。另一方面，也应当根据访问对象的衣着打扮来决定自己接触对方的时候所要采取的态度和方法。比如，对衣着打扮比较讲究的访问对象，在与之进行交谈时言谈举止应庄重、严肃、彬彬有礼；对衣着打扮比较随意的访问对象来说，交谈时则可以根据情况坦率、随意一些。究竟应当采取何种衣着打扮的方式或形式，需要根据实际情况来确定，以有利于访谈活动的开展为原则。

4. 正式进行访谈

访问主体在与访问对象建立访谈关系之后，便要进行正式访谈。所谓正式访谈就是访问主体与访问对象就访问的内容进行正式交谈的过程。正式访谈需要注意以下几点。首先，耐心听取访问对象的陈述。在访谈中，访问对象无法保证所有的回答都非常符合访问主体的要求，甚至还有可能碰到访问对象特别健谈的现象，所回答的内容与访谈的内容毫无关系。这时，就需要在耐心听取的前提下礼貌而巧妙地将谈话引回正确的方向。其次，访问主体应注意恰当地使用访问语言。如果访问对象不知如何回答访问主体的提问，可能是因为提问所使用的专门术语较多或是太抽象。因而访问主体应使用通俗易懂的语言，以便访问对象能准确地回答所提的问题。再次，要采取公正、不偏不倚的立场。访问主体不应将自身的态度、立场强加给访问对象，应使访问对象就访谈内容客观地陈述具体的情况。在访谈过程中，访问主体应注意自身的言行举止，避免给访问对象在心理上造成某种暗示，从而影响访谈结果的客观性和公正性。最后，尽量保证访问活动一次性完成。每次访谈，尽量一次性完成，这样既能保证访问材料的完整性，又能节约时间和经费，这就要求访问主体要抓住时机客气地询问。[1]

---

[1]　参见彭发祥、刘守恒主编：《社会调查研究方法》，中国人事出版社 1992 年版，第 135—136 页。

5. 访谈活动的结束

当访谈活动所要了解的问题得到了较好的回答之后，访问主体应当适时地结束访谈过程。具体来说，结束访谈应把握如下几点。首先，要坚持适可而止的原则。通常情况下，每次访谈的时间不宜过长，一般每次访谈的时间在一至两个小时为宜。但是，也不能机械地规定访谈的时间，如何确定访谈的时间应根据访谈的内容、访谈的氛围灵活处理。其次，要把握结束的时机。访问主体所要了解的问题和内容得到了较为圆满的回答之后，应当适时地结束访谈。此外，当访问对象陷入疲劳、厌倦状态，或者良好的访谈氛围被破坏的时候，也应适时结束访问。再次，要坚持轻松自然的原则。访谈活动应在轻松自然的状态下结束。访问主体可以通过言语和行为暗示访问对象结束访谈的进程，如"对今天的访谈还有什么看法？""今天还有什么活动安排？"也可以通过收拾录音机、笔记本的方式暗示访谈结束。最后，礼貌致谢。在结束访谈时，访问主体应向访问对象礼貌致谢。

6. 再次访谈的预设

由于某些特殊的原因或访谈内容的特殊性，一次访谈无法获得足够的调查资料，这就需要再次进行访谈，以确保资料的完整性。因此，如果需要再次访谈，在访谈结束时应做好铺垫。具体来说，在访谈结束时，访问主体可向访问对象表示，今后还需再次与其进行交谈，了解和请教相关问题。对于再次访谈来说，访问主体需要与访问对象就再次访谈的时间、地点等进行约定。

（二）访谈法的基本技巧

访谈不是漫无目的的聊天，而是针对特定问题展开的具有一定指向性的特殊调查研究活动。因此，访谈的过程必须要遵循一定的访谈方法和技巧。

1. 接近访问对象的技巧

如上文所述，接近访问对象是访谈的基础，其技巧主要包括如下几方面。

其一是自然接近，即在某种共同的活动场景中自然地接近对方。比如，由于工作、旅行、乘车、就餐等原因在某个场合与潜在的访问对象进行接触，并与之进行交谈，在逐步了解对方并建立起初步感情后说明来意。这种接近方式是访问主体有心，而访问对象无意的接近过程。它有利于消除访问对象的紧张心理和戒备心态，在访问对象不知不觉的过程中掌握到更多的信息。但是，在访问主体公开说明来意之后，就很难在自然状态下进行访谈。自然接近的方式需满足诸多条件，是访问主体主动创造的访谈活动。

其二是求同接近，即在寻求与访问对象之间的共同语言中接近对方。以共同的经历、共同的爱好、共同的兴趣、共同的职业属性、共同的文化背景等作为交谈的话题，由此展开深入的交谈。如果一时难以发现共同话题，则可以从当下的社会热点问题或公共事件等着手，进而拉近彼此之间的距离。比如，与农民谈论庄稼的长势与收成、与教师谈论教学的方法与技巧、与工人谈论工资待遇和产品的生产、与管理人员谈论经营管理等，都是拉近彼此距离的方法。

其三是友好接近，即通过人文关怀、帮助访问对象的方式与之建立起相互信任的关系，进而接近访问对象。例如，当得知访问对象家里有亲人生病的时候，可以通过交谈如何治病、买药、调养等方式与之联络感情；当访问对象遇到不幸和挫折的时候，应该表示同情和安慰；当访问对象在工作和生活中遇到困难时，可以帮助出主意、提建议，进而建立信任关系。友好接近的方式旨在拉近访问主体与访问对象之间的心理距离，由此建立信任和感情。

其四是正面接近。所谓正面接近，就是指访问主体开门见山地向访问对象表明来意，并向其说明访谈的目的、内容、意义、价值。正面接近虽然具有直截了当的特点，显得简单、生硬，但是它能够极大节约时间，在访问对象没有什么顾虑的前提下，通常可以采用这种正面接近的方式展开访谈活动。

其五是隐蔽接近。所谓隐蔽接近，就是在不让访问对象知晓访问主体身份和目的的情况下进行的访谈。例如，微服私访、伪装访谈等。这种接近方式一般在特殊的事件或特殊的情况下使用，而且在隐蔽访谈的过程中应该严格履行某些审批程序，严格遵守访谈过程中的基本道德伦理，切忌以隐蔽接近的名义做不道德甚至违法的事情。如果滥用这种方式，还可能带来严重的社会法律问题。

2. 提问的技巧

提问是访谈过程中的主要手段和环节。总体上来看，访谈可分为实质性访谈和功能性访谈两类。实质性访谈，是指为了掌握访谈研究所要了解的情况而提出问题的访谈。功能性访谈，即在访谈过程中为了对访问对象施加某种影响而提出问题的访谈。实质性访谈提出的问题大体上可分为四类。其一是事实性的问题。如访问对象的性别、年龄、职业、爱好等。其二是行为性的问题。主要是访问对象已经做过什么、正在做什么、想要做什么。如："您已经阅读过什么书籍？""您正在读什么书籍？""您想要读什么书籍？"其三是观念性的问题。主要针对的是访问对象对某种现象或问题怎么看、持什么态度。其四是感情和态度方面的问题。如："您对大学生谈恋爱怎么看？""您对目前学校的教育教学环境满意吗？"等。功能性访谈提出的问题也可以大致从四个方面进行划分。其一是接触性问题。如："近来可好？"这些提问并不是针对问题本身，而是为了比较自然地接近访问对象。其二是试探性问题。如："今天您有空吗？"这类提问是为了试探访问对象是否方便进行访谈，以便决定访谈是否进行或何时进行。其三是过渡性问题。如要了解公司的生产和经营的情况，在掌握生产方面的信息后，可以提问："你们公司的生产情况很好，产品的销售情况怎么样呢？"这样，就顺利过渡到了公司经营情况上了。其四是检验性问题。如："您对当前的工作满意吗？""您是否想跳槽？"在回答前一个问题的基础上，第二个提问能够检验前一个问题的回答是否是真实和可靠的。

究竟应当采取何种提问方式，访问主体需要根据访谈的主题、内容、目的进行确定。总体来看，提问的方式多种多样，或开门见山，或投石问路，或借题发挥，或顺水推舟，或顺藤摸瓜，等等。具体采取何种提问方式，需要注意三个方面的技巧。其一要考虑问题本身的性质和特点。对于那些比较尖锐、复杂和敏感的话题，应谨慎地、迂回地进行提问，反之，则可以大胆地、正面地进行提问。其二要考虑被访问对象的具体情况。对于有戒备心理、敏感多疑的访问对象，要采取循循善诱、逐步推进的方式进行渐进提问。其三要考虑访问主体与访问对象之间的关系。在访问主体与访问对象之间的关系较生疏并且彼此尚未建立起基本的信任和初步感情的情况下，要采取耐心、细致、慎重的方式进行提问，反之则可以直率地提出问题。总而言之，提问方式没有一成不变的模式，只有从实际情况出发，选择最恰当的提问方式，才能取得较好的访谈效果和达到预期的访谈目的。无论采取何种提问方式，都应从容、大方、顺其自然，使访谈在平等和友好的氛围中进行，不能简单搞成一问一答的生硬模式。

3. 听取回答的技巧

仅有提问的技巧，还不足以达到访谈的目的。除此之外，还应当有听取回答的技巧，将"善问"和"会听"有机结合起来。总体上来看，听主要有三个层面。一是"积极关注地听"，指的是访问主体将自己全部的注意力都放到访问对象的身上，给予对方最大的、无条件的、真诚的关注。二是"有建构地听"，指的是访问主体在倾听时积极地与对方进行对话，在反省自己的"倾见"

和假设的同时与对方进行平等的交流，与对方共同建构对"现实"的定义。三是"共情地听"，指的是访问主体在无条件的倾听中与访问对象在情感上达到了共鸣，双方一起同欢喜、共悲伤。"共情"可以分成两个层次，一种是低级的、表示认可的共情；另一种是高级的、准确的共情。前者指的是访问主体在言语层次对对方所说的内容表示认可，后者指的是访问主体在内容上与对方准确地传递认同。那么，在访谈的过程中，访问主体究竟如何才能做到最大限度地听取访问对象陈述的内容？对此，需要从如下几方面提升访谈过程中"听"的技巧。

首先，访问主体要排除听的障碍。一般来说，听的障碍很多，主要有偏见性障碍，即因不喜欢访问对象的衣着打扮、态度观念等，而不认真地听；判断性障碍，即访问主体主观地判断访问对象可能不了解访问情况，对访问对象能否真实地回答问题存疑，故而不能客观地听；生理性障碍，即访问主体由于自身的生理原因不能集中精力听；习惯性障碍，即在访问过程中，习惯性地打断访问对象的陈述，急于发表自己的意见，不能耐心地听；理解性障碍，即访问主体与访问对象对访谈中的某个问题的理解有所差异，不能正确地听。访问主体要尽量排除听的过程中的障碍和干扰，从而认真听取访问对象的陈述。

其次，访问主体要有正确的听的态度。第一，要耐心地听。如果访问对象在认真地回答问题，而访问主体却在一旁心神不宁、心不在焉，那么访问对象就不可能认真地谈论下去，访问主体就不可能听到有效的内容。第二，要虚心地听。对访问对象陈述的内容，要做到懂就是懂，不懂就是不懂，不懂就要向访问对象请教，千万不能不懂装懂。第三，要有感情地听。要充分理解访问对象的感情，实现与访问对象之间的"共情"。总之，访谈过程不仅是言语的交流过程，还是访问主体与访问对象情感交流的过程，需要有正确的态度。

最后，访问主体要善于作出反应。根据访谈过程中反应的形式，可以将反应分为无反射反应和有反射反应两种类型。无反射反应，即对访问对象的回答采取不插话、不表态、不干扰的态度，在谈话过程中保持沉默。通常来说，访问对象在认真回答访问主体提出的问题，并且回答与访问主体所要了解和掌握的信息基本吻合的时候，或访问对象正在回忆所需回答问题的情景之时，或访问对象正在深入思考时，最好采取无反射反应。实际上，无反射反应是在告诉访问对象回答的内容有价值或不急于作出回答。有反射反应，即访问主体在访谈的过程中不时地用肯定的语言、目光、手势鼓励对方继续谈下去。对于不易短时记住的信息，可采取复述的方式请访问对象核实正确与否。对访问对象的回答作出恰当反应，是保证访谈过程能够正常地进行和能够有效地听的必要前提。

4. 引导和追询的技巧

在访谈的过程中，为了尽可能多地了解和掌握访谈信息，还需要采取引导和追询的方法。所谓引导，指的是访问主体帮助访问对象正确理解和回答已提出的问题。引导实质上是提问的延伸或补充，是访谈过程中一个不可缺少的环节或手段。追询是当访问对象的回答没有正确和完整地说明访谈问题的时候，就要适当地追询，促使受访者更真实、具体、准确和完整地回答问题。那么，什么时候需要引导，什么时候需要追询呢？这需要进行明确的界分。从适用的角度来看，当出现如下几种情况时，就需对访问对象进行引导。首先，访问对象对问题的理解不正确，答非所问的时候。在访谈的过程中，难免会出现访问对象不知所云、答非所问的情形，这时，就需要对访问对象进行引导，使其回归到正确的访谈轨道上来。其次，访问对象顾虑重重，吞吞吐吐，欲言又止的时候。一般来说，出现这种情况是由于访问对象存在顾虑，缺乏对坦率回答问题的合理预期。因此，需要通过与访问对象的沟通和交流，消除其顾虑，使其能够畅所欲言。再次，访问对象口若悬河，而又漫无边际、离题太远的时候。在访谈过程中，访问对象在回答问题时可能会偏离问题本身，导致所谈内容与访谈问题相去甚远，针对这种情况，需要巧妙地引导访问对象转换谈论的话题。最后，访谈过程被迫中断，访谈对象对所提问题想不起来的时候。在访谈过程中，通常会出现临时的特殊情况，导致访谈活动被打断，当访谈活动回归正轨时，往往出现访问对象已经想不起所谈的内容的情况，这时就需要访问主体对访问对象进行问题提示，使其记忆快速再现。从适用的角度来看，追询主要针对的是回答不实、回答不一致、回答不够准确、回答不全等情况。具体的追询方法有多种。其一是正面追询，即访问主体直接指出回答不具体、不准确、不完整的地方，请访问对象对此进行补充回答。其二是侧面追询，即从不同的角度或侧面对相同或相近的问题进行追询。其三是系统追询，即就事件发生的时间、地点、人物、原因、结果等进行系统追询。其四是补充追询，即对尚未掌握的信息向访问对象进行补充追问。其五是重复追询，即就已经回答的问题进行再次追询，以核验前后的一致性。其六是反感追询，即又称激将追询，是针对访问对象说谎，不能得到所需的信息资料时，在不引起访问对象反感的前提下，访问主体对访问对象采取的一种追问方式，但是要注意，反感追询不得滥用。

四、访谈法的优点与局限

（一）访谈法的优点

第一，访谈法具有广泛的适用性。访谈法是访问主体与访问对象双向传导的互动过程，可以进行反复的多次交谈。因此，它不仅有助于了解较为复杂的社会现象，还能够深入探讨社会现象的本质、规律。既适用于一般的、局部的社会现象，又适用于广泛的、复杂的社会现象，在现实中适用的范围广泛。

第二，访谈法具有普遍的灵活性。通常情况下，访谈法是以面对面的方式进行的谈话过程，可以针对访谈的内容、访谈的对象灵活地选择访谈方法，有针对性地进行访谈活动。比如，当访谈对象对访谈问题理解不到位时，可以采取多次访谈或深度访谈的方法反复进行。这是其他社会调查方法所不具备的。

第三，访谈法具有较高的可靠性。以直接接触方式进行的访谈，不但能够听到访问对象对访谈问题的回答，还能直观地感知到访问对象的回答是认真的、自愿的，还是敷衍的、迫不得已的，这对于访问主体判断访问的成效具有重要的参考价值。因此，通过访谈获得的信息一般来说具有较高可靠性。

第四，访谈法具有一定的深刻性。由于访谈法能够反复地进行，有助于使访问主体与访问客体就访谈问题进行深入交谈和广泛讨论，可以进一步把握相关信息。访谈法不但能够了解比较复杂的社会现象，而且能够深入探讨各种社会现象之间的因果联系和内在关系，有助于深刻把握调查研究问题的特质。

第五，访谈法有助于提升信息获取效率。在访谈的过程中，当访问对象对访谈问题理解有误或有顾虑时，访问主体可以及时进行引导；当访问对象的回答出现不完整、不准确时，访问主体可以当面追询。此外，访问主体在访谈中还可以从访问对象的神态、表情等方面获得额外的信息，有助于提升信息获取效率。

第六，访谈法有利于广泛结交朋友。访谈过程不仅是访问主体从访问对象那里获得信息资料的过程，还是双方进行思想情感交流与互动的过程。因此，访谈的方式除了能够收集到访问主体所需的资料外，还可以与访问对象交朋友，增进情谊，为进一步开展访谈活动奠定基础。

（二）访谈法的局限

第一，访谈法具有一定的主观性。由于访谈是由访问主体发起的，因而访谈的内容、访谈的目的不可能完全客观，而是具有一定的主观性。此外访谈的结果和质量，在很大程度上取决于访问主体的素质，针对同一问题，不同的访问主体可能会得出不同的结果。也就是说，访问主体的主观因素决定着访谈的效果。现实中，访谈结果的差异，既可能是客观的社会现象或社会事件的差异造成的，也可能是访问主体或访问对象主观素质不同造成的。因此，判断访谈的结果时，需要充分考虑访问主体与访问对象的主观因素所造成的差异。

第二，访谈法不能以匿名的方式进行。在访谈过程中，由于访问主体与访问对象进行面对面的交谈，相互之间的信息、目的、意图等都十分明确，有可能使访问对象担心信息泄露和迫于外界的压力而不愿当面回答或不真实地回答提出的问题，或访问主体追询不宜于当面追询的问题，从而影响访谈的结果。

第三，访谈法费时、费力、费钱。这是访谈法的重大缺点，现实中进行的大型访谈活动，不仅需要较多的访问人员，还要对这些访问人员进行专门的访谈培训。这样，就需要花费大量的人力、物力和财力。并且，访问主体与访问对象可能生活在完全不同的时空环境之中。因此，对这些对象进行访谈还需要从一个时空环境转移到另一个时空环境，这些都需要花费较多的时间、精力和金钱。此外，同一个问题的访问对象可能生活在不同的地方，对之进行访谈就要投入更多，完成访谈需要较长时间，而且还可能会遇到数访不遇和重复访谈的情形，这些都增加了访谈的成本。

第四，访问对象可能缺乏思考和准备。在访谈中，当访问主体到达后，访问对象可能身体状态和精神状态较差，或正忙于其他事情，但也不得不参加访谈并回答问题。在上述情况下，访问对象往往缺乏思考和准备的时间，很多时候也无法深入地去核实相关情况，这样就会直接影响访谈调查资料和信息的准确性与可靠性。

第五，访谈结果可能存在偏差。访谈所获得的信息主要是口头信息，这些信息的准确性和真实性有待进一步核实。在访谈中，访问对象有可能存在敷衍了事、言不符实的情况，有可能存在因自身的偏见对某些问题进行隐瞒或故意说谎的情况，也有可能因访问主体与访问对象由于客观原因无意识地对某些现象产生认知上的偏差，从而影响访谈结果的效力。因此，对于访谈结果尤其是那些重要的数据信息或事实都要进行检验、查证，避免或降低访谈结果的误差。

第四章　思政实践的社会调查方法（二）

第一节　问卷调查法

问卷调查法是社会调查研究的基本方法之一，也是大学生认识分析社会现象和进行社会实践使用频率较高、理应掌握的入门级方法，对以后的工作实践或学业的继续深造都有非常重要的作用。

一、问卷调查法的概念、种类、优点和局限

问卷是社会调查研究中收集资料的一种工具，它是有关个人行为、态度、意见和看法的主要测量技术之一，也是社会科学研究中常见和重要的一种方式。问卷在资料收集中发挥着重要的作用，美国社会学家艾尔·巴比说过："问卷是社会调查的支柱。"

（一）什么是问卷调查法

问卷调查法也称"书面调查法""填表法"或"问卷法"，它是调查者运用统一设计的问卷向被选取的调查对象了解情况或征询意见的调查方法。

问卷调查法有以下主要特点：

第一，问卷调查是标准化调查，即按照统一设计的有一定结构的问卷所进行的调查。

第二，问卷调查一般是间接调查，即调查者不与被调查者直接见面，而由被调查者自己填答问卷。

第三，问卷调查一般是书面调查，即调查者书面提出问题，被调查者也书面回答问题。

第四，问卷调查一般是抽样调查，即被调查者是通过抽样方法选取的，而且调查对象一般较多。

第五，问卷调查一般是定量调查，调查的主要目的是通过样本统计量推断总体。

（二）问卷调查法的种类

按照问卷填答者的不同，问卷调查法可分为自填式问卷调查和代填式问卷调查。其中，自填式问卷调查按照问卷传递方式的不同，可分为报刊问卷调查、邮

政问卷调查和送发问卷调查；代填式问卷调查按照与被调查者交谈方式的不同，可分为访问问卷调查和电话问卷调查。报刊问卷调查就是随报刊传递分发问卷，请报刊读者对问卷作出书面回答，然后按规定的时间将问卷通过邮局寄回报刊编辑部。邮政问卷调查就是调查者通过邮局向被选定的调查对象寄发问卷，请被调查者按照规定的要求和时间填答问卷，然后通过邮局将问卷寄还给调查者。送发问卷调查就是调查者派人将问卷送给被选定的被调查者，等被调查者填答完后再派人回收调查问卷。访问问卷调查就是调查者按照统一设计的问卷向被调查者当面提出问题，然后再由调查者根据被调查者的口头回答来填写问卷。

（三）问卷调查法的优点和局限

1. 问卷调查法的优点

第一，节省时间、经费和人力。问卷调查法是由被调查者根据问卷的提问自行作答的一种调查方法，运用这种方法，调查者与被调查者可以不直接见面，因而它可以不受时间、地点和人数的限制，可以由很少的调查者在很短的时间内，同时调查许多人，也可以通过邮寄等手段在异地实施。这会极大地提高研究效率，降低研究费用和人力投入。

第二，具有较好的匿名性，易于收集到真实的信息。由于社会调查的对象是现实生活中有思想、有情感、具体而生动的人，因此不同的调查方法必然会对他们产生不同的影响，引起他们不同的反应。在问卷调查中，由于被调查者在回答问题时，一般没有其他人在场，多数问卷本身不要求署名。所以，问卷调查的方式可以减轻被调查者心理上的压力，便于他们如实地回答有关个人隐私、社会禁忌或其他敏感性问题。这有助于客观地反映社会现实的本来面貌，更能收集到真实的社会信息。

第三，可以避免偏见，减少调查误差。问卷调查中，由于每个被调查者所得到的都是完全相同的问卷，因而无论是在问题的类型、问题的表达，还是在问题的次序、问题的回答方式等方面，都具有高度的一致性。每个被调查者受到的刺激和影响都是相同的。这样就能很好地避免各种人为的原因所造成的偏见与误解，减少调查资料中的误差，更真实地反映出不同被调查者的不同情况。

第四，便于比较和定量分析。问卷调查一般采用同一种问卷，以同一种方式发放与回收，因而，既可以反映同一地区、同一阶层等具有某种社会同质性的被调查者的平均趋势与一般情况，又可以对不同地区、不同阶层等具有某种社会异质性的被调查者的情况进行比较分析；有时还可以对同样的被调查者进行跟踪调查。另外，由于问卷中的问题是研究者把所研究的概念、变量进行操作化处理的结果，而且将各种答案都进行了编码，使用这种标准化工具所搜集到的原始资料很容易转换成数字，有利于进行定量分析和计算机处理。

2. 问卷调查法的局限

第一，对被调查者的文化水平有一定要求。问卷调查是一种书面形式的调查手段，因此，被调查者必须具有一定的文化程度，必须能够阅读和理解问题的含义，能够领会填答问题的要求和方法，这使其在年龄较小的儿童或文化程度较低的群体中的使用受到了限制。

第二，有时不能保证填答问卷的质量。在问卷调查时，由于调查者无法对被调查者的填答进行观察和控制，因此调查者无法知道被调查者是否在受外界干扰的情况下填写，是否受人诱导或指使，是否敷衍了事，是否清楚问题与答案的意义；而且，当被调查者对问卷中的某些问题不清楚时，无法向调查者询问，往往容易产生误答、错答和缺答的情况。因此，问卷调查所得资料的质量常常得不到保证，这也是问卷调查法所面临的最大难题。

第三，回收率往往难以保证。在调查研究中，当有调查者在现场时，被调查者一般都能顺利完成并交回问卷，可以保证有较高的回收率。但在邮寄问卷调查中，问卷能否完成，能否收回，主要取决于被调查者。如果被调查者对该项调查的兴趣不大、态度不积极、责任心不强、合作精神不够，或者被调查者受到时间、精力、能力等方面的限制，他就有可能放弃填答问卷，使问卷的回收率受到影响，而一定程度的回收率是保证调查资料代表性的必要条件之一。

（四）问卷调查法的适用范围

问卷调查法虽然在社会调查中应用广泛，但它并非是万能的工具。在社会调查研究中，问卷调查法通常与大规模的抽样调查以及资料的定量分析相联系，要求被调查总体成分相对单一。

二、问卷调查法的准备及实施

（一）问卷调查法的准备

1. 明确调查目的、来源和限制因素

首先，根据调查者的主观需要明确调查主题和调查目的，是使问卷调查工作有意义、有价值的基本前提，也是完成问卷设计的根本基础，由此确定问卷的主要内容。其次，还必须预先明确问卷调查的对象，即信息与资料的主要来源，以此来确定发放问卷的规模、时间、地点等。最后，也要综合考虑问卷调查的限制因素，例如可能采集到的信息量、信息的真实性、信息与调查目的的紧密性、调查的可行性、预算是否超支等问题。

思政社会实践课的教学目标是确定思政实践问卷调查主题的指南针。思政社会实践课旨在促进解决"知""信""行"的问题，使学生做到知之深、信之笃、行之实。思政社会实践课的教学目标是一个多层次、全方位的目标体系。一是认知目标，即通过思政课实践教学，使学生加深对马克思主义理论知识及其立场观点方法的理解和掌握，深刻认识和领会马克思主义理论特别是习近平新时代中国特色社会主义思想的精神实质及指导意义。二是能力目标，即培养学生运用马克思主义基本原理观察问题、分析问题和解决问题的能力，提高其理论分析能力、逻辑思辨能力和实践创新能力。三是成才目标，即通过参与实践体验，使学生了解国情党情、关心社情民情、奉献社会，把自身发展与国家发展紧密联系起来，找到人生的正确发展方向，成长为对国家和社会有用之人。四是政治目标，即增强学生的国家认同感、社会责任感和历史使命感，牢固树立共产主义远大理想和中国特色社会主义共同理想，将学生培养成为能够担当民族复兴大任的时代新人，成为中国特色社会主义事业的合格建设者和可靠接班人。选择调查主题，设计调查问卷时应紧密围绕上述四个目标进行。

2. 确定数据收集方法

获得数据及信息一般有人员访问、邮寄调查、网络调查、网上实时调查等多种方法，每种方法对问卷设计有不同的影响。总的来说，人员访问调查内容广泛，数据准确，成功率高，使用普遍，但所耗成本高，调查周期长；邮寄调查对象分布广泛，可适用于规模较大、调查内容较为粗略、对从样本推断总体的准确度要求不高且总体成分构成较单一的调查项目；网络调查成本低、速度快，虽有时难以保证数据质量，但使用频率也越来越高，尤其适用于专题信息的搜集和对特定群体的调查，或者作为其他调查方法的补充；网上实时调查较为真实、直观，且能够客观反映问题，但对于调查主题的确定和在线主持人都有较高要求。因此，需根据具体情况选择合适的调查方式以更好地实施调查。

（二）问卷的设计

问卷设计又称问卷编制，它是调查者根据调查研究目的和内容的需要，编写问题并形成问卷的过程。

1. 问卷的一般结构

一份完整的调查问卷通常包括卷首语、问卷说明、问题和答案、编码和其他信息四个部分。

第一，卷首语。它是问卷调查的自我介绍信，其作用是向被调查者介绍和说明调查的目的、调查单位或调查者的身份、调查的大概内容、调查对象的选取方法和结果的保密措施等。为了能引起被调查者的重视和兴趣，争取他们的合作和支持，卷首语的语气要谦虚、诚恳、平易近人，文字要简明、通俗、有可读性，篇幅不宜过长，最好不超过三百字。卷首语一般放在问卷第一页，也可单独作为一封信放在问卷的前面。

第二，问卷说明。它是用来指导被调查者填写问卷的各种解释和说明，其作用类似于使用说明书。有些问卷的填写方法比较简单，问卷说明很少，只在卷首语中使用一两句话说明即可，有些比较复杂的问卷的说明则集中在卷首语之后，会对填表的方法、要求、注意事项等作一个总说明。

第三，问题和答案。这是问卷的主要组成和核心部分，包括调查询问的问题、回答问题的方式以及对回答方式的指导和说明等。

第四，编码和其他信息。编码是为了将被调查者的回答转换成数字以便输入计算机进行处理和定量分析而赋予每个问题及答案一个代码。编码既可以在问卷设计好的同时就设计好，也可以等调查完成后再进行。除了编码以外，有的问卷还需要加上问卷编号、调查员编号、审核员编号、调查日期、被调查者住址、被调查者合作情况等其他信息，有的自填式问卷还有一个结束语。结束语可以是简短的几句话，对被调查者的合作表示真诚感谢，也可稍长一点，顺便征询一下被调查者对问卷设计和问卷调查的看法。

2. 问题的种类、结构和设计原则

调查所要询问的问题，是问卷的主要内容。设计调查问卷，必须弄清楚问题的种类、问题的排序和问题设计的原则。

第一，问题的种类。问卷中要询问的问题，大体上可分为四类：

（1）背景性的问题，主要是被调查者个人的基本情况，它们是对问卷进行分析研究的重要依据。

（2）客观性问题，是指已经发生和正在发生的各种事实和行为。

（3）主观性问题，是指人们的思想、感情、态度、愿望等一切主要世界观状况方面的问题。

（4）检验性问题，是为检验回答是否真实、准确而设计的问题。这类问题，一般安排在问卷的不同位置，通过互相检验来判断回答的真实性和准确性。

在四类问题中，背景性问题是任何问卷都不可缺少的。因为，背景情况是对被调查者分类和不同类型被调查者进行对比研究的重要依据。

第二，问题的排序。问题的前后次序及相互间的联系，是问卷设计的一个重要问题，会影响被调查者对问题的回答，甚至会影响调查的顺利进行。一般来说，问题的排序有下列常用的规则。

一是将被调查者熟悉的、简单易懂的问题放在前面，比较生疏、较难回答的问题放在后面。问卷的头几个问题一定要简单，容易回答，这样会给被调查者带来完成这份问卷很方便的感觉，有利于他们继续填答下去。

二是将能引起被调查者兴趣的问题放在前面，容易引起被调查者紧张和顾虑的问题放在后面。如果开头的一批问题能够吸引被调查者的注意力，引起他们的兴趣，问卷调查工作往往会比较顺利，质量也会比较高。反之，则容易导致被调查者产生自我防卫心理，甚至产生反感，使调查难以进行下去。

三是将开放式问题放在问卷的结尾部分。由于开放式问题需要被调查者较多的思考和书写，所用时间较长，如果问卷一开始就提出开放式问题，当被调查者发现他答完前边的问题已花费很长时间，他就会认为没有那么多的时间和精力填完这份问卷。

四是先问行为方面的问题，再问态度方面的问题，最后问有关个人的背景资料。问卷中的问题大致包括行为、态度和个人背景资料三个方面的内容。行为方面的问题主要是有关客观的、已发生的、具体的事实，容易回答。而态度方面的问题涉及回答者的主观因素，宜放在后一些的地方。个人背景资料问题虽然也是事实性问题，但由于它们是除了姓名以外的有关回答者本人特征的信息，若放在开头部分，即使卷首语中说明了不记名，但一上来就问这些特征，人们的潜意识中仍免不了会产生一种本能的防卫心理，会影响问卷资料的真实性。

五是按一定的逻辑顺序排列问题。从时间维度来说，一般应按时间先后顺序来提出问题，既不要颠倒也不要打乱。此外，还应把询问同一方面事物的问题尽可能地排在一起，否则会破坏回答者的思路和注意力。

第三，问题设计的原则。要提高问卷回收率、有效率和回答质量，设计问题时应遵循以下原则：

（1）客观性原则，即设计的问题必须符合客观实际情况。

（2）必要性原则，即必须围绕调查问题和研究假设设计必要的问题。设计的问题数量过少、过于简略，无法说明调查所要调查的问题；数量过多、过于繁杂，不仅会大大增加工作量和调查成本，而且会降低回答质量，降低问卷的回收率和有效率，也不利于正确说明调查想要说明的问题。

（3）可能性原则，即必须是被调查者自愿真实回答的问题。凡被调查者不可能真实回答的问题，都不应该正面提出。对这类问题，被调查者一般不会自愿做出真实回答，或者干脆不予理睬，因此一般都不宜正面提出。

3. 问题的表述

问卷调查一般是自填式的书面调查，被调查者只能根据书面问卷来理解问题和回答问题，因此，问题的表述就成为问卷设计的重点和难点。

第一，表述问题的原则主要包括：

（1）具体性原则，即问题的内容要具体，不要提抽象、笼统的问题。

（2）单一性原则，即问题的内容单一，不要把两个或两个以上的问题杂糅在一起。

（3）通俗性原则，即描述问题的语言要通俗，不要使用被调查者感到陌生的语言，特别是不要使用过于专业化的术语。

（4）准确性原则，即表述问题的语言要准确，不要使用模棱两可、含糊不清或容易产生歧义的语言或概念。

（5）简明性原则，即表述问题的语言应该尽可能简单明确，不要冗长和啰嗦。

（6）客观性原则，即表述问题的态度要客观，不要有诱导性或倾向性语言。另外，在问题的表述中要避免出现那些有权威的、享有盛誉的人或机构的名称，更不要直接引用其原话。

（7）非否定性原则，即要避免使用否定句形式表述问题。由于人们一般都习惯用肯定句形式提出问题和回答问题，因此用否定句形式表述问题容易造成误解。

第二，特殊问题的表述方式。对于某些敏感性强、威胁性大的特殊问题，在表达方式上应该做些减轻敏感程度的特殊处理，以便被调查者易于面对这些问题，并敢于坦率作出真实回答。对特殊问题的处理，有以下几种方法：

（1）释疑法，即在问题前面增加一些消除疑虑的功能性文字。

（2）假定法，即用一个假言判断作为问题的前提，然后询问被调查者的看法。

（3）转移法，即把回答问题的人转移到别人身上，然后请被调查者对别人的回答作出评价。

（4）模糊法，即对某些敏感问题设计较为模糊的答案，以便被调查者作出真实的回答。

第三，问题表述的基本要求。

（1）与研究目的和任务相一致。问卷里所提的问题必须与该调查研究的目的和假设相关，并且所列项目覆盖面要广，能够全面反映所要搜集的信息。

（2）避免双重含义的问题。一个句子一般只能提及一个问题或观念，应避免双重含义问题的出现。双重含义的问题就是在一个问题中询问了两件事情，或者一句话中实际上询问了两个问题。比如："您的父母是教师吗？"这一问题中实际包含了"您的父亲是教师吗？"和"您的母亲是教师吗？"这两个问题。这样的问题往往使一部分回答者无法填写。比如那些父母亲中只有一位是教师的回答者就无法填答前一问题。

（3）尽量简短。一般来说，问题越短，产生含糊不清的可能性越小。在设计中，要尽可能不使用长问句，要使问题尽可能清晰、简短，使回答者很快看完，很容易看懂。

（4）不要带倾向性。人们对问题的回答在一定程度上受问题措辞所表现出来的倾向性（也称诱发性）的影响。因此，问题不能带有倾向性，应该保持中立的态度。要避免提问方式对被调查者形成诱导，即避免使被调查者感到调查者提该问题是想得到某种特定的回答，或是在鼓励、期待作出某种回答。比如，要了解被调查者是否抽烟，一般问："您抽烟吗？"如果把问题改成"您不抽烟，是吗？"就带有一种希望被调查者回答"是的，我不抽烟"的倾向。在问题中引用或列举某种权威的话，也会使问题带有倾向性，比如："医生认为抽烟是有害的，您的看法如何？"另外，注意在问题和答案的用词上不要用贬义和褒义的词语。

（5）不用否定形式提问。由于用否定形式提问容易产生误解，所以问卷设计中要避免用否定形式提问。比如："您是否赞成高考大纲不进行改革？"这样的问题提出时，很多人往往容易漏掉"不"字，并在这种理解的基础上来选择回答，结果许多赞成对高考大纲进行改革的人选择了"赞成"，不赞成对高考大纲进行改革的人却选择了"不赞成"。而且，这种实际态度与答案选择正好相反的情形，在问卷的答案中往往看不出来，调查者无法知道谁是真赞成，谁是误填赞成。

（6）不问被调查者可能不知道的问题。要使我们在问卷中提出的每一个问题都有意义，十分重要的一点就是被调查者必须具备回答这个问题的知识，如果我们提出这样的问题："您对我国教师教育的质量保障体系是否满意？"那么很多人将无法回答，因为他们并不知道教师教育的质量保障体系包含什么。对自己不知道、不了解、不熟悉的事物又怎么可能作出客观的评价呢？要提这样的问题，必须先提一个过滤性的问题，如："您了解我国教师教育的质量保障体系吗？"然后仅对那些回答"了解"的被调查者提出前面的问题。

（7）不直接问敏感性问题。在问卷里应避免提出敏感或让人不喜欢回答的问题，对于这些问题，如果直接提问，往往会造成很高的拒答率。因此，对这类问题最好采取间接询问的方式，并且语言要特别委婉。

（8）明确问题的参照框架。所谓参照框架，是指问题是相对于什么背景而言，在什么范围内或对什么方面而言。如果一个问题的参照框架不清楚，人们往往难以回答。比如，如果提出"您居住的城市属于哪种类型？"这样的问题，那么，下列任何方面的回答都是适合的：人口规模、气候风景、舒适程度、生活消费、政府的效率、就业机会、社会治安等。只有给出了明确的参照框架，问题的意思才清楚，也才能正确回答。比如："就人口规模而言，您居住的城市属于哪种类型？"

（9）尽量用简单的语言。设计问题和答案时，要尽可能使用简单通俗、人人都能明白的表述。尽量不要使用专业术语、行话，如"社会分层""核心家庭""社会角色"等；也要尽量避免使用抽象的概念，如"政治体制""经济体制""教育体制"等。

（10）问题的数量要适当。问题数量的多少要以能保持被调查者对应答问卷的兴趣和认真态度为准。一份问卷作答时间一般以30分钟以内为宜。问题太多，被调查者容易产生厌倦情绪，导致敷衍塞责或不予回答；问题若太少，又不能得到调查所需的基本事实材料，以致影响研究结论。因此，可问可不问的问题最好避免。

4. 回答的类型和方式

回答一般有三种基本类型，即开放型回答、封闭型回答和混合型回答。

第一，开放型回答。它是指对问题的回答不提供任何具体答案，而由被调查者自由填写。开放型回答的最大优点是灵活性大、适应性强，特别适用于回答答案类型很多或事先无法确定各种可能答案的问题。同时，它有利于发挥被调查者的主动性和创造性，使他们能够自由表达意见。一般来说，开放型回答比封闭型回答能提供更多的信息，有时还会发现一些超出预料的、具有启发性的回答。开放型回答的缺点是：回答的标准化程度低，整理和分析比较困难，会出现许多一般化的、不准确的、无价值的信息。同时，它要求被调查者有较强的文字表达能力，而且要花费较多填写时间。这样，就有可能降低问卷的回收率和有效率。

第二，封闭型回答。它是指将问题的几种主要答案，甚至一切可能的答案全部列出，然后由被调查者从中选取一种或几种答案作为自己的回答，而不能作这些答案之外的回答。封闭型回答，一般都要对答案方式作某些指导或说明，且大都用括号附在有关问题的后面。封闭型回答的具体方式多种多样，其中常用的有以下几种：

（1）填空式，即在问题后面的横线上或括号内填写答案的回答方式。

（2）两项式，即只有两种答案可供选择的回答方式。

（3）列举式，即列出多种答案，由被调查者自由选择一项或多项的回答方式。

（4）选择式，即列出多种答案，由被调查者自由选择一项或多项的回答方式。与列举式不同的是，这种方式适用于有几种互不排斥的答案的定类问题。在几种答案中，可规定选择一项。

（5）顺序式，即列出若干种答案，由被调查者给出各种答案排列先后的回答方式。

（6）等级式，即列出不同等级的答案，由被调查者根据自己的意见或感觉选择答案的回答方式。

（7）矩阵式，即将同类的几个问题和答案排列成一个矩阵，由被调查者对比后进行回答的方式。这种回答方式，适用于同类问题、同类回答方式的一组定序问题。

（8）表格式，即将同类的几个问题和答案列成一个表格，由被调查者回答的方式。

　　封闭型回答有许多优点，它的答案是预先设计的、标准化的，它不仅有利于被调查者正确理解和回答问题，节约回答时间，提高问卷的回收率，而且有利于对回答进行统计和定量研究。封闭型回答还有利于询问一些敏感问题，被调查者对这类问题往往不愿写出自己的看法，但对已有的答案却有可能进行真实的选择。封闭型回答的缺点是：它的回答方式比较机械，没有弹性，难以适应复杂的情况，难以发挥被调查者的主观能动性；它的填写比较容易，被调查者可能对自己不懂，甚至根本不了解的问题任意填写，从而降低回答的真实性和可靠性。

　　第三，混合型回答。它是封闭型回答与开放型回答的结合，实质上是半封闭、半开放的回答类型。

　　在回答方式的设计中，应该特别注意相关问题的接转。一般地说，相关问题的接转有以下几种方式：用文字说明、分层次排列、用框格表示、用线条连接。总之，对相关问题的接转要简明、清晰，使被调查者一看就懂。如果是访问问卷，则可大大简化，只要调查员能看懂就行了。

　　5. 设计答案时的原则

　　设计答案时要遵循五个原则。

　　（1）相关性原则，即设计的答案必须与询问的问题具有相关关系。

　　（2）同层性原则，即设计的答案必须属于相同的层次。

　　（3）完整性原则，即设计的答案应该穷尽可能的、起码是一切主要的答案。当答案过多时，可以只设计几种主要答案，然后加一个"其他"，这样就达到了完整性的要求。

　　（4）互斥性原则，即设计的答案必须是互相排斥的。

　　（5）可能性原则，即设计的答案必须是被调查者能够回答也愿意回答的。

　　6. 问卷的篇幅

　　问卷的篇幅不宜过长。回答问卷的时间一般掌握在 30 分钟以内，不要过长。一个太长的问卷会让问答者产生浪费时间、不耐烦的感觉，从而导致放弃回答，如果有特别需要，必须要设置很多问题时，可以将一个问卷分成两个问卷进行调查。

　　7. 编码

　　所谓编码，就是对每一份问卷和问卷中的每一个问题、每一个答案编定一个唯一的代码，并以此为依据对问卷进行数据处理。对问卷的编码，包括编定被调查者的地址、类别和户的代码，调查开始时间、结束时间和合计时间的代码，调查完成情况的代码，调查员和调查结果评价的代码，复核员和复核意见的代码等。所有这些，都是对问卷分类和处理的依据。对问题的编码，就是对每个问题编定一个代码。对答案的编码有前编码和后编码之分，封闭型回答的每一个答案，在设计问卷时就设计了代码，叫前编码；开放型回答的答案，一般是在调查结束后根据答案的具体情况再编定代码，叫后编码。编码的主要任务是：（1）给每一份问卷、每一个问题、每一个答案确定一个唯一的代码；（2）根据被调查者、问题、答案的数量编定每一个代码的位数；（3）设计每一个代码的填写方式。

（三）调查问卷的发放与回收

当问卷设计好之后，就要开始发放和回收工作了。调查问卷的发放与回收不是简单的发出去、收回来的问题，还要考虑被调查者在总体中的代表性、问卷的回收率，以及实施问卷调查的成本问题等。

1. 调查问卷的发放与回收

调查问卷的发放与回收在整个调查过程中至关重要，通常要遵循下面的步骤才能取得好的效果：

第一，确定分发对象和分发方式。要选择合适的分发对象，既指调查对象是适合于本调查的，也指调查对象有意愿参与调查，能够提供真实有效的问卷回答。选择合适的分发对象是提高问卷的填写质量和最后调查效果的一个重要因素。

第二，联系分发对象。选择好分发对象后，最好事先通过电话、邮件等方式跟分发对象提前联系，确定被调查者的意向和时间安排。

第三，分发与回收问卷。问卷分发与回收的主要方式，一是邮政投递式，二是集中填答式，三是网络填答式。三种方式各有千秋，调查者可根据需要和可能进行选择：

（1）邮政投递式。调查者通过邮局向被选定的调查对象寄发问卷，并要求被调查者按照规定的要求和时间填答问卷，然后通过邮局将问卷寄回给调查者。邮递问卷有利于控制发卷的范围和对象，有利于提高被调查者的代表性，回答质量较高，可节省时间；但问卷的回收率较低，一般为30%—60%。

（2）集中填答式。调查者亲自到被调查对象所在地，将调查对象集中起来，由调查者向被调查对象说明调查的目的和填答问卷的方法，被调查者即时填答，然后由调查者将问卷收集起来。这种方式的问卷回收率一般可高达90%以上，有效率也较高。但是，这种方式费人、费时、费钱，只适用于特定的场合，如对在校的学生、教师进行调查时常用此法，而且在这种方式下，被调查者的填答容易受调查者主观因素的影响。

（3）网络填答式。运用网络技术进行问卷调查属于新的方式，通过网上提交问卷，相对以上两种方式的优势是：避免了印刷和邮寄问卷的时间，缩短了研究过程的时间，也节约了邮寄问卷的费用，而且数据能直接进入问卷开发者设定的数据库，并能容易地进入数据统计软件包，进行数据统计分析，节省了数据输入的费用。因此，这种方式越来越受到社会调查研究者的青睐。然而，这种方式遇到的最大问题是问卷回收率偏低。

2. 提高问卷回收率的措施

对回收的问卷，在剔除无效问卷的同时要统计问卷的回收率。保持较高的问卷回收率是我们获得真实可靠资料的保证。一般来说，回收率如果仅有30%左右，资料只能作参考；50%以上，可以采纳建议；当回收率达到70%以上时，方可作为得出研究结论的依据。因此，问卷的回收率一般不应少于70%。另外，如有可能，可以做小范围内的跟踪调查或访谈调查，了解未回答问题那部分被调查者的真实看法，以防止问卷结果分析的片面性。影响问卷回收率的主要因素有：回收问卷的有效程度、调查组织工作的严密程度、调查题目的吸引力、问卷填写的难易程度和问卷回收的可控程度等。据统计，当面发送问卷的回收率可达到80%—90%，并且当面发送并回收可以检查问卷是否有空填、漏填或明显的错误，以便能够及时更正，保证问卷有较高的有效性。因此，要想提高问卷的回收率，必须设计出短小、精练、有吸引力、填答容易的问卷，最好使用当面发送问卷的方法。如上所述，采用不同的分发方式可以得到不同的回收率。除了通过选择不同的分发方式来提高问卷回收率之外，还可以采取其他措施提高问卷的回收率。

一是慎选调查问题与调查对象。调查者进行调查研究所选择的调查问题如能让填答者感到很重要，很有价值，且对个人、社会很有意义，那么他们会更乐意花时间去填答，回收率会相应地提高。

二是鼓励被调查者填答问卷。鼓励被调查者填答的最好诱因是使他们相信研究的价值及他们参与的重要性。说明项目的重要性，使用附赠小礼物或者向被调查者承诺寄送研究结果摘要，都可作为填答的诱因。

三是问卷调查的时间安排。进行问卷调查的时间是否适当，会影响回收率。重要的节假日，学校学期开始、结束和学校考试期间等，均不适宜让被调查者填写问卷。

四是适时发出催复信。在邮寄或网上的问卷调查中，总有些被调查者没有填写问卷。其中相当一部分人是因为遗忘，或者因工作太忙而顾不上。因此，在问卷发出一段时间后（通常两周左右），需发出催复信函，并附上一份问卷，提醒被调查者填答寄回。一段时间（如再过两周）以后，如果还没有收到回复，可再发一次温馨提醒，并再附上问卷请被调查者填写。

三、问卷调查法的注意事项

（一）问卷设计的注意事项

1. 问卷问题设计要合理

第一，问卷设计时要注意问题数量合理化、逻辑化、规范化。问题的形式和内容固然重要，但是问题的数量同样是保证一份问卷调查是否能成功的重要因素，同时也要避免出现逻辑性矛盾，并且应该尽量避免出现假设性问题。

第二，问卷设计中要尽量避免模棱两可的选项，另外在一些分类选择中，各个分类之间的差别要能够很容易被作答者所区分，并且尽量使用常用的分类方法，例如非常同意、有些同意、一般同意、有些不同意、非常不同意。

2. 问卷形式设计要合理

第一，为了让作答者更好地填写问卷，问卷应尽可能完整，最好应包括标题、调查的介绍、问卷填写说明、问卷正文、结束语等部分。如涉及个人资料，应有隐私保护说明。

第二，问卷设计时要注意合理利用分页功能。分页不能太多，作答者可能因为失去翻页耐心而中途退出问卷填写；分页不能太少，特别是当问题比较多的时候，适当的分页可以使问题更便于分类控制，不至于因为页面问题而给作答者造成问题太多的感觉。

第三，问卷设计时要注意合理使用不同问题类型。根据问题的特征选择合适的问题类型，既能方便用户填写，又能使问卷显得更为丰富，不至于枯燥。

3. 问卷设计要综合考虑整个调查过程

第一，除非是一些特殊的调查，一般问卷设计时应尽可能多地采用客观题

（选择题）类型，这样既可减轻作答者的填写负担，又可降低统计的复杂程度，便于电脑自动统计结果，提高效率和准确性。

第二，问卷中尽量不要出现复杂的跳转问题类型，否则不仅会加重问卷数据统计分析的负担，而且会影响最后结果的精度。

（二）问卷的分发、回收与数据分析的注意事项

1. 分发问卷不要太"随意"

一般情况下，应把问卷尽量分发给事先联系好或回答意愿比较高的作答者，这样既可以提高回收问卷的质量，也可以避免漫无目的地群发给其他人造成垃圾信息的"困扰"，招致反感。

2. 回收问卷时重"量"更要重"质"

一项准确的调查依赖足够大的样本量，但是并不能片面地过度追求样本数量而忽视了样本质量。对于回收的问卷应该认真检查，如果存在问卷有效答题数量太少，或者对于预先设计好的逻辑相关检测问题出现太多的不相符情况，就应该大胆舍弃该份问卷。

3. 数据分析要注意方法

第一，要合理应用不同的统计软件和统计方法，注意每种统计分析方法的适用范围。许多分析方法对数据的要求很高，如果样本的分布不符合要求，或者样本量不足，或者存在大量的伪样本，就会造成最后结果出现偏差甚至完全错误。

第二，数据分析需要耐心和细致，不能出现任何疏漏。哪怕是一点点的失误，都可能产生"蝴蝶效应"，降低研究报告的价值。

第三，复杂的统计分析方法不一定是最好的，简单有效、能够解决问题的才是最好的。

4. 数据分析结果要优化

第一，在用计算机完成数据分析后，一定要根据分析结果得出合理的结论，最好能形成数据分析报告。

第二，数据分析结果要使用通俗易懂的语言或图表进行描述，繁琐高深的公式和过程不应该经常成为最终研究报告的一部分。

（三）问卷调查实施过程的注意事项

1. 事先了解调查内容、调查对象与调查目的地

紧密结合所学专业和时事热点，围绕调查目的和主题，依据问卷所要调查

的内容确定调查范围。同时，对调查的对象和目的地也应有所了解，可事先沟通好人群和单位，获得其许可，听取其对调查的宝贵建议。

2. 认真确定调查对象

调查对象要十分熟悉有关情况，要具有充分的代表性。若调查对象不熟悉情况就会造成问卷失效，降低问卷效度的同时增加额外工作。一般情况下，应尽量避免将下列人群作为被调查对象：盲、聋、哑、精神病人等。

3. 设法在短期内与调查对象建立相互信赖的关系

在调查双方还没有良好的沟通基础时，最好不要马上进行调查对方心理活动的问卷调查。待时机成熟，关系融洽之后，再调查对方的心理活动，结果要更真实一些。一般来说，使用不记名的问卷，可以使调查资料可靠性增加。

4. 正式调查之前进行事先调查

事先调查是保证问卷调查成功的费用最低的方式。事先调查的基本目的是保证问卷提供给应答者的问题清晰、容易理解，这样的问题将得到清晰、容易理解的回答。在问卷初稿形成后、大规模发放问卷之前应咨询相关专家的意见，邀请其对问卷进行审阅或共同讨论修改，之后在小范围内进行模拟调查，以便尽早发现问题，及时改进和完善问卷。

5. 做好调查准备

调查员外出调查前应检查好所带物品，开始进行调查时应主动出示调查员证，必要时可把调查负责人的姓名和联系方式告知被调查者，以消除其戒心。同时，在调查的过程中要提高安全意识，高度重视人身安全，保障调查过程的顺利进行。

6. 注重调查方法

问卷调查也需充分践行"从群众中来，到群众中去"的群众路线，深入群众和基层获得真实的第一手资料。应尽量使用"研究""访问"等字眼，而少使用"调查"。因为某些民众会把"调查"与侦查、秘密调查等联系在一起，因而会引起他们不必要的顾虑，使访问成功率大大降低。在进行一对一问卷调查时，如发现有其他人不断骚扰或批评该项调查，应终止调查，等干扰因素消失之后再重新进行。被调查者情绪非常波动、心情烦躁或随便应付时，则应终止调查。理想的状态是一对一调查，因为其他人在场会影响被调查者的回答。而实际情况往往是被调查者的其他家庭成员会在旁边听调查员询问，有时甚至代替被调查者回答，此时调查员应礼貌地向他们解释，以便收集不同年龄、性别和阶层人士的意见。

7. 提前设计整个调查过程

一项完整的调查虽然包括问卷设计、分发与回收，数据分析和撰写报告这几大步骤，但是这些步骤不是独立存在，而是互相关联的一个整体活动。因此在进行调查之前，必须针对调查充分考虑本调查各个步骤中可能出现的状况，预先做好准备。这种整体性思想要贯穿于整个调查的各个步骤中。只有这样，调查才能更顺利，调查的结果也才能更真实。

第二节　网络调查法

马克思主义者历来重视调查研究。早在革命战争年代，毛泽东就提出了"没有调查，就没有发言权"的号召。习近平进一步强调，没有调查，就没有发言权，更没有决策权。[①] 为了推动思想政治教育实践中社会调查的发展，不断提高研究调查的精确性和全面性，学习思想政治社会实践中的网络调查法是当代进行思想政治教育学习和研究必不可少的一部分。

一、网络和网络在中国的发展

互联网是 20 世纪的重大科技发明，是当代先进生产力的重要标志，是人类智慧的结晶。以计算机和网络技术为核心的信息技术所引发的信息革命，不仅催生出极具生命力的信息产业，而且从经济、政治、文化、科技等方面改变了人们的思维方式和信息搜集方式。作为学习思想政治实践课的当代大学生（调查人员），虽然不必深入研究网络构造、开发及代码的撰写等技术性问题，但是必须对网络有初步的了解，并掌握网络调查的基本方法。

（一）网络及其发展历程

1. 什么是网络

在计算机领域中，网络是信息传输、接收、共享的虚拟平台，通过它把各

---

① 《加强对改革重大问题调查研究　提高全面深化改革决策科学性》，《人民日报》2013 年 7 月 25 日。

个点、面、体的信息联系到一起，从而实现这些资源的共享。网络是人类社会发展中重要的发明，它促进了科技和人类社会的发展。

网络一般包含四个要素：通信线路和通信设备、有独立功能的计算机、网络软件支持、数据通信与资源共享。

互联网又称国际网络，指的是网络与网络之间所串连成的庞大网络，这些网络以一组通用的协议相连，形成逻辑上的单一巨大国际网络。这种通过计算机网络互相连接在一起的方法称作"网络互联"，在这基础上发展出覆盖全世界的全球性互联网络就称为互联网，即互相连接在一起的网络结构。互联网并不等同于万维网，万维网只是基于超文本相互链接而成的全球性系统，且是互联网所提供的服务之一。互联网是计算机网络的一种，而万维网是互联网上的一种服务。

2. 因特网的诞生及其意义

因特网（Internet）的前身是建成于 1969 年的阿帕（ARPA）网。它是冷战时期的产物，由美国国防部的国防高级研究计划署（Advanced Research Projects Agency，ARPA）资助建成，最初是由四台电脑组成的小型网络。它以军用为基础，被置于美国国防部保护之下，在技术上还不具备向外推广的条件。1983 年，ARPA 和美国国防部通信局成功研制了用于异构网络的 TCP/IP 协议，美国加州大学伯克利分校把该协议作为其 UNIX 的一部分，使该协议得以在社会上流行起来，从而诞生了真正的因特网。因特网的大众化始于 1986 年美国国家科学基金会（National Science Foundation，NSF）的尝试，其连接了五个超级电脑中心的高速网络。后来，美国的相关机构启用了基于 TCP/IP 协议的全球性网络——因特网。从此，一种超越了国家或机构，以平等、互利、合作为原则的全球最大的信息资源网就诞生了。

因特网的诞生具有重要意义，从技术上说，它是一种全球性的计算机网络，它由无数电脑和网络组成，它是人们之间互相通信和传输信息的工具；从经济上说，它是一种全球信息资源的集合，其信息内容不仅是海量的，而且每时每刻都在不停地更新和增长；从社会角度来说，它是一种庞大、高度自由、开放和平等的人类社区，它改变了人们的生活方式，吸引着不同肤色、不同语言、不同阶层、不同信仰、不同职业、不同教育水平的人们来了解它、利用它，它把世界各国联结了起来，使整个人类社会联系得更密切、运转得更高效。

（二）中国网络的发展和现状

1. 中国网络发展的几个阶段

互联网在中国的发展，大体上可分为三个阶段：

第一，试验阶段（1987—1993年）。从1987年起，中国一些科研部门和高等院校开始研究互联网技术，此时的网络应用仅限于小范围内的电子邮件服务。在此期间，中国网络发展的重大事件有：1987年9月，在德国卡尔斯鲁厄大学的维纳·措恩（Werner Zorn）教授带领的科研小组帮助下，王运丰教授和李澄炯博士等在北京计算机应用技术研究所建成了一个电子邮件节点，并在9月20日向德国成功发出了一封电子邮件。1988年年初，中国第一个X.25分组交换网建成，当时覆盖了北京、上海、广州、沈阳、西安、武汉、成都、南京、深圳等城市。1989年5月，中国研究网（CRN）通过当时邮电部的X.25试验网实现了与德国研究网（DFN）的互联。1989年10月，由中国科学院主持，联合北京大学、清华大学共同实施的中关村地区教育与科研示范网络项目立项，11月项目正式启动，其主要目标是通过三个单位合作，共同搞好该项目主干网和三个院校网的建设。1992年年底，该项目的院校网，即中科院院网（CASNET，连接了中关村地区30多个研究所及三里河中科院院部）、清华大学校园网（TUNET）和北京大学校园网（PUNET）全部完成建设。

第二，起步阶段（1994—1996年）。1994年4月，中关村地区教育与科研示范网络进入因特网，从此中国被国际上承认为有因特网的国家。此后，中国公用计算机互联网（CHINANET）等网络项目在全国启动，因特网开始进入公众生活，并得到迅速发展。1996年年底，中国因特网用户已达20万，利用因特网开展的业务与应用逐步增多。这个阶段发生的重大事件有：1994年6月8日，国务院办公厅向各部委、各省市自治区发出了《关于"三金工程"有关问题的通知》，自此，"三金工程"建设全面展开；1995年5月，中国电信开始筹建中国公用计算机互联网（CHINANET）全国骨干网；1995年12月，由中国自行设计、建设的"中国教育和科研计算机网（CERMET）示范工程"建成；1996年1月，中国公用计算机互联网（CHINANET）全国骨干网建成，并开始为全国提供服务。1996年12月，中国公众多媒体通信网（169网）开始启动。

第三，发展阶段（1997年至今）。1997年10月，中国公用计算机互联网

（CHINANET）实现了与其他三个互联网络——中国科技网（CSTNET）、中国教育和科研计算机网（CERNET）、中国金桥信息网（CHINAGBN）的互联互通。1998 年 5 月，经国家批准，开展了中国长城互联网建设。2000 年 7 月 19 日，中国联通公用计算机互联网（UNINET）正式开通。国内因特网用户数，自 1997 年后基本保持了每半年翻一番的增长速度。

2. 中国网络的发展现状

据中国互联网络信息中心（CNNIC）2020 年 4 月 28 日发布的调查报告显示，截至 2020 年 3 月，中国互联网发展状况如下：

我国网民规模达 9.04 亿，较 2018 年年底增长 7508 万，互联网普及率达 64.5%，较 2018 年年底提升 4.9 个百分点。

我国手机网民规模达 8.97 亿，较 2018 年年底增长 7992 万，我国网民使用手机上网的比例达 99.3%，较 2018 年年底提升 0.7 个百分点。

我国农村网民规模为 2.55 亿，占网民整体的 28.2%；城镇网民规模为 6.49 亿，占网民整体的 71.8%。

我国即时通信用户规模达 8.96 亿，较 2018 年年底增长 1.04 亿，占网民整体的 99.2%；手机即时通信用户规模达 8.90 亿，较 2018 年年底增长 1.10 亿，占手机网民的 99.2%，微信等 APP 立了大功。

我国网络游戏用户规模达 5.32 亿，较 2018 年年底增长 4798 万，占网民整体的 58.9%；手机网络游戏用户规模达 5.29 亿，较 2018 年年底增长 7014 万，占手机网民的 59.0%。

我国网络新闻用户规模达 7.31 亿，较 2018 年年底年增长 5598 万，占网民整体的 80.9%；手机网络新闻用户规模达 7.26 亿，较 2018 年年底增长 7356 万，占手机网民的 81.0%。

我国网络购物用户规模达 7.10 亿，较 2018 年年底增长 1.00 亿，占网民整体的 78.6%；手机网络购物用户规模达 7.07 亿，较 2018 年年底增长 1.16 亿，占手机网民的 78.9%。

我国网络支付用户规模达 7.68 亿，较 2018 年年底增长 1.68 亿，占网民整体的 85.0%；手机网络支付用户规模达 7.65 亿，较 2018 年年底增长 1.82 亿，占手机网民的 85.3%。

我国网络视频（含短视频）用户规模达 8.50 亿，较 2018 年年底增长 1.26 亿，占网民整体的 94.1%；其中，短视频用户规模为 7.73 亿，占网民整体的 85.6%。①

（三）网络调查在中国的兴起

一般认为，中国最早的网络调查来自 1997 年中国互联网发展状况调查统计报告。此后，网络调查逐渐渗透到社会生活的许多领域，成为一种使用越来越广泛的调查方法。目前，网络调查主要被用于以下领域。

1. 社会民意调查。该领域的调查已越来越多，例如，新冠肺炎疫情防控建议调查、婚姻调查、社区服务调查等。当新的社会热点出现后，就会出现许多相应的社会民意调查。通过网络进行社会民意调查一方面满足了广大网民反映真实情况、表达内心意愿、释放精神压抑的需求；另一方面为行政、企事业单位和各类社会组织提供了一个了解社情民意的渠道。

2. 问政于民调查。随着社会民主的发展、网民素质的提高、民众参政议政热情的高涨，各级党委、政府已越来越重视通过网络了解民意、问政于民。此外，许多省、市、县级领导干部也通过网络与网民进行交流。目前，网络调查已成为各级领导干部了解民意、问政于民、沟通干群关系的重要方法。

3. 市场行情调查。调查形式：一般都是通过网页或电子邮件发送问卷。调查内容：一切有关市场行情的方方面面都可调查，如对商品的认知程度，购物的需求与行为，对商品、经销活动、售后服务的满意程度，对新产品、新服务的要求，等等。调查对象：主要局限于网民，但其意义和作用则涉及全体消费者。目前，国内外已有许多企业运用网络调查展示商品的最新款式，了解用户对性能、颜色、价格等方面的要求，并据此决定产品的开发、生产、销售策略。

4. 网络使用情况调查。互联网使用情况和受众情况是互联网调查的重要组成部分。这类调查的主要目的和内容包括测量网站流量，网站使用者（也称用户、受众，俗称网民）的数量、结构和行为。其中，测量网站流量的主要指标包括：网站数、网页数、网站访问量、唯一用户数（指单位时间内访问某一站点的所有不重复用户数）、浏览页面数、浏览时数、到达率、忠诚度（重复访问频率）等；测量网站使用者的主要指标包括：使用者的数量、结构和分布（包括性别、年龄、文化程度、职业、收入等）、上网目的、使用网络的基本情

---

① 参见中国互联网络信息中心：《第 45 次中国互联网络发展状况统计报告》，2020 年 4 月。

况、行为和态度等。这类调查，有时还包括网络广告监测，其主要指标包括网络广告发布量、网络广告的点击量情况等。

二、网络调查法概述

（一）网络调查法的概念

目前，关于"网络调查"的概念尚无统一的定义，"网络调查"也只是一种说法，有的称"网络调研""网上调研""网络市场调研"等，本书采用"网络调查"这一表述。网络调查法是根据调查研究的实际需求，通过网络技术手段获取研究所需要的数据，并对所得数据进行统计分析的方法。[①]

（二）网络调查法的特点

与传统调查方法相比较，网络调查法有其自身的独特性。

1. 及时性与广泛性

网络调查法是以计算机为载体，以网络技术为手段展开的信息、数据搜集的方法，通过运用信息技术，极大地提高了问卷制作、问卷发放、问卷回收、统计分析等步骤的效率，能够在短时间内得出有意义的调查结论，传统调查方法的调查速度和效率是无法与之相比的。同时，计算机通过网络将千万用户连接在一起，极大地提高了受众规模，使网络调查法突破了时间和空间条件的限制，能够触及更多的调查对象。

2. 交互性与开放性

网络的一个鲜明特点是交互性，因此在进行网络调查时，调查对象可以及时对问卷相关问题提出自己的看法与建议，有助于减少因问卷设计不合理导致的调查结论偏差。网络调查是开放的，对于不少调查而言，任何网民都可以进行投票和查看结果，而且在投票信息经过统计分析软件初步处理后，可以马上查看阶段性的调查结果。

3. 超时空性和客观性

网络调查法不受时间和空间的制约，与传统的调查方法相比有很大的不同。调查对象在完全自愿的原则下参与调查，调查的针对性更强，从这个角度看，网络调查问卷填写的信息较为可靠，调查结论比较客观。

[①] 参见陈贞祥、潘德伦、鹿红宁：《网络调查法在体育调查中的应用研究》，《北京体育大学学报》2010 年第 3 期。

4. 低成本性和便捷性

网络调查是一种低成本的社会调查，节省了传统调查中纸张印刷、组织人员调查、分发问卷、统计数据等调查工作所需的人力、物力和财力。网络调查的参与者可自由地选择最方便的时间和空间参与调查，可匿名回答问题，有利于调查一些敏感性、隐私性问题。

三、网络调查法的类型与步骤

（一）网络调查法的类型

一般来说，网络调查法的类型有：网上问卷调查、网上讨论、网上测验和网上观察等。

1. 网上问卷调查

网上问卷调查，是指调查者通过网络发布调查问卷，受访者通过网络填写并提交问卷，经调查者对收集的问卷进行统计分析后得出结论的调查方法。

根据采用技术的不同，网上问卷调查具体有两种做法。

（1）网站法，即将问卷放置在网络站点、手机软件、小程序上，由受访者自愿填写。

（2）电子邮件法，即通过电子邮件发送问卷，待受访者填写问卷后，再通过电子邮件向指定邮箱提交问卷。

2. 网上讨论

网上讨论，就是调查者在网上提出问题，组织参与者在网上进行讨论，通过网上讨论收集信息和数据，经分析、研究后得出讨论结果的方法。网上讨论是集体访谈在网络上的应用。目前，网上讨论法一般通过 BBS（电子公告板）、Newsgroup（新闻组）、QQ 和微信（即时通信程序）、IRC（网络实时交谈）、腾讯会议等实施。

BBS 是英文 Bulletin Board System 的缩写，意为电子公告板系统。BBS 一般按不同主题可分成多个公告板，人们可以登录自己感兴趣的区域获取信息或发表意见。它的功能是传递信息、邮件服务、在线交谈、文件传输、网上游戏等，重点是人与人之间的交流。它的特点是信息量大，更新速度快，交互性强，附加功能多。

Newsgroup（新闻组）是一种全交互式论坛，一种为用户提供与人交流和获取信息的有效手段。访问新闻组的人，既可以获取分类信息，又可以发布文章、发表意见，与其他用户交流。世界各地的新闻服务器中都设置有新闻组，每个新闻组的信息不断更新，它们都设定了保存期限，超过期限的信息会被自动删除。与 BBS 相比较，新闻组有以下特点：一是讨论内容较多；二是可以脱机阅读；三是专业性强。

QQ 和微信是目前比较流行的聊天工具，即时通信程序。QQ 和微信的主要功能是：查找好友、好友分组、与好友聊天、发送信息、发送文件等。通过 QQ 和微信，可用多种方式查找并添加遍布全球的用户，从而获得详细的用户信息，查看、查找和打印历史消息，创建自己的主页等。

IRC（网络实时交谈）是一种非常便捷的聊天方式。用户只要使用特定的软件将电脑连接到 IRC 服务器上，用户的客户端电脑就可通过 IRC 服务器进行中转，使用户实时进行信息交换。IRC 的优点：一是屏幕刷新快；二是保密性高；三是便于创建管理。

腾讯会议是一种多功能会议应用程序。用户使用腾讯会议，可以通过手机或者电脑上的软件进行远程视频会议，其主要功能是，进行远程实时会议交流，提供实时共享屏幕，支持在线文档协作。

网上讨论法，就是以互联网为平台，用户通过网络进行集体讨论的方法。在网上讨论过程中，发起人可发布调查项目，请受访者回答或参与讨论，发表各自的观点和意见；可通过网络视频的形式，将身处世界各地的受众组织起来，在发起人的引导下进行问题讨论。发起人可以进行组织和分析，然后公布讨论结果，也可通过线上讨论，收集调查信息。

3. 网上测验

网上测验，是指调查者通过网站、电子邮件、软件等，向受测者发出测验问卷，并对测验问卷进行回收和统计分析。网上测验的内容非常广泛，可以是思想教育、心理健康、学生购物偏好等方面的问题。比如，为了掌握当代大学生的心理健康状况，可通过网络问卷的方式对不同区域、不同层次、不同类型的大学生进行测试、分析，以便全面把握当代大学生的心理健康状况。

4. 网上观察

网上观察就是观察者进入聊天室等观察正在聊天的情况，或利用网络技术对网站接受访问的情况和网民的网上行为，按事先设计的观察项目、要求做记录或自动监测，然后进行定量分析研究，并得出结论的调查方法。

网上观察法一般可分为两大类，即网上直接观察法和网上间接观察法。

（1）网上直接观察法又可分为网上参与观察和网上非参与观察。网上参与观察，是指观察者参与被观察者的聊天活动，并在聊天过程中实施观察；网上非参与观察，是指观察者不参与被观察者的聊天活动，只作为旁观者进行观察和记录。网上直接观察法的优点是：环境虚拟、身份隐秘，参与聊天者顾虑较少，往往能了解许多真实情况，因而能获得大量、真实、全面、深入的感性材料；其缺点是：参与聊天者的分布地域、社会背景难以确认，反映的事实和数据无法核实，需要花费较多的人力和时间，缺乏监督和约束，致使聊天室可能沦为少数不负责任者编造谎言的场所。此外，网上参与观察法，由于观察者参与其中，观察的现象和结论难免带有主观色彩；网上非参与观察法，由于观察者无法引导和控制聊天过程，只能随波逐流，因而往往只能看到一些表面的、偶然的现象。

（2）网上间接观察法，是指利用网络技术对网站接受访问的情况和网民的网上行为，按事先设计的项目进行观察或自动监测，然后进行分析研究、得出结论的调查方法。例如，腾讯公司为了监测腾讯软件的使用情况，在各个软件的官网都设置了访问统计，访问过该网址的网民，将会通过点击记录下来，软件的下载也会通过下载次数被记录下来。这样就利用了互联网技术，间接地观察了用户访问情况及下载偏好，从而达到网上调查的目的。

（二）网络调查法的一般步骤

1. 制定调查计划

制定调查计划，应该包括如下内容：

（1）调查目标。确定调查要解决什么问题；解决到什么程度；调查成果是仅仅在网上公布，还是要撰写或发表调查报告、学术论文；要发挥什么样的社会作用，仅仅是反映、影响社会舆论，还是供学术研究或决策参考等。

（2）调查内容。设计调查问卷、调查表格、询问问题等内容，其核心是设计出符合实际情况的、便于回答的社会指标和调查指标。

（3）调查方法。根据调查目标和内容的需要，选择适当的网络调查方法，是使用网上问卷调查法，还是使用网上讨论法、网上测验法、网上观察法。

（4）调查载体。调查者应根据需要和可能，选择网络调查的载体，即网站或电子邮件。如果选择网站，则应根据调查内容的特点选择合适的网站。

（5）调查对象。其中，通过网站实施网络调查，调查对象一般无法事先选择，只能事后根据被调查者回答的基本情况做统计分析；通过电子邮件实施网络调查，则有一个选择调查对象的问题，一般应根据调查目标、内容的需要采用随机抽样的方法选择调查对象。

（6）调查时间。应根据调查目标、内容的需要合理安排调查时间。网上民意调查、网上市场调查的时效性较强，一般应选择在有关民意、有关市场最活跃的时候；互联网使用情况调查，则应选择在季度、半年或年度结束之后，而且应明确规定调查截止时间（一般为 10—15 天）。如果时间拖得太长，调查结果的时效性就会大打折扣。

此外，对于调查人员（包括整理资料、统计分析人员）、调查经费（尽管网络调查成本低廉，但仍需必要的投入）等，也应作出适当安排。

2. 设计调查问卷

问卷设计的优劣往往对网络调查的成败具有决定作用，因此必须高度重视。一般地说，网络调查问卷大体有三种设计方式：

一是简单方式。它的特点是问题单一，回答简明，填写方便，统计分析快速，时效性较强。这类问卷，通常只设计 3—5 个答项：赞成、反对、不清楚；完全同意、同意、不清楚、不同意、坚决反对；等等。一般地说，对社会热点、社会突发事件进行网络调查，多采用这种方式。

二是组合方式。它的特点是询问问题较多，逻辑联系较强，填写问卷较难，但可对调研主题进行多侧面、多视角调查，可获得较丰富、较全面的信息。这类问卷，往往将调查主题分解为若干子题，每个子题设计 3—5 个问题，每个问题设计 3—5 个答项，共同组成一份问卷。一般地说，对某些较复杂的或专题性问题，多采用这种方式设计问卷。

三是完整方式。它的特点是调查内容比较全面，回答方式比较规范，可获得较全面、丰富的信息，可进行较复杂的统计分析。这类问卷的内容一般包括：调查对象的基本情况，如年龄、文化程度、居住地、行业、职业等个人或家庭背景信息；按一定逻辑展开的询问问题及其选项；对填答问卷的意见或建议等。一般地说，受公司、机构委托的调查课题，对网站受众情况的了解，多采用这种方式设计问卷。但是，问卷内容不能过多，篇幅应大大小于书面问卷，否则就会影响参答人数或回答质量。

在调查结果的显示方面，简单方式的问卷调查，多采用页面直接呈现方式显示调查结果，其内容非常简单：各选项人数和百分比。它的优点是，回答者可即时看到调查结果，有利于吸引更多的网民参与调查。组合方式、完整方式的问卷调查，其调查结果要经过整理资料、统计分析等程序才能形成，因而一般要经过一段时间才能以调查报告、研究论文、统计公报等形式呈现。

3. 网络调查软件的选择与使用

网络调查可通过使用网上现有的网站和软件完成，例如问卷星、腾讯问卷等问卷调查系统，这里以腾讯问卷为例。腾讯问卷是腾讯公司推出的免费、专业的问卷调查系统，提供多种方式创建问卷。除了具有简单高效的编辑方式，强大的逻辑设置功能，专业的数据统计和样本甄别等特点之外，此软件已经将数据库设计和网页设计制作成了可视化界面，以方便用户使用腾讯问卷系统进行问卷的设计、分发、回收与数据统计。

下面以腾讯问卷为例，介绍如何进行网络调查。

第一步，通过网址搜索进入腾讯问卷官网并登录，创建问卷。

第二步，进行问卷设计。问卷设计界面有很多功能控件，如单选框、下拉框、多行文本题等，设计者可以通过需求选择不同的控件完成问卷的设计。

第三步，开启问卷回收，并投放问卷。这里可以通过二维码、网址的形式投放调查问卷。

第四步，暂停回收，并对问卷进行统计分析。

4. 测试和试调查

测试，是指对调查问卷所基于的网站或软件进行检测、试验及完善的过程，用以检测该网站或软件是否可以正常使用，功能是否完善等。

试调查，是指对经过测试、修改后的网站或软件在预调查过程中进行实际运用。试调查的目的，是通过试验性调查发现和解决问卷设计、软件使用等方面存在的问题，以进一步测试、修改和完善问卷和有关软件，避免在正式调查过程中出现重大失误。试调查的主要内容包括问卷设计的合理性，多用户并发测试、安全测试、数据管理测试、使用方便性测试等。试调查中应该注意：要选择数量适中、责任心强的测试者；问卷设计人员与调查人员要密切配合；发现问题要及时纠正，并做好记录；对于发现的问题，要征求有关专家和测试者的意见，以便不断改进问卷和调查系统的结构和功能。

5. 问卷的网络发布和开始调查

问卷的网络发布，是指通过网络将设计的网络调查问卷在指定的区域内进行发布。它一般包括三个步骤：一是打开访问问卷入口，参与调查者一般通过网址或者软件进入问卷调查，在此要打开网址或软件的访问权限，让参与调查者进入调查系统；二是网站或软件测试，主要是对调查网站或软件再次进行功能测试；三是告知网络访问者参与调查，告知的内容主要包括调查的目的、内容、回答方法、网络地址、起止时间、注意事项等，告知的方式一般有行政通知、网络公告等。

在发布公告后，应在规定时间开始网络调查。调查前，要进行测试数据清空操作，并做好紧急情况处理预案，以保证遇到突发情况时调查能够继续进行。

网络调查问卷的正式发布，意味着调查的开始。为了保证调查的稳定性和严肃性，调查问卷一旦发布到网上就不应该做任何变动和调整。在互联网上发布调查问卷，通常可采取以下几种做法。一是利用自己的站点。如果自己的站点拥有一定规模的访问者，就可利用自己的站点发布调查问卷，开展网上调查。二是借助别人的站点。对于没有自己独立站点的单位和个人，应考虑借用别人的站点进行网上调查。在借用别人的站点时，应尽量选择访问率较高的站点或与调查主题联系密切的专业性信息站点。三是通过电子邮件发送调查问卷。

6. 统计分析和撰写调查报告

调查结束后，应回收问卷，进行数据统计。

这时要做的工作是，根据研究工作需要对调查数据进行统计分析。一般调查软件都包含基本的统计分析功能，根据软件操作说明，完成较为简单的统计分析工作。这里以腾讯问卷为例，当问卷回收完毕后，后台系统会通过可视化界面显示统计数据的各种指标，根据各项指标和分类，完成相应的统计工作。但是，要进行较复杂的专业统计分析，就必须将统计的数据导出，然后运用专业统计分析软件（如 SPSS 等）进行统计分析。在统计分析过程中要注意的问题是：及时对调查的原始数据库完整备份；数据提取应多用数据视图和不改变数据原貌的查询操作；不得改动调查得来的原始数据；对大规模数据的提取和导出导入操作，要进行记录，以防出现软件卡顿、停止运行等现象。

撰写调查报告，是调研活动的最后一个步骤。每次网络调查，都应根据本次调查的目标和任务，实事求是地把调查结果报告出来，反馈给网络调查的参与者、全体网民、整个社会或有关机构。如果限定仅反馈给网络调查参与者，需给网络调查的参与者查询密码。一些简单的网络调查，最好能采用含有图形、表格等内容的界面公布调查结果。

四、网络调查应注意的问题

实施网络调查，应该注意以下几方面的问题。

（一）主题的选择

网络调查作为一种调查方法，其主题与传统调查方法没有本质性的区别。从理论上说，凡是适于传统调查方法的主题，都可以通过网络进行调查。目前，国内外网络调查的主题，虽大都以民意调查、市场调查等为主，但有关人口学、社会学、心理学、大众传播学、教育学、医学等主题的调查也相当普遍。随着互联网的普及，网络调查的主题也将更为广泛。

在确定网络调查的主题时需注意以下两点：

第一，网络调查主题，应该以主观状况为主。由于网络调查一般无法查证和核实客观方面的情况，因而其调查主题应该以主观态度、意愿、感受等方面的内容为主，包括某些敏感性、隐私性问题的主观状况，而不宜围绕客观事实或行为方面的主题开展调查。

第二，网络调查主题，应该适应网民的现实结构。目前，网民的区域、年龄、性别等结构差异较大，因而网络调查的主题应该选择与经济较发达地区、年龄较轻、学历较高、职业较优、收入较多人群有关的问题为主。反之，有关经济不发达地区的、农村的、老年人的主题，则不宜开展网络调查。

（二）问卷的设计

网络调查问卷是问卷的一种类型，它的一般结构、询问问题、回答方式的设计，以及应该注意的问题，与一般调查问卷的设计基本相同。但是，网络调查问卷毕竟是问卷的一种特殊类型，它的设计与一般调查问卷的设计又有许多不同之处。

一要尽可能简短。网民一般是在浏览网页的过程中，顺便参与网络问卷调查的，往往不可能花较多时间填答问卷，因此问卷应尽可能简短，最好是一两分钟就能答完，最多不要超过半小时，否则参与人数就会大大减少。

二要简明易懂。网络问卷调查一般无法当面作解释，因此，设计的问卷，无论是询问问题，还是回答方式，都应简明、易懂；某些必须使用的专业词汇，都应作出易于理解的说明或图示，否则被调查者可能会拒绝参与调查，或者随意胡乱填答。

三要明示起止时间。网络问卷调查，从何时开始，何时截止，应在问卷上明确标示，以免有意参与者错过参与调查的时间。由于网络问卷调查大都是民意调查或市场调查，有较强的时效性要求，因此起止时间不宜间隔太长，否则会大大降低调查结果的准确性和时效性。

四要尽可能立即显示调查结果。客户端界面设计，要有询问问题和回答选项；后台处理程序设计，最好能即时反映各回答选项人数及其百分比的变化。这样，接受调查者能立即看到参与回答的效果，从而有利于吸引更多的网民参与。

（三）程序的控制

这是网络问卷调查所特有的，它主要解决以下几个问题。

同一问卷重复填答问题。在网络问卷调查过程中，经常出现一址（IP）多票、重复填答现象，特别是在评比、排名、选优等活动中，有的单位或个人甚至雇请人员来上网投票，以保证本单位或个人获得较好名次。为了克服这种弊端，避免大量灌水票，应通过程序设计控制一址（IP）多票、重复填答现象，以增强调查的真实性。有的网站在投票活动中，要求投票者填写真实姓名、身份、地址等，以保证投票的严肃性、真实性。但是，这种做法又可能会因网民担心暴露真实身份而影响其参与调查的积极性。

同一问卷多网站调查问题。为了扩大调查覆盖面，同一个调查问卷往往会在多个网站同时进行调查。实践证明，同一问卷开展多网站调查，最好由调查者在实施调查的主网站生成调查程序和问卷页面，然后在其他有关网站做链接，使在其他网站参与调查的网民回答问题时能直接进入主网站的后台。这样，不仅便于调查者随时监看调查过程，而且可以较好地保证全部数据的收集及后期统计分析工作。

必要的程序控制问题。在网络问卷调查中，相关问题的转接是一个难点。例如，问卷设计一方没有将问卷设置完善，如功能不齐全、问卷内容错误等。另外，对填答不完整的问卷、回答中有逻辑错误的问卷，也应设计必要的控制程序。只有如此，才能提高调查质量。

后台数据库完整记录问题。在网络问卷调查中，对于参与调查者所作的回答，后台数据库的程序控制必须保证录入、记录功能的完备和正常，避免数据的丢失及其他失误，这是进行统计分析的基础和前提。这个环节如果出现失误，整个调查就有可能前功尽弃。

（四）问卷的放置

在放置问卷时应注意以下几点。

慎重选择网站。网络调查问卷放置在不同网站，参与填答的人数往往会有很大差异。一般地说，调查问卷放置在门户网站或影响较大的新闻网站，自愿参与填答的人数往往会增多，反之，放置在一般的、影响较小的网站，填答人数往往会减少。

科学设置版面。网络调查问卷在网站上的放置位置不同，参与填答的人数也往往会有较大的区别。一般地说，有关社会热点的民意调查，最好能设置在网站首页或新闻频道首页的突出位置；市场调查和各类专题调查，最好能设置在相关频道、相关版面的突出位置。

合理规定时限。网络问卷调查规定的时间限制应该合理。一般地说，各类专题调查，放置时间可以长一些，而且放置时间越长，填答人数越多。但是，民意调查和市场调查的时效性较强，放置时间就应短一些，一般以 7—15 天为宜。因为民意和市场变化迅速，放置时间过长，填答人数虽可能有所增加，但所反映的民意和市场情况却可能已落后于实际。

五、网络调查法的优点和局限

（一）网络调查法的优点

网上问卷调查是网络调查法的主要方式，它是问卷调查法的一种特殊形式。问卷调查法的优点，一般都适用于网络调查法，此外，网络调查法还有一些独特优点。

1. 开放性广，基本不受时空限制，可一天 24 小时向世界各地的网民开放调查，它的开放性和广泛性是传统调查方法不可比拟的。

2. 自由性大，自觉、自愿参与调查，没有勉强成分，因而能比较真实地反映客观情况，被调查者能够比较坦诚地表达主观看法。

3. 隐匿性高，调查在虚拟环境中进行，而且往往以无记名方式参与，有利于调查一些隐秘性、敏感性问题。

4. 互动性好，在网上讨论、网上测验、网上观察等网络调查类型中，都存在着不同程度的互动过程，它有利于调查者、被调查者之间的互动，有利于调查的广泛和深入。

5. 生动性强，可充分发挥网络技术优势，综合运用图像、声音、文本、视频等多种形式开展调查，从而大大提高调查活动的生动性和吸引力。

6. 调查方便，调查问卷设置在网页上或通过电子邮件发送，参与调查者只需在网上点击几下鼠标或键盘就可填答完大部分或全部问卷，非常方便。

7. 调查速度快，无论是网站发布方式，还是电子邮件方式，调查问卷的发放、填写、提交都非常快捷，其速度之快是传统调查方法无法比拟的。

8. 调查成本低，只需一台能上网的计算机，一个掌握了计算机和上网技术、并会设计调查问卷和统计分析的人，就可开展调查，其成本之低是传统调查方法不可企及的。

（二）网络调查法的局限

问卷调查法的局限，一般也适用于网络调查法。此外，它还有一些独有的局限：

1. 网络环境的虚拟性决定了网络调查只能从虚拟的网络环境获得反馈信息，而不可能了解到真实、生动、具体的社会情况，这是网络调查法的最大缺陷。

2. 网络行为的隐蔽性使得参与调查者回答调查问题的行为一般都是独自、隐蔽进行的，他究竟是个人独立应答，还是与别人合伙应答，或借助其他工具应答，根本无法了解。

3. 网络管理的不完善性使得网络行为往往难以规范，致使黄色网站、网上诈骗、虚假信息日益泛滥。

4. 反馈信息的不确定性。网络调查质量良莠不齐，反馈信息的真实性、准确性往往无法保证。有的地方甚至出现了一些专门在网上制造虚假信息的所谓枪手公司。只要你出钱，它就为你歌功颂德、删除别人对你的不利评价，致使网络民意真假难辨。

5. 参与者的代表性不充分。截至 2020 年 3 月，我国网民规模已达 9.04 亿，互联网普及率达 64.5%。虽人数众多，但网络调查的参与者覆盖面小、代表性不充分，一般很难反映文化程度较低、年龄较大的民众的诉求。

6. 参与者的背景不明晰。在网络调查中，参与者的年龄、性别、居住地域、社会职业、收入、财产等基本信息难以获得、难以查证，他们的数量、结构难以控制。由于参与者的背景不明晰，因而调查结果的代表性、适用性也难以评估。

7. 依托平台难以寻觅。网站是网络调查的主要载体，是调查者接触被调查者的平台。一般来说高访问量的网站有利于网络调查的开展。但是，这类高访问量的网站却难以寻觅。

8. 两类技术知识人员难以匹配。目前，熟悉社会调查知识和技术的人员，往往缺乏网络技术知识；熟悉网络技术知识的人员，又往往缺乏社会调查知识和技术，这两类技术知识人员难以黏合、难以匹配，是网络调查的一大制约因素。

此外，通过电子邮件开展网络调查也有很大的局限性：一是难以获得大量有效的电子邮箱地址；二是难以即时相互交流；三是回收率往往不高；四是数据录入、处理比较麻烦。

第三节　调查资料的整理与分析

调查资料的整理与分析是指运用科学的方法，对调查所取得的各种原始资料进行加工整理、分析，使之成为系统化、条理化、标准化的反映调查对象总体全貌特征的信息资料的工作过程。以整理、分析通过问卷调查获取的资料为例，其一般包括调查问卷回笼与审核、问卷编码、数据录入和缺失数据处理、统计分析与数据描述等步骤。

一、调查资料的整理

（一）调查资料的整理具有重要的意义

一是提高数据质量的必要步骤。调查的原始资料是从各个被调查对象收集来的、零散的、不系统的资料，只能表明各调查对象的情况和表面现象，不能说明其所代表的总体的全貌和内在联系，且收集的资料难免出现虚假、差错、短缺、冗余等现象，只有经过加工整理才能使调查资料条理化、简明化，确保调查资料的正确性和可靠性。

二是可提高调查资料的使用价值，这是进行社会研究的重要基础。调查资料的整理是一个去粗取精、去伪存真、由此及彼、由表及里、综合提高的过程，它能有效提高信息和资料的浓缩度、清晰度和准确性，使之系统化、条理化，从而大大提高调查资料的使用价值，为进一步的社会研究提供重要基础。

三是便于数据长期保存和研究。丰厚的原始调查信息和资料具有重要的回溯和参考价值，调查后经认真整理的资料具有真实性和可靠性，为今后的长期保存和研究提供了便利。

（二）调查资料整理的程序

1. 问卷的审核

第一，问卷审核的内容。主要包括问卷的真实性、齐备性、完整性、准确性、时效性等方面。

（1）真实性。检验问卷或调查表的真实性，即调查对象是否如实回答问题，这是资料整理应遵循的最基本原则。

（2）齐备性。检查回收的问卷是否齐全，是否达到了样本量的要求。

（3）完整性。反映某一社会现象的资料必须尽可能全面、如实地反映该现象的全貌，不能残缺不全。主要包括调查对象是否齐全，是否有被遗漏的调查对象；调查的项目是否都有完整资料；调查资料详细程度是否符合要求等。

（4）准确性。事实和数据要准确，不能含糊不清、模棱两可、互相矛盾。主要包括检查被调查者是否属于规定的样本范围；调查资料是否存在明显的错误，是否真实可信；调查资料口径、计算方法、计量单位等是否统一等。

（5）时效性。重点检查问卷访问时间和数据的时效性。

第二，问卷审核的方法。通常可以采取逻辑审核、计算审核、抽样审核等方法。

（1）逻辑审核。检查资料的内容是否合乎逻辑和常识，项目之间有无互相矛盾之处，与其他有关资料进行对照是否有明显出入等。

（2）计算审核。主要是针对数字资料进行的审核，检查计算方法和计算结果是否有误，数字的计量单位有无与规定不符的地方，前后的数字之间有无相互矛盾之处等。如中间数一般要小于或等于合计数，横行相加与纵列之和应相等或相吻合，否则就属于计算错误，应重新计算。

（3）抽样审核。指从全部调查资料中抽取一部分资料进行抽样检验，用以推断全部调查资料的准确程度，并修正调查结果的方法。

第三，问卷审核的步骤。主要有以下两个步骤：

（1）登记与编号。负责收集问卷的人员一般应事先设计好一定的表格，用于登记交付上来的问卷。表格上的项目一般包括调查员的姓名、调查地区、调查实施的时间、交付的日期、实发问卷数、未答或拒答问卷数、丢失问卷数、其他问卷数和合格问卷数等。

（2）复查审核。复查的比例一般为 10%—20% 不等。主要是对调查员是否存在作弊行为及调查是否严守程序进行核实，对调查员和被调查者的疏忽、遗漏、错误进行检查。这一过程一般由人工操作，审核内容主要包括几个方面：查实此人是否真正接受了调查；查实被调查者是否符合过滤条件；查实调查是否按规定的方式进行；查实问卷回答内容是否完整；查实开放式问题的答案是否真实合理。

第四，问卷审核的要点。

规定若干规则，使检查人员明确问卷完整到什么程度才可以接受。例如至少要完成多少，哪一部分是应该全部完成的，哪些缺失数据是可以容忍的等。

对于每份看似完成了的问卷都必须彻底检查，要检查每一页和每一部分，以确认调查员（或被调查者）是否按照指导语进行了调查（或回答）并将答案记录在了恰当的位置上。

经审核后的调查资料有不同的处理，接受基本正确、符合要求的调查资料；将问题较多的调查资料作废；对存在问题较少的调查资料，由调查人员采取适当措施，进行补充、完善后再采用。

2. 问卷的校订

首先要区分无效问卷与不满意的问卷。

无效问卷包括所回收的问卷是不完整的和存在重大、实质性错误的，如缺页或多页，大面积无回答、相当多问题无回答、几个部分无回答、只有开头部分回答（但在某些情况下，个别问题无回答或同一个问题相当多问卷无回答则有可能作为有效问卷）；调查对象不符合要求的；重大错误的回答；前后不一致的回答、答非所问、不必回答的问题回答了；答案选择高度雷同，大量调查对象的回答基本无差异，例如全部选择相同答案；问卷是在事先规定的截止日期以后回收的。

不满意的问卷包括模糊不清的，前后不一致或有明显错误、模棱两可的、不符合作答要求的问卷等。不满意问卷的处理方法主要包括重新调查、填充（如找一个中间值代替、用一个逻辑答案代替、删除处理）以及空缺等。

3. 缺失数据的处理

数据小量缺失的回答是可以容忍的，但如果缺失值的比例超过了 10% 就可能出现严重的问题，因此对缺失值要做适当处理。缺失值的处理方法主要有以下几种：

一是用一个样本统计量的值代替缺失值。最典型的做法是使用变量的平均值，例如对一个没有回答其收入的被调查者，用该被调查者所在的子样本的平均收入替代。

二是用一个统计模型计算出来的值代替缺失值。根据某些数据可以建立一种统计模型，如"产品使用程度"可能与"家庭规模""家庭收入"相关，利用回答了这三个问题的被调查者的数据可以构造一个回归方程，而对于某个没有回答"产品使用程度"的被调查者，只要其"家庭规模""家庭收入"已知，就可以通过该方程计算其值。

三是将有缺失值的个案整体删除。

四是将有缺失值的个案保留，仅在相应的分析中作必要的排除。

五是配对删除，不删除有缺失数据的个案，对每种计算只使用有完全回答的个案，在以下几种情况中是可行的：样本量比较大，缺失数据不多，变量间不是高度相关。

4. 编码

问卷的编码就是给各个问题及答案一个数值或符号作为它的代码，即将问卷中的答案转换成数字的过程，以便于录入和整理分析。应根据问卷中所含信息及预先设计好的编码规则，将每一个观察变量赋予相应的数值或符号。

第一，问卷编码要遵循以下规则。

（1）不重叠。每个答案对应的编码应当是唯一的，不能有重叠的情况。

（2）不遗漏。编码方案应涵盖所有可能的情况，不应当有任何遗漏。

（3）一致性。每个编码的含义对所有问卷都是一致的。

（4）符合常识。编码应符合日常认知习惯和使用规范。

（5）详略适宜。根据调查的需要确定编码的详细程度。

第二，问卷编码主要有事前编码、事后编码两种方式。

（1）事前编码。主要应用于封闭式问题和数字型开放题的编码，问卷以单选和多选题居多，这种编码方式相对比较简单，一般在设计问题的同时设计编码表。如果问题是多选式的，则每个备选答案都应该单独记录。

（2）事后编码。指一般针对答案类别事先无法确定问题的编码，在数据收集完成后，根据被调查者的回答设计编码表，主要应用于对开放式问题和封闭式问题的"其他"选项进行编码。它一般遵循以下步骤进行：列出所有答案；将所有有意义的答案列成频数分布表；从调研的目的出发，确定可以接受的分组数；根据拟定的分组数，对整理出来的答案进行挑选归并；为所确定的分组选择正式的描绘词汇；根据分组结果制订编码规则，进行编码。

编码方法主要采用以答案的顺序编码、以答案本身的数字编码、对于无回答的要特别编码等几种方法。编码应尽可能保持内容的翔实性，采取一一对应的原则，一些重要项目即使未在问卷中出现，也要进行编码。

事前编码举例：

对于这类问题，首先要编制编码明细表，以例说明。

（1）单选题：对单选题一般只需用一个变量，变量的值一般为选项号。

例：请问您乘坐的舱位是：

① 头等舱　② 公务舱　③ 经济舱

对该题可编码为：1-头等舱，2-公务舱，3-经济舱，9-无回答。

（2）多选题

在多选题中，可选 0 和 1 作为指示变量，如果被调查者选择了该答案，此变量的值为 1，否则为 0。

例：您选择本次航班的原因？（可以多选）

① 安全有保障　② 航班时刻适当　③ 服务好……⑩ 其他

对该题可编码为：1-是原因，0-不是原因

事后编码举例：

一是列出答案，即读取每个开放式问题的回答。

问题：为什么你喜欢喝 C 品牌的啤酒？

回答实例：

① 因为它口味好。

② 它具有最好的味道。

③ 我喜欢它的口味。

④ 我不喜欢其他啤酒太重的口味。

⑤ 它最便宜，价格因素。

⑥ 我买任何打折的啤酒，它大部分时间都打折。

⑦ 没有不适感。

⑧ 我总是选择这个品牌。

⑨ 我已经喝了 20 多年了，习惯了。

⑩ 它是大多数同事喝的品牌。

⑪ 我的所有朋友都喝它，朋友的影响。

⑫ 这是我妻子/丈夫最喜欢的牌子。

⑬ 我没有想过。

⑭ 不知道。

⑮ 没有特殊原因。

二是合并答案，即找出具有较多共性的答案并将其合并为一类。

三是设置编码，即确定该类别的数字编码。

回答类别描述	上表的回答	分配的数字编码
口味好/喜欢味道/比其他味道好	1，2，3，4	1
低/较低价格	5，6	2
不会引起头疼、胃不适	7	3
长时间喝，习惯了	8，9	4
朋友喝/受朋友影响	10，11	5
妻子/丈夫喝	12	6
不知道	13，14，15	7
其他		8

对含义相距甚远或频数较少答案并入"其他"项，给予编码如"8"。

四是选定编码，即在调查表的适当地方，注明每个回答的数字编码，例如：

问题：为什么你喜欢喝 C 品牌的啤酒？

回答：因为它更便宜。编码：2

第三，制作编码手册。编码手册是一份说明问卷中各个问题的答案与电脑数据文件中的字段、数码位数及数码之间一一对应关系的文件。通过制作编码手册，录入人员可根据编码手册的说明录入数据，研究人员或电脑程序员可根据编码手册拟定统计分析程序；研究者在阅读统计分析结果不清楚各种代码的意义时，可从编码手册中查阅。此外，编码手册还可帮助分析人员了解数据的结构，每个变量在数据集中的位置、含义和取值范围，从而有助于其正确使用和分析数据。

5. 数据录入

数据录入是指数据录入员根据编码的规则将编码数据通过键盘或者其他设备录入计算机内，以形成电子数据集。数据录入也可以通过机读卡、光学扫描等手段完成。

第一，数据录入的方式。主要包括计算机录入、手工键盘录入、光电录入等方式。

第二，为了提高录入质量，通常可采用以下方法：一是挑选工作认真负责、技术熟练的录入员；二是加强对录入人员的培训、监督、管理和指导；三是定期、不定期检查，淘汰不合格的录入人员；四是对录入的资料进行抽样复查；五是双机录入。

6. 调查资料的分组与汇总

第一，资料分组是指根据事物的内在特点和统计研究的需要，按一定的标准将所研究的事物或现象的资料区分为不同类型或组的一种整理资料的方法。它最基本的原则就是将不同性质的事物区别开来，将性质相同的事物联系起来，从而使我们能够认识事物的本质特征、内部结构以及现象之间的依存关系。

分组标志是指反映事物属性或特征的名称，它有品质标志和数量标志之分。品质标志是反映事物属性的标志，如调查对象的性别、文化程度、职业等。数量标志是反映事物数量特征的标志，如调查对象的年龄、工龄、收入等。

选择分组标志要遵循以下原则：

一是组数要适当，以便能真实地反映数据的差异。组数太少，可能会掩盖重要的信息；组数太多，又起不到分组的作用。

二是要使各组内的回答性质相同，答案相似，但各组之间的回答应有差别。

三是各组之间应是相互排斥的，且又包含了所有的情形，各组之间不能有重合部分，每一个答案只能放在唯一的组内，同时，各组又包含了所有可能出现的答案，不存在有一个答案找不到合适的组可归的情况。

根据所使用的分组标志的数量，可以将分组分为简单分组和复合分组两类。简单分组是对调查对象只按一个标志进行的分组；复合分组是用两个或两个以上的标志对调查对象进行的分组。根据所使用的分组标志的性质的不同，可将其分为按品质标志分组和按数量标志分组两类。按品质标志分组就是按事物的性质分组，按数量标志分组就是按事物的数量特征进行分组。按数量标志分组又可以分为单项式分组和组距式分组。当数量标志值的变化范围较小，而且标志值的项数不多时，可进行单项式分组，即可直接将每个标志值列为一组。当数量标志值的变动范围较大，标志值的项数又较多时，可将一些邻近的标志值合并为一组，以减少分组的数量。

第二，调查资料的汇总是根据调查研究的目的，将资料中的各种分散的数据汇聚起来，以集中的形式反映调查单位的总体状况以及调查总体的内部数量结构的一项工作。

资料的汇总分为总体汇总和分组汇总两类汇总方法。总体汇总是为了了解总体情况和总体发展趋势，分组汇总是为了了解总体内部的结构和差异。

二、调查资料的分析

（一）调查资料分析的含义、内容与意义

1. 含义

调查资料的分析是指根据调查的目的，运用多种分析方法对所收集整理的信息资料进行分析，通过综合、提炼、归纳、概括得出调查结论，进行对策研究，撰写调查报告的过程。调查资料是反映客观事实的，然而这些资料并不能直接显现一定的规律性，需要对其进行分析、总结，寻找客观事物发展的规律性，因此在调查收集资料的基础上，既要对资料进行静态分析，也要对资料进行动态分析，以达到调查研究的目的。

2. 内容

第一，背景分析。了解问题的由来和背景，把握分析研究的目的和方向。

第二，状态分析。描述和评价现象的各方面表现，概括现象的各种特征。

第三，因果分析。揭示影响事物变化的内因和外因。

第四，对策研究。针对调查结论及相关启示，提出解决问题的对策。

3. 意义

一是有利于提供简洁、清晰、明确化的信息，使调查研究人员能够进行科学的定量分析。

二是有利于掌握大量调查资料，方便数据资料的显示、储存和比较。

三是有利于增进对复杂社会现象的认识，找出其中内在的联系及其规律。

四是有利于准确地预测社会现象的发展变化趋势。

五是有助于调查研究人员避免"先入为主"的片面性，培养其思维和行动上的严密性和准确性。

（二）调查资料分析的具体方法

对调查资料的分析，从方法论角度，一般可分为定性分析与定量分析，且通常在实际分析过程中，要将这两种方法结合起来交替使用。定性分析与定量分析相互补充，相得益彰，处在统一的连续体中，定性分析为定量分析提供基础，定量分析的结果要通过定性分析来解释和理解。

1. 定性分析

定性分析是与定量分析相对而言的，是从事物的质的方面入手，利用经验判断、辩证思维、逻辑思维、创造性思维对事物质的规定性进行判断和推理，其结论是对事物的本质、趋势和规律的认识。它主要是界定事物的大小、变化的方向、发展的快慢、事物的优劣、态度的好坏、问题的性质等。

进行定性分析通常要遵循以下原则：坚持用正确的理论进行指导；分析要以调查资料为基础，并且分析出的结果必须用调查资料来验证；要从调查资料的全部事实出发，不能简单地从个别事实出发。其具体方法有：

（1）辩证思维法。运用唯物辩证法来认识问题、分析问题和阐述问题。

（2）逻辑思维法。利用逻辑推理的方法对事物的本质属性进行判断、推理和论证。

（3）创新思维法。利用独立性思维、求异性思维、交叉性思维、联动性思维和多向性思维等创新思维的方式对调查问题进行分析和思考。

（4）结构分析法。利用分组资料，通过分析各组成分的性质和结构，来判断和认识社会现象的本质属性和特征。

（5）比较判断法。将两个或两个以上同类现象或有关联的现象进行比较，确定它们之间的相同点和不同点以及关联性，进而判别事物的本质属性。

2. 定量分析

定量分析是指从事物的数量特征方面入手，运用一定的统计分析方法进行数量分析，从而挖掘事物的本质特征和规律性，即从数据对比中得出分析结论和启示。它主要有以下分类：

第一，按研究目的不同，分为描述性分析和解析性分析。

（1）描述性分析着重于描述和评价现象的规模、水平、结构、比率、速度、离散程度等基本数量特征。

（2）解析性分析着重于推断总体、解释数量关系、检验理论、挖掘数据中隐含的本质规律性。

第二，按涉及的变量多少分为单变量数据分析、双变量数据分析和多变量数据分析。

（1）单变量数据分析指通过对一个统计指标或变量进行计算分析，对其数量水平或其他特征进行概括，或对总体进行推断。

（2）双变量数据分析的目标是确定两个变量之间的相关性，测量它们之间的预测或解释的能力；测量的程度不同，使用的分析方法也不同。

（3）多变量数据分析指当统计资料中有多个变量（或称因素、指标）同时存在时采用的统计方法，是单变量分析的发展。

（三）单变量数据分析

单变量数据分析通常主要是描述性统计分析，这也是调查数据的基础性分析，主要用于描述和评价调查对象的数量特征和规律，主要包括以下三个方面的内容。

1. 数据的集中趋势分析

集中趋势是指总体中各单位数分布既有差异性又有趋中性，但客观上存在着一个具有实际经济意义的能够反映总体中各单位数量的一般水平的数值。

集中趋势分析指的是用一个典型值或代表值来反映一组数据的一般水平，或说明向这个典型值集中的情况。其意义在于说明在一定条件下某一社会现象数量的一般水平；估计或预测某一调查总体中各具体单位的数值；进行两组数据间的比较，以判断一组数据与另一组数据的数值差别；分析社会现象之间的依存关系。

反映数据集中趋势的常用指标主要有：

（1）平均数。算术平均数是用总体中各单位数值之和除以总体单位总数的商，又称均值或均数。

（2）众数。它是总体中各单位在某一标志上出现次数最多的变量值，也是测定数据集中趋势的一种方法，它克服了平均数指标会受到数据中极值影响的缺陷。

（3）中位数。它是总体中各单位按其在某一标志上数值的大小顺序排列时，居于中间位置的变量值，当数据为偶数个数时取中间两数的平均数。在某些情况下，用中位数反映现象的一般水平比算术平均数更具有代表性，尤其对于两极分化严重的数据。

（4）调和平均数。又称倒数平均数，是指各变量值倒数的算术平均数的倒数。它是集中趋势的测度值之一，是平均数的另一种表现形式，适合用于定比数据的分析，同样也容易受到极端值的影响。

（5）几何平均数。指 n 个变量值乘积的 n 次方根，适用于对比率数据进行平均，主要用于计算平均增长率与平均发展速度等。

2. 数据的离散趋势分析

离散趋势是指标志值在分布呈集中趋势的状态下，同时存在偏离分布中心的趋势。离散趋势通常通过全距、平均差、平均差系数、方差、标准差、离散系数等反映。

（1）全距。也称极差，是数据中的两个极端值的差，通常用符号 R 表示，一般来说，全距越大，值的代表性越小，根据全距的大小能说明标志值变动范围的大小。

其计算公式为：

全距＝最大标志值－最小标志值

根据组距数列求极差的计算公式为：

极差＝最高组上限－最低组下限

从全距的计算方法可知，全距只受最大值和最小值的影响，如果因特殊原因出现特别大或特别小的数值，全距就不能确切反映标志值真实的变异程度，因此它只是一个粗略的测量离散趋势的指标。

（2）平均差。或叫平均离差，是将离差绝对值的总和除以离差项数的结果。平均差数值的意义在于，平均差越大，反映各单位标志值的离散程度越大；反之，平均差越小，离散程度越小。

（3）平均差系数。平均差系数是将平均差除以相应的平均指标得到的数值。对比两个总体的变异程度时，如果它们的平均指标水平不同，或计量单位不同，就不能简单地将两个平均差进行对比，而平均差是一个相对数，能够用以比较指标水平不同或经济现象不同的总体的标志变异程度。

（4）方差与标准差。方差与标准差是幂的关系，前者是后者的平方。标准差的计算公式一般视数据的分组情况而定，可分为简单平均式和加权平均式，这两个指标反映了总体中所有单位标志值和平均数的离差关系，是测定数据离散程度的重要指标，其数值的大小与平均数代表性的大小呈负相关。

（5）离散系数。离散系数是为两组或两组以上数据间进行比较而设计的，是数据标准差与均值相比较而得到的相对值，是上述各种标志的变异度指标。对于不同情况下的两组或两组以上数据，直接用标准差进行离散程度的比较是不科学的，甚至还会得出相反的结论。常用的离散系数主要是标准差离散系数。

（6）频率。在数学统计中的频率是指在相同的条件下，进行了 n 次试验，在这 n 次试验中，事件 A 发生的次数 n（A）就称为事件 A 发生的频数。比值 n（A）/n 称为事件 A 发生的频率，并记为 fn（A）。

3. 数据的相对分析

调查分析中常用的相对指标，主要有结构相对指标、比较相对指标、比例相对指标和强度相对指标等四种。

（1）结构相对指标。结构相对指标＝（总体中部分数值除以总体全部数值）×100%。

（2）比较相对指标。它可以反映同类现象在同一时间、不同空间的差别程度，一般用倍数或百分数表示。

（3）比例相对指标。为了掌握社会经济现象总体内各组成部分之间数量的联系程度，需要把不同的部分进行对比。

（4）强度相对指标。指有密切联系的两种性质不同的总量值之比，它反映现象的强度、密度和普通程度。强度相对指标是一种特殊的相对数，一般采用复名数单位表示。

（四）双变量数据分析

1. 相关分析

相关关系是指一个变量与另一个变量之间存在着非严格的、不确定的依存关系，对其进行的分析就是相关分析。

2. 方差分析

方差分析用于两个及两个以上样本均数差别的显著性检验。其目的是通过数据分析找出对该事物有显著影响的因素、各因素之间的交互作用，以及显著影响因素的最佳水平等。

3. 交叉表分析

交叉表是一种以表格的形式同时描述两个或多个变量以及结果的统计方法，反映了变量的联合分布。交叉表分析的变量必须是离散变量。

（五）多变量数据分析

1. 多元相关分析

多元相关分析主要用于描述两个以上变量之间的相关程度。在多元相关分析中，简单相关系数可能无法真实地反映变量之间的相关性，因为变量之间的关系很复杂，它们可能受到不止一个变量的影响，这个时候偏相关系数是一个更好的选择。偏相关系数是在对其他变量的影响进行控制的条件下，衡量多个变量中某两个变量之间的线性相关程度的指标。在计算偏相关系数时，需要掌握多个变量的数据，一方面考虑多个变量之间可能产生的影响，另一方面又采用一定的方法控制其他变量，专门考察两个特定变量间的净相关关系。

2. 多元判别分析

多元判别分析是对事物进行归类，判别样本所属类型的一种多元统计方法。它是在已知研究对象分为若干类型（或组），并已经取得各种类型的样本观测数据基础上，根据某些准则建立起的尽可能把属于不同类型的数据区分开来的判别函数，然后用它们来判别未知类型的样本应该属于哪一类。

3. 聚类分析

聚类分析是一种建立分类的多元统计分析方法，又称群分析、类分析或归类分析，是指根据某种准则或其诸多特征，按照在性质上的亲疏程度在没有先验知识的情况下对个体（样本或变量）进行自动分类的一种多元统计分析方法。

4. 因子分析

因子分析是把多个变量转化为少数几个综合变量的多元分析方法。被描述的变量是可以观测的显变量，而综合变量是不可观测的潜变量。因子分析的基本思想是，将观测变量分类，将相关性较高的即联系比较紧密的变量放在同一类中，每一类的变量实际上隐含着一个综合变量；而不同类的变量之间则相关性较弱，即各个综合变量之间是不相关的。对于所研究的问题，可试图用最少个数的所谓因子的线性函数与特殊因子之和来描述原来观测的每一变量。因子分析具有以下特点：第一，因子变量的数量远小于原指标的数量，对因子变量的分析能够减少分析的工作量；第二，因子变量不是原有变量的简单取舍，而是对原有变量的重新组构，它们能够反映原有变量的绝大部分信息；第三，因子变量之间线性相关性较低；第四，因子变量具有命名解释性。因子分析可以消除指标间的信息重叠，抽象出事物的本质属性，不仅可以综合评价，还可以综合分析对其产生影响的主要因素。

（六）推断性统计分析

推断性统计分析主要分为两大类：

1. 参数估计。所谓参数估计，就是根据一个随机样本的统计值来估计总体是多少，包括点估计和区间估计。

2. 假设检验。它是首先假设总体的情况，然后以一个随机样本的统计值来检验这个假设是否正确。即要先构思总体情况，才进行抽样以分析样本的情况。

三、调查数据的描述

调查数据的描述就是将经过分析摘取出来的有关统计数据资料转变为让读者容易阅读的形式，通常用统计表和统计图进行描述。

（一）统计表的含义、作用、结构、种类和制作规则

1. 含义

统计表是运用最为广泛的数据描述形式，是利用简明的表格将一系列统计数据按照一定的次序和逻辑关系表达出来的方法，表现为对调查问项本身的不同选项或取值进行分组汇总的结果，以方便阅读、比较和计算。

2. 作用

第一，统计表是表达和运用统计资料的特有形式，是进行定量分析研究的基本方法。

第二，统计表可以使统计资料系统化、条理化、规范化、生动化。

第三，统计表可以清晰地显示社会经济的活动过程及其现象之间的复杂关系。

3. 结构

统计表的结构主要包括总标题、横标题、纵标题、指标数值等。

（1）总标题。它是统计表的名称，位于表的顶端中央，其作用是简要概括表中统计资料的主要内容，包括这些资料收集的时间和空间范围等。

（2）横标题。又称统计表的主词，是指统计表所要说明的对象，也即分组的名称或标志值，通常写在表的左边。

（3）纵标题。又称统计表的宾词，是指调查指标或统计指标的名称，通常写在表的最上面一行。

（4）指标数值。它是对资料进行统计整理的结果，是统计表的主体，一般有绝对数、相对数等。每一个数字都必须与横标题、纵标题对应。

4. 种类

统计表包括单向频次表和交叉分组表。在社会调查中，一般是以被调查者的人数为基数计算百分比的，因此对每一个问题作出每种可能回答的人的数量

频次或百分比进行统计的表称为单向频次表。

交叉分组表分析是同时将两个或两个以上具有有限类目数和确定值的变量按照一定顺序对应排列在一张表中，从中分析变量之间的相关关系，得出科学结论的技术。其种类又包括：

（1）单变量列表。即收集的数据只受一个变量的控制。

（2）双变量交叉列表。即每个单元格中的数字都同时受到两个变量的约束。

（3）三变量交叉列表。在实际研究中，双变量交叉列表对于某些信息不能准确分析时，就需要加入第三个变量，即三变量交叉列表。

5. 制作规则

统计表的制作应遵循科学、实用、简练、美观的原则，须注意以下问题：

（1）重点突出，主次分明，层次清楚，结构简单明了，符合逻辑。要能确切说明资料的时间、空间范围和基本内容。

（2）要合理安排统计表的结构，根据强调的问题，横标题和纵标题可以互换，但应使统计表的横竖比例恰当，避免出现过长或过宽的表格。

（3）统计表的格式一般是开口式的，即表的左右两端不封口，表中的上下两端一般用粗线，其余皆为细线。纵标题之间可用竖线分开，而横标题之间通常可不用横线隔开。

（4）若表的栏数（即宾词）较多，为了引用与说明时方便，应在栏目的下面一格对各栏目加以编号，主词栏可用甲、乙、丙、丁等文字标明；宾词栏可用（1）（2）（3）等数码标明。

（5）表内数据一般是右对齐；有小数点时应以小数点对齐，且小数点的位数应统一；当数字为零时，要填 0，表明不是漏填；当数字客观不存在时用"——"表示，缺项或因数字小可忽略不计时，可用"…"表示。

（6）凡需说明的文字一律在表的下方加上注释，如有间接资料，要特别注明资料来源。

（二）统计图的含义、要素、类型和制作规则

1. 含义

统计图是以统计资料为依据，借助几何图形、事物的形象和地图等形式将统计数据形象化，显示社会现象在规模、水平、构成、相互关系、发展变化趋势等方面的状况。统计图具有简明具体、形象生动、通俗易懂等特点，易于做

分析比较，也具有较强的吸引力和说服力，可以使读者一目了然且印象深刻。

2. 要素

统计图一般包括以下几个要素：

（1）标题：扼要说明资料的内容，必要时注明时间、地点，标题一般写在图形下面的正中位置。

（2）标目：纵横轴应有标目并注明单位，以说明纵、横轴所表示的事物或指标。

（3）尺度：纵轴尺度自上而下，横轴尺度自左而右，一般数字由小到大。同一图内的尺度一般不能改变。

（4）图线：图线应粗细适当，绘制时要准确，对不同事物应采用不同的线条（如不同颜色或实、虚线结合）来代表。

（5）图例：同一图内用不同的线条来表示不同事物时，应附图例说明。图例一般放在图域的右上角，或图域外方的适当位置。

（6）比例：图形横纵轴的比例应适当，一般以 5∶7 为宜，过大过小易造成错觉。

3. 类型

统计图有多种类型，应根据调查资料的具体情况，选择合适的图形。

第一，按图形表达分为散点图、条形图、曲线图、圆形图、方块图、柱形图、平面图和立体图等，常见的图形有以下几种。

（1）散点图：主要用于显示因变量（Y）与自变量（X）之间是否具有相关关系，以及相关关系的形式是直线相关还是曲线相关，是正相关还是负相关，通常以横轴代表自变量（X），纵轴代表因变量（Y）。

（2）直方图：以若干等宽的直方长条的长短来表示各组的频数或频率的大小，常用于表现组距数列的次数分布或频率分布。

（3）象形图：利用现象本身形象的简化来表述和分析统计资料。

（4）统计地图：在地图上用点、线、图来表述和分析统计资料，用来反映现象数量在地区上的分布状况。

（5）条形图：或称柱形图，是以若干宽度相等的平行条形的高低或长短来表示调查数据资料的图形。它可以用来表示事物的大小、内部结构或动态变动等情况。

（6）圆形图：又称饼图，它是以圆形面积的大小或圆内扇形面积的大小来表示事物的大小和事物内部各部分所占比重的图形。它的作用主要是显示事物内部的构成状况。

（7）折线图：用直线段依次连接各散点而形成的升降起伏的折线来表示被研究现象的变动情况以及发展趋势的图形。

第二，按变量关系分为比较图、结构图、动态图、进度图、相关图、分配图、面积图、地区分布图等。

（1）比较图：反映现象数量在不同时空条件下的对比关系。

（2）结构图：反映总体中各部分之间以及各部分与总体的数量结构关系。

（3）动态图：反映与时间相关的事物随时间的变化而变化的状况。

（4）进度图：反映计划的执行情况或进度。

（5）相关图：反映现象数量间的相互依存关系。

（6）分配图：反映总体中各单位分组分配状况。

（7）面积图：用于描述几种状态之间的对比。

（8）地区分布图：反映现象数量在地区上的分布状况。

4．制作规则

制作统计图的过程中应遵循以下规则。

（1）明确制图目的，根据统计资料的性质和特点，突出重点，选择合适的统计图形。

（2）说明图内容的标题位于图下方，必要时注明时间与地点。

（3）统计图的设计和绘制要坚持科学性与艺术性，简明扼要，通俗易懂，图形布局合理。

（4）图示资料应完整、准确，图题简明。

（5）统计图的坐标与尺度应科学合理。

（6）作图时最好使用不同颜色，并使用文字说明，颜色的选择要有逻辑性，突出重要的部分。

（7）一般应说明数据的来源。

第五章　思政实践的志愿服务

党的十九届五中全会审议并通过的"十四五"规划建议明确提出了要"健全志愿服务体系""广泛开展志愿服务关爱行动""畅通和规范市场主体、新社会阶层、社会工作者和志愿者等参与社会治理的途径"等要求，将推动志愿服务事业的发展提升到了新的时代高度。志愿服务是高校思想政治理论课实践教学的重要组成部分，已成为高校开展思想政治工作的重要手段和基本途径。对于新时代高校开展思想政治理论课实践教学而言，需要强化志愿服务在高校思想政治理论课实践教学中的特殊功能。大学生参与志愿服务不仅是完成规定的思想政治理论课实践教学任务的需要，还是大学生了解、认识社会的重要窗口。

第一节　志愿服务的一般规定

一、志愿服务的含义

"志愿服务"是人类社会发展到较高阶段之后出现的现象。在西方，志愿者是在职业之外，不为任何私人利益、物质报酬或法律强制驱使，为改进社会、提供福利而付出努力的人们。[①] 在国内，一般认为志愿者是不为物质报酬，基于良知、信任和责任，志愿为社会和他人提供服务和帮助的个人或群体。在不同的地方，志愿者的称谓有所不同，有的地方称为"志愿者"，有的地方称为"义工"。当前，志愿者已成为社会现实生活中的一支重要力量。

志愿服务是与志愿者的活动紧密关联的行为。具体来说，志愿服务是指从事志愿活动的人们利用自己的时间、自己的技能、自己的善意，为他人提供无偿服务的行为。从国际的角度来看，志愿服务包括跨越国境的志愿服务，主要指的是国际性的志愿服务活动。从国内的角度来看，志愿服务包括不同地方之间的志愿服务、特定地域范围内的志愿服务等。志愿服务为促进人类社会进步作出了重要贡献，增进了不同文化背景、不同地域范围的人们之间的相互了

---

① 参见本书编写组编著：《社区志愿者手册》，中国社会出版社 2010 年版，第 3 页。

解，加强了国际合作，突出地表现在非政府组织、专业协会和其他民间活动中，其在当代社会中的重要性日益凸显。在我国，志愿服务是伴随改革开放的步伐产生的新事物，20世纪80年代后期我国开始推动志愿者组织建设，20世纪90年代发起了"中国志愿者行动"。总体上来看，志愿服务是一项重要的社会公益事业，在弥补政府资源不足、维护社会安全稳定、服务经济建设和社会道德建构等方面发挥了积极作用。

二、志愿服务的意义

志愿服务的重要价值不言而喻，对于当代大学生而言，开展志愿服务活动具有重要的意义。

一是有助于增进大学生对社会的认识和了解。在高校思想政治理论课实践教学过程中开展大学生志愿服务活动，有助于使大学生真正融入社会，亲自参与到社会实践中去，亲身体验社会，能够帮助大学生正确地、全面地认识和了解现实，有助于增进大学生参与社会实践的热情，有助于大学生形成正确的世界观、人生观和价值观。

二是有助于促进社会的和谐与进步。志愿服务工作提供了志愿者与服务对象进行交流和相互帮助的机会，加强了人与人之间的联系，降低了彼此之间的陌生感和疏离感，有助于促进社会的和谐。此外，社会进步离不开人们的共同努力，志愿服务工作的目标之一就是鼓励越来越多的人投身社会服务行列，因此志愿服务对促进社会进步具有积极作用。

三是有助于在奉献社会的过程中增进大学生的才干。奉献社会是每一位公民应尽的责任和义务。大学生通过志愿服务活动不仅能够奉献社会，还能够在志愿服务活动过程中培养自己的组织能力、实践能力、领导能力，学习新的知识，增强自信心，对于大学生的成长成才具有十分重要的作用。

三、志愿服务的特征

志愿服务的特征主要包括如下几个方面。

第一，志愿性。志愿性是指志愿服务活动是志愿服务主体根据自身的意愿主动发起的，是否参加志愿活动、以何种方式参加志愿活动、何时参加志愿活动等，都是由志愿服务主体决定的。尽管在现实中，参加志愿活动可能会受到他人或社会的影响，但是从根本上来说，志愿活动是志愿者的主动选择。如果志愿活动不是主体自愿参加的，就不能称之为志愿活动。

第二，无偿性。无偿性指的是志愿者参加志愿活动是没有报酬的，甚至还有可能出现由志愿者自行出资的情况。志愿活动即便不是完全不收取费用，但是通常只收取成本费，没有成本之外的收益。因此，志愿活动不同于其他以营利为目的的社会活动，是无偿提供的服务活动。

第三，公益性。公益性是志愿服务社会价值的集中体现。公共福利和社会公益是志愿服务的基本价值取向。公益性是志愿者在志愿服务活动中通过利他的方式帮助他人或社会所体现出来的社会价值。志愿服务的公益性并不意味着志愿者从事志愿活动就是完全的给予，在服务他人和社会的同时，志愿者个人在精神生活、实际能力和社会声誉等方面也会得到提升。实际上，志愿者在志愿服务过程中，实现了个人价值和社会价值的有机统一。

第四，组织性。就其实质而言，志愿服务活动是一种建立在人与人之间的社会关系，志愿者只有在服务他人或社会的过程中，才能彰显志愿精神。因而志愿服务活动不是私人领域的活动，而是在社会公共空间内或特定的群体中进行的利他性活动。这就意味着，志愿服务活动是面向社会的有组织的、公开的社会性活动，而不同于亲友、邻里之间的互助，是具有组织性的社会性行为。

第二节　志愿者的基本类型与价值

一、志愿者的基本类型

海德里希提出志愿者角色主要包括领导者、直接服务者、一般支持者、赞助会员等，相应地，他认为志愿者有兴趣从事的领导岗位，包括业务主管、理事、委员会主席、项目负责人以及筹款人员，就是相应的志愿者角色。[①] 由于志愿者组织和类型众多，按照不同的标准可以将志愿者划分为不同的类型。

第一，按是否登记可划分为正式志愿者和非正式志愿者。

正式志愿者是指在相关部门正式注册登记，并进行组织管理和有特定工作目标的志愿者。非正式志愿者一般比较随意，通常是为社区、村落、邻里提供

[①]　参见高健主编：《志愿者基础理论》，南京出版社 2020 年版，第 8 页。

志愿服务的志愿者。因此，正式志愿者相比非正式志愿者来说，具有更强的组织性，对其的管理更加规范。

第二，按时间可划分为定时性志愿者和临时性志愿者。

定时性志愿者指按照事先约定的时间，定时地向服务对象提供志愿服务的志愿者，如公益组织根据事先的安排，每年定时地向特定对象提供志愿帮扶的服务活动。定时性志愿者的服务对象通常较固定，服务的内容明确，服务的范围固定。临时性志愿者指根据工作需要临时地就特定的事项、特定的群体进行志愿服务活动的志愿者。与定时性志愿者不同，临时性志愿者通常流动性较高，不固定，服务的内容变化较大，服务的对象和服务的范围也不是固定的，随意性较高。

第三，按照志愿服务所需要的专业技能，可将志愿者分为专业志愿者和非专业志愿者。

专业志愿者是指在履行志愿服务职责的过程中具备一定专业技能的特殊志愿群体。在具体的志愿服务活动中，专业志愿者的服务内容主要包括陪同贵宾及语言服务、媒体运行、安全检查、医疗服务、技术支持、车辆驾驶等。非专业志愿者是指志愿者在履行服务活动时不需要太多的专业技能，只需要良好的服务素质和志愿精神即可。

第四，按照服务的内容可分为消防志愿者、抗震救灾志愿者、社区志愿者、环保志愿者等。

消防志愿者是专门从事消防活动的志愿群体。抗震救灾志愿者是在发生地震、滑坡、泥石流、水灾、雪灾、火灾等自然灾害或人为灾难的时候，以救死扶伤、降低损失、减少损害为主要目的的志愿群体。社区志愿者是在社区生活中自主地参与到社区服务活动中的志愿群体。环保志愿者是以从事环境保护为主要目的的志愿群体。

第五，按照志愿者的来源，可分为校园志愿者和社会志愿者等。

校园志愿者主要是指大中小学校园内各种志愿者组织的构成人员。校园志愿者受一定的地域限制，是指来自校园的从事志愿活动的群体，而社会志愿者是指主要来自企事业单位、社会组织、社会群体等非学校组织的志愿者。

二、志愿者的价值

随着社会的不断发展和进步，志愿服务在现代社会中的地位和作用越来越重要，已成为社会和谐发展和有序运转不可或缺的重要组成部分。尤其是在突发性公共事件和重大社会活动中，志愿者往往能够弥补行政管理部门的人力不足，承担起部分行政管理部门无法及时、有效处置的工作。志愿者以自身的责任感和使命感为社会提供了扎实有效的服务，成为帮助人们解决问题、传播正能量的中坚力量。

其一，精神价值。志愿服务活动不是以追求物质财富为目的，而是以奉献他人和社会，实现人生价值为目的。志愿者有着崇高的精神价值追求，是超越物质追求的。对于志愿者而言，通过志愿服务活动，其奉献精神得到了极大的彰显，社会责任感和社会责任心进一步增强。对于部分服务对象而言，通过志愿者的亲切关怀和鼓励，能有效地帮助他们减轻或降低自卑感、疏远感，增强社会认同感和归属感。大学生作为志愿服务活动的主力军，在课余时间参加志愿服务活动，不仅能够增进对社会、对他人的了解，还能够在志愿服务过程中增长自己的才干，提升自己解决问题的能力，享受精神的快乐，这既是新时代高校思想政治教育工作的重要方面，也是培养德智体美劳全面发展的社会主义建设者和接班人的内在要求。

其二，社会价值。志愿精神作为一种自愿的、不求私利为他人和社会提供服务的崇高价值理念，是衡量一个社会文明程度的重要标志。它凝聚着对社会、生命负责的道德力量和精神力量，是推动社会进步的重要动力，也是深化社会主义和谐社会建设和践行社会主义核心价值观的重要精神感召。志愿者的社会价值主要体现在扶贫济困、扶弱救残等方面。志愿者在开展志愿服务过程中，能够增进对社会的了解，加强人与人之间的交流，对现实中出现的许多棘手社会问题的解决大有裨益。志愿服务的社会价值主要体现在它所发挥的社会作用方面，如抢险救灾、心理疏导、社区文化建设等。

其三，经济价值。志愿者通过提供无偿的志愿服务，能够为相关组织机构节约大量的成本，尤其是在大型社会性活动中，需要大量的人力资源。如果没有志愿者的广泛参与，就需要花费巨大的成本。因此，对于大型的社会性活动而言，志愿服务是节约成本的重要方式。以 2008 年北京夏季奥运会为例，奥运会共计招募赛会志愿者 74615 名。高质量、无偿性服务的志愿者为奥组委节约了巨大的运营资金，根据国家相关部门的统计数据显示，志愿者为北京奥运会至少节约了 10 亿美元的资金。这充分表明了，志愿服务活动所蕴含的巨大社会经济价值。

第三节　志愿服务的原则与技巧

一、志愿服务的基本原则

志愿服务不同于一般意义上的助人为乐，有其特定的服务方式、服务范围和服务对象，在开展志愿服务的过程中必须坚持一些基本的服务原则。

第一，自愿原则。志愿服务是志愿者主动发起的，而不是志愿者被动接受的。因此，任何强迫进行的服务都不能称为志愿服务。自愿原则是志愿服务的基本原则之一。在志愿服务活动中，每个志愿者都是在没有外界的强迫压力下进行的，如果志愿服务是在外界的强迫下进行的，其意义和效果就会大打折扣，也不符合志愿服务的初衷。

第二，公益至上原则。志愿服务的目的是通过自身的力量去帮助需要帮助的人，因而志愿服务不能被当作为了达成特定目标的手段和渠道。尽管在志愿服务活动中，可以获取为开展志愿活动而付出的成本，但是不应该以获取回报为目的。一旦决定，即便在开展志愿服务的过程中没有任何回报，也应坚持服务。总体上来看，在志愿服务中，志愿者必须坚持公益至上原则。

第三，非牺牲性原则。非牺牲性原则指志愿者在开展志愿服务时，应根据自己所能提供的资源和服务对服务对象进行服务，而不应以牺牲自己的根本利益和自己的基本生活为代价。尽管志愿者在开展志愿服务时能够选择牺牲自己的根本利益，但是这必须是基于志愿者的自愿，而不应是在外界强迫下进行的。志愿者通过志愿服务实现自身的价值而不牺牲自己的根本利益，才是志愿活动具有持久生命力的关键所在。

第四，量力而行原则。量力而行原则要求志愿者在做事情时要根据自身的能力、财力允许的程度来进行。就志愿服务而言，一定要在志愿者自身能力允许的范围之内进行，否则就会导致主观愿望与客观实际之间的疏离。从根本上来说，志愿服务活动中的量力而行原则就是要坚持实事求是原则，什么样的事情可做，什么样的事情不可做，什么样的事情现在可做，什么样的事情将来可做等，都需要志愿者量力而行。无论从事何种志愿活动的志愿者，都必须在自身能力范围之内开展志愿服务活动，否则就会给志愿者带来不必要的困难，也违背了志愿服务活动的初衷。

第五，效率原则。志愿服务作为一种社会资源，也具有稀缺性的特点，并非所有地区、所有行业、所有领域都有志愿服务。此外，志愿者也有自己的生活、工作和学习。因此，在开展志愿服务过程中，需要重视效率问题。志愿服务活动不应只看行动本身，还要着眼于行动的结果，要充分衡量志愿活动的投入与志愿服务的产出之间的关系，寻求投入与产出的最优解。

第六，安全性原则。作为一种自愿开展的服务性活动，志愿服务不应以造成志愿者的财产损失，甚至牺牲志愿者的生命为代价。在开展志愿活动时，志愿者首先需要将自身的生命安全放在首位。志愿活动的组织者在组织志愿服务时也应当将安全问题作为首要问题加以考虑，认真评估志愿活动的安全性，制订相应的应急预案，开展安全教育，不能将志愿者置于危险的境地。志愿者在开展志愿活动的过程中也要严格遵守各项规章制度，严格遵守志愿服务活动的安全规则与安全纪律。

第七，尊重、宽容和包容原则。从志愿服务主体的角度来看，作为一项公益性服务活动，志愿者在开展志愿服务的过程中不应当将自身的意志、主张强加给服务对象，而是要尊重服务对象的风俗习惯、生活方式等。从志愿服务对象的角度看，应当充分尊重志愿者的劳动，充分理解志愿者的艰辛付出，对志愿服务活动中出现的问题或不足应理性看待，不能因志愿服务过程中出现了瑕疵就对志愿服务活动进行否定，更不能对志愿者提出过于严苛的要求。

二、志愿服务的基本技巧

志愿服务与其他社会性活动一样，也有一定的技巧。志愿服务的技巧主要表现在志愿者如何利用策略和方法更好地实现志愿服务的初衷方面。在开展志愿服务的过程中，技巧对于志愿者更好地达成志愿服务的目标具有重要的作用。

（一）志愿服务的应变技巧

社会实践的复杂性和多变性决定了志愿服务活动可能面临着许多突发情况和突发事件，处理起来往往比较棘手。因此，在志愿服务过程中，除需要志愿者具备服务的一些基本素质外，还需要志愿者具备一定的应变技巧。

1. 志愿者应变技能培训。在开展志愿服务活动前，志愿服务的组织者或主办方通常会开展系列的志愿服务培训，以提高志愿者的技能。因此，作为志愿者来说，一定要高度重视志愿服务活动开展前进行的志愿服务培训。通常来说，志愿服务培训一般会涉及志愿服务过程中可能面临的突发事件的应急处置技能问题。对志愿者而言，这方面的培训是提升自己应变技能的重要方式。

2. 积极学习先进经验和典型案例。志愿服务在人类历史上由来已久，也积累了许许多多关于志愿活动突发事件应变处置的先进经验和典型案例。对于刚开始从事志愿服务活动的志愿者来说，需要积极地通过网络、书籍等向志愿服务活动中的先进做法学习，以提升自己的应变处置技能。此外，也需要向身边有经验的志愿者学习和请教，他们可以以"现身说法"的方式传授相关的技能和消除刚从事志愿服务活动的志愿者的紧张心理。

3. 根据具体的情形临场发挥。一般来说，志愿服务活动面临的突发性事件都有其特定的发生场景，具有自身的特殊性。可以说，没有任何两种志愿服务场景中发生的突发性事件是一模一样的。所以，在处置志愿服务活动过程中的突发性事件时不能犯经验主义错误，而是要根据突发事件本身的性质、特点采取针对性的解决策略。这就决定了临场发挥对于处置志愿服务活动中的突发性事件具有重要作用。对此，需要做到以下两点。一是保持镇定，冷静思考对策。如果在突发性事件发生时，从事志愿活动的主体首先就手忙脚乱，不仅无助于突发性事件的解决，还有可能产生系列次生性问题。因而，志愿者在处置突发性事件的过程中，必须要保持镇定。二是随机应变，寻求最优方案。面对突发性事件，志愿服务主体要充分发挥主观能动性，集思广益，寻找最优的解决方案或解决策略。不能因为一时打不开思路，就陷入思维的死胡同中，更不能因此而气馁，要正视出现的困难，运用自己的聪明才智寻找解决问题的办法。

（二）志愿服务的沟通技巧

1. 沟通前的心理准备

就其实质而言，沟通的过程是通过人与人之间的语言交流、情感交流最终达成认识共鸣的过程。在任何沟通进行之前，都有一个心理准备过程。如果志愿者具备良好的心理素质，调整好心理状态，那就可以较好地与他人进行沟通，促进志愿服务工作的顺利完成。如果志愿者不具备较好的心理素质，甚至出现心理紧张的状态，那就不可能与他人进行较好的沟通。[1] 因此，志愿者沟

---

[1]　参见高健主编：《志愿者基础理论》，南京出版社2020年版，第27页。

通前的心理准备对于志愿者树立积极、健康的心理，克服心理障碍至关重要。

第一，克服沟通中可能出现的自卑心理。在志愿服务沟通中，究竟如何克服自卑心理呢？一方面，需要正确地认识和评价自己。正确地认识和评价自己是战胜自卑心理的前提。现实中出现的许多自卑现象，从根本上来说都是因不能正确地认识和评价自己造成的。因此，克服沟通中的自卑心理需要对自己的优点和缺点有正确的认识，从小事做起，逐步找回自信。另一方面，要勇敢地面对自己的缺陷或不足，正确对待自己面临的挫折。从心理学的角度来看，正确的态度是承认和接受事实，接纳自我的前提。有了正确的态度，就可以有效地克服自卑的心理。

第二，克服因沟通不畅产生的急躁心理。在志愿者做社会服务工作时，难免会遇到各种各样的服务对象。有些服务对象，志愿者可以毫无障碍地与其进行沟通，但与有些对象沟通起来就会比较困难。在与一些沟通起来较为困难的对象进行沟通时，往往会出现急躁的心理。克服沟通过程中的急躁心理需要做到如下几个方面。首先，要充分认识到急躁心理的危害。只有充分认识到急躁心理可能产生的危害，才有可能克服它。[1] 在开展志愿服务时，如果志愿者在沟通中出现急躁心理，就可能给服务对象留下不好的印象，进而对志愿者的形象造成损害。因此，面对此种情形，一定要三思而后行。其次，要有克服急躁心理的决心和信心。任何事情都不可能完全按照预期的方向发展，也不可能完全顺遂人意。在很多时候，急躁不但无助于问题的解决，而且可能会带来消极的后果。因此，必须要坚定信念，有效地克服急躁的心理。

2. 善用肢体语言

肢体语言是一种无声的语言，能够有效地补充有声语言。如果肢体语言能够运用得当，必然会对人们之间的沟通锦上添花，有助于使沟通达到更好的效果。

第一，手势方面的技巧。手势是口头语言表达的辅助，也是传递信息的重要渠道。在交流的过程中，往往能够通过手势判断对方的意图。志愿者在开展志愿服务活动时，也可以通过观察对方的手势掌握其心理意图，或利用手势更好地表达自己的想法，使沟通更加便捷和有效。不同的手势代表着不同的意思或意图，通常来说，敞开手掌意味着真诚，掌心向上代表着诚实，掌心向下代

---

① 参见高健主编：《志愿者基础理论》，南京出版社 2020 年版，第 28 页。

表着压制和强制等。在志愿服务活动中，应适时敞开手掌，以显示自己对服务对象的真诚，这样更容易得到服务对象的认可和接纳。

第二，眼神的技巧。俗话说，眼睛是心灵的窗户。通过一个人的眼神往往能够判断对方的内心。在现实生活中，与陌生人打交道时，首先看的就是陌生人的眼神，通过眼神判断其是否真诚，是否值得交往。判断一个人是否撒谎，也可以通过观察其眼神。对于志愿服务活动而言，需要善于观察志愿服务对象的眼神，要善于观其行、观其色，学会"察言观色"。

第三，微笑的技巧。一个人的笑容能够消除彼此之间的隔阂，能够降低陌生人之间的疏离感。微笑能够给人留下容易打交道、容易接近的印象。善于沟通的人通常也是善于微笑的人。在志愿服务活动中，脸上保持微笑有助于使志愿服务活动在一个轻松、愉快的氛围中展开，同时也向外界展示出了志愿者良好的形象。然而，微笑需要建立在良好的心态基础之上。如果志愿者心情舒畅，那么微笑也就比较自然；如果志愿者的心情比较低落，那么微笑自然也就比较僵硬，会使服务对象感到不自然。因此，在开展志愿服务时，志愿者应调整好自己的心态，以一种轻松、愉快、开心的心情去从事服务，要将自己的不愉快、不开心抛之脑后，这样才能更好发挥微笑在志愿服务中的作用。

3. 有效化解沟通中存在的矛盾

矛盾无时不在、无处不有，世间的万事万物都充满了矛盾，在志愿服务活动中同样如此。然而，矛盾的普遍存在并不意味着我们就放弃志愿服务活动，而是要学会有效地处理矛盾、化解矛盾。如果不正确处理志愿服务活动中存在的矛盾，就会影响志愿服务活动的开展。

首先，要勇于承认自己的错误。常言道："人非圣贤，孰能无过。"任何人都难以避免犯错误，但是不能因为偶尔犯错误，就进行自我否定。当我们犯了错误之后，要认识到错误的危害性及其后果，要勇于承担责任。如果出现错误之后只是责备他人以撇清责任，那么不但不能有效解决问题，而且会错上加错，造成更加严重的后果。从根本上来说，要做好志愿服务工作，就必须要勇于承担错误，勇于承担责任，这是做好志愿服务工作的重要方面。

其次，要允许对方适当发泄。如果在志愿服务活动过程中因沟通不畅发生了矛盾，并且主要责任在志愿者一方，那么，就要学会容忍，就要允许对方适当地发泄心中的不满。作为志愿者，当遇到此类问题时，要懂得通过允许对方适当发泄的方式来缓解紧张局面，切忌以怒制怒，这样才有利于解决问题。

最后，用幽默化解尴尬。幽默是一门艺术，通过幽默的方式有时能够瞬间扫清尴尬的局面。幽默能给人以轻松愉快的感受，有助于矛盾的化解。对于开展志愿服务活动而言，要善于运用幽默的语言来消除与志愿服务对象之间的隔阂。

4. 进行高效的沟通

第一，要耐心倾听对象的诉说。由于不同的人在性格方面存在差异，有的人天生喜欢与人交谈，往往在沟通过程中滔滔不绝，不顾别人的感受，甚至也不给对象讲话的机会，这是志愿服务活动所忌讳的。在开展志愿服务时，要认真、耐心地听对象讲话，即便对方的表达缺乏逻辑性，抑或对方的表达较为繁琐时，也要认真地倾听下去，切不可将自己的烦躁情绪表露出来。

第二，及时给予对方回应。在倾听对象讲话时，要时不时地用语言或非语言的方式向对象表示自己正在认真听其诉说。这样，能够使对方感受到志愿者对其讲话的重视和尊重，并且领会了讲话者的意思。在有的时候，对象在谈话的过程当中会有意或无意地透露自己的想法，这时志愿者要及时地抓住对象所要表达的内容和说话的企图给予回应，让志愿服务对象能够获得比较满意的回应。有时候，也需借助肢体动作和眼神向对象传递所要表达的信息。

第三，适时适度地提问。交流沟通的过程是互动的过程，需要交谈双方进行有效的互动，而提问就是最有效的互动方式之一。交流沟通的目的是要知道对方知道什么、想知道什么、想要什么，通过提问的方式能及时地获取这些信息。然而，提问的方式要恰当、提问的内容要与双方交谈的话题相关，否则就会适得其反。在交谈过程中，遇到未能理解的问题时，应在对方充分表达的基础之上再进行提问，而不是随时打断对方讲话，这样不但是不礼貌的行为，而且还会导致对方表达的中断，有可能遗漏重要的信息。

第四，学会赞美对方。志愿者在与志愿服务对象沟通过程中，要适时地学会赞美对方。这样，可以使双方之间拉近距离，建立起好印象。然而，如何有效地赞美对方呢？一是赞美要有针对性。在志愿服务中，不能时时刻刻都在赞美对方，如若此，就会让对方觉得赞美比较虚伪。正确的做法是，要从具体的事件入手，在事件中发掘对方的长处和优点，不失时机地进行赞美。二是赞美对方时要真情实意。现实中，并非所有的赞美都能得到对方的回应，能引起对方好感的赞美往往是那些基于事实并发自内心的赞美，否则，就会适得其反。

第五，学会闲谈。闲谈能够拉近志愿者与服务对象之间的距离，增进彼此的信任感，为志愿服务活动的开展打下基础。在闲谈时要有一定针对性，选择较好的闲谈话题。需要注意的是，闲谈对象不同，闲谈的话题也要有所区别。如与年轻人进行闲谈时可选择衣着时尚、美食美味等方面的话题；与老人交谈时可选择养生之道、人生哲理等方面的话题。因此，闲谈并不意味着真正的"闲"。

（三）志愿服务的合作技巧

在某种意义上可以说，志愿服务是一项合作性的工作，因为任何志愿服务活动都不可能是个体单独开展的，必然会涉及志愿者组织、志愿服务对象以及志愿服务中介等多个行为体。只有个体与团队之间精诚合作，志愿服务活动才能够有效开展。这就要求志愿者在志愿服务活动中必须要与他者进行合作。

其一，相互信任是彼此合作的前提。福山曾指出："共同体是基于互相信任之上的，缺了信任，共同体不可能自发生成。"[①] 信任是人与人之间进行合作的前提。如果没有信任，合作也就无从谈起。尤斯拉纳也指出："信任他人是基于一种基础性的伦理假设。"[②] 就其实质而言，信任是主体对客体进行的主观判断和情感认同。在志愿服务活动中，如果志愿者组织内部成员之间彼此互不信任，就会影响整个志愿工作的进行。对于志愿者组织来说，在志愿者成员之间建立信任是志愿者组织有效运转的基础。然而，由于志愿者组织内部成员不是固定的，而是处于不断的流动之中，不断有新鲜血液加入，因此，在新成员与老成员之间必然会存在短时期的陌生感。针对此种现象，需要志愿者组织搭建平台和创造机会使新成员与老成员之间充分交流，不断增强彼此的信任感。

其二，共同的目标是志愿服务合作的灵魂。在志愿服务活动中，不仅涉及某一志愿者组织内部的合作，还涉及志愿者组织与志愿者组织之间的合作。因此，共同的目标在合作中的作用就显得尤为重要。通常情况下，当某个志愿者组织不能提供充足的人力、物力、财力去完成一项任务的时候，就需要得到其他志愿者组织的援助。当两个或多个志愿者组织一起参加同一项志愿服务时，

---

① ［美］弗朗西斯·福山：《信任：社会美德与创造经济繁荣》，郭华译，广西师范大学出版社 2016 年版，第 28 页。

② ［美］埃里克·尤斯拉纳：《信任的道德基础》，张敦敏译，中国社会科学出版社 2006 年版，第 2 页。

它们的目标就趋同了。在此情形下，相互团结、为共同目标而奋斗就成为合作的基础。

第四节　志愿服务的组织和实施

志愿服务活动作为一项有组织的社会性行为，不是单个志愿者根据自身的想法或意图进行即可，而是需要遵循一定的组织和实施步骤。在志愿服务活动开展之前，需要做大量的前期准备工作。具体来说，主要包括如下几方面的内容。

一、志愿者的招募与选拔

对于志愿服务活动而言，首先需要招募和选拔一定数量的志愿者，再由志愿者负责实施具体的志愿活动。因此，志愿者的招募和选拔就成为志愿服务活动的基础和前提，也就是通常所说的"不打无准备之仗"。那么，究竟应当如何招募和选拔志愿者呢？

（一）确定招募和选拔的目标

第一，评估服务对象的需要。策划志愿服务，除了要根据志愿者组织的计划和宗旨来制定目标之外，还需要明确为谁服务、为何服务，这是志愿服务的基本前提。对志愿者组织的领导者和管理者而言，首先必须知晓志愿服务对象喜欢什么，不喜欢什么，想要什么，不想要什么。通常，一个好的评估能够提高志愿者组织、志愿者、志愿服务对象之间的了解程度[1]，根据志愿服务对象的需要或需求选拔相应的志愿者，有助于提高志愿服务活动的质量。

第二，设定志愿者岗位。志愿者岗位的设定必须与目标和项目计划相协调，必须使志愿者组织、志愿者和服务对象都受益，从而使招募目标与服务要求相配合，以达到最佳效果。[2] 如果志愿者岗位的设定与志愿服务项目的目标相违背，就会将志愿者引入与其本来意图存在偏差的方向。因此，在志愿者岗位的设置过程中，应当根据工作范围、工作范畴、工作性质、工作内容和工作

---

[1]　参见高健主编：《志愿者基础理论》，南京出版社 2020 年版，第 147—148 页。

[2]　参见高健主编：《志愿者基础理论》，南京出版社 2020 年版，第 148 页。

条件等设置不同的岗位，选拔适合的人才，并进行合理分工，这样才能够最大限度地发挥志愿服务活动的功效。

（二）招募前的准备工作

1. 基本物资和人员装备。在志愿者招募工作正式开始之前，需要做好基本物资、人员装备等方面的准备工作。具体包括如下内容：

（1）人员需求清单。主要包括招募人员的工作方向，各个方向的志愿者人数需求量，具体的应聘资格等。

（2）招募信息发布的时间和渠道。志愿者招募信息在什么时间、通过什么方式发布等，都需要精心设计和安排。一般来说，主要有内部公告和外部公告两种渠道。内部公告主要面向组织内部成员，这种渠道反馈速度快、花费较少，但只适合少量的志愿者选聘。外部公告的覆盖面较广，能够吸引大量的志愿者，但是这种渠道成本较高，花费的时间较长。由此可见，不同的招募方式有各自的优缺点。

（3）招募工作组人员。招募工作组人员时要确定人员的姓名、职务、各自的职责等。招募工作组的人员结构要合理，一般包括志愿项目负责人、各部门的主管或技术人员，必要时也可要求高级管理人员参加。[①]

（4）应聘者的考核方案。主要是对应聘者从事志愿服务活动所需的基本知识和技能、对相关法律法规的知悉程度、心理素质等方面的考核。

（5）工作时间表。根据志愿者招募的安排，制订志愿者招募时间表，并将招募的时间安排以及各个具体招募流程的时间及时发布。

（6）招募费用预算。招募费用主要包括场地费、打印费、宣传费、资料费以及食宿费用等。

2. 工作流程和分工表。志愿招募工作的策划者必须根据招募工作的基本流程设计、制订招募的工作进程和分工表，持续监督工作的进度，并在有需要时进行调节和转变。至于活动当日的安排，对于具体的内容程序和协调大量志愿者的活动，也需要一个妥善的工作流程和分工表，明确列出要执行的各项工作，并充分估计每项工作所需人手和执行工作所需的时间。在具体安排工作的人手时，应按照工作的性质要求，结合志愿者的专长和能力，安排对应的工作

---

① 参见高健主编：《志愿者基础理论》，南京出版社2020年版，第149页。

任务。① 此外，还需要处理好招募工作的协调统筹，可由有经验的志愿者承担。

3. 招募方式。在志愿者招募过程中，招募到合适的、优秀的志愿者是志愿服务工作开展的基础和前提。这就需要对应聘志愿者进行筛选。通常情况下，筛选志愿者有两种不同的方式。其一是招募岗位简单、技术性不强的志愿者。这种志愿者岗位要求较低，经过简单的培训就可上岗。其二是目标招募。这种招募的志愿者需要具备一定的技能，并非任何人都能胜任。因此，在进行此种招募时，招募管理者需要明确该岗位需要什么样的志愿者，需要具有什么特殊技能的志愿者，什么样的人能胜任该岗位。② 志愿者招募工作人员必须对这些问题进行深入思考后选择合适的宣传方式进行宣传动员，发掘有潜质的志愿者。然而招募的效果如何，还需要对其进一步评估。

（1）对招募效果进行评估。评估招募效果主要包括如下方面：其一是应聘者的数量。是否招募到所需要的志愿者数量是评价招募成效的基础。其二是应聘者的质量。应聘者是否满足相关岗位的需求，能否胜任志愿工作等是志愿服务活动能否顺利开展的保障。其三是工作水平和反应速度。招募工作人员的工作能力和工作水平，以及在处置突发性事件中的反应速度等，都是衡量志愿者招募工作成效的重要指标。

（2）建立志愿者招募的长效机制。志愿者的招募不是一下完成的，更不可能一下就找到合格乃至优秀的志愿者，而是一个长期的过程。因此，建立志愿者招募的长效机制，订立较为长远的志愿服务计划及组织经常性服务，加强志愿服务长效机制的建设，明确工作方向，探索建立志愿服务组织的招募系统和完善志愿服务的招募方案，对于志愿服务工作而言至关重要。

二、志愿者的培训

（一）志愿者的培训准备

在开展正式的志愿服务活动前，需要对志愿者进行相关培训，具体的培训内容如下。

1. 培训需求调研。在进行志愿者培训之前，需要就志愿服务的具体需求展开调研，以便进行针对性的培训。如果没有进行培训调研，可能导致培训泛

---

① 参见高健主编：《志愿者基础理论》，南京出版社 2020 年版，第 149 页。
② 参见高健主编：《志愿者基础理论》，南京出版社 2020 年版，第 149 页。

化，结果就可能与培训的初衷背道而驰。这一方面不仅不利于志愿服务工作的开展，另一方面还可能会提高成本，造成资源的浪费。

2. 建立志愿者培训档案。志愿者培训档案是志愿者培训的重要内容，对于志愿者培训及志愿者管理具有重要价值。建立志愿者培训档案，应特别重视志愿者素质、志愿者从事志愿活动的经历、志愿者培训的内容等，使志愿者培训的组织者能够通过培训档案了解和掌握志愿者培训的相关情况。

3. 了解受训志愿者的现状。由于志愿者组织的内部成员是流动的，有的志愿者可能具有丰富的志愿服务经历，有的可能没有志愿服务经历，如果不对这些具体情况有所了解，不对不同的志愿者的培训需求有所掌握，那么就会导致培训流于形式，达不到培训的效果，培训的针对性也相应会减弱。

4. 设计培训计划。常言道："凡事预则立，不预则废。"任何培训都要有相应的培训计划，志愿服务培训也不例外。培训计划是志愿者培训的重要组成部分，在某种程度上会决定整个培训活动的成败。总体上来看，培训计划应包括如下内容：

第一，培训的目的。培训的目的是什么？这是设计志愿者培训计划首先要明确的问题。如果没有明晰的培训目的，就意味着没有明确的培训方向。因此，对于志愿者培训来说，确定培训目的是开展志愿培训的基础和前提。只有有了明确的培训目的之后，才能够推动培训工作的顺利开展。

第二，培训的完整方案。培训计划的编制是个系统工作，需要综合考虑各方面的因素，尽可能地突出培训计划的可操作性。关于培训计划的编制，需要注意如下问题。一是要根据志愿者组织面临的形势、发展需求和培训需求认识到培训的必要性，确立与培训发展总体方向相一致的目标。二是结合外部环境和内部条件确定达到培训目标的最佳培训方案。同时，还需要综合比较成本收益的问题，进行培训效益分析。完整的培训方案主要包括培训原因、培训目标、培训对象、培训规模、培训时间、培训地点、培训教师、培训方式等。因而对于培训计划的编制而言，需要综合考虑培训的各个环节和各种要素。

（二）志愿者培训的主要内容

1. 通识培训。通识培训主要是使志愿者对服务机构、志愿服务的基本情况有大致的了解，并掌握一些基本的常识性知识。通常来说，通识培训的内容比较浅显，也容易学习。就其实质而言，通识培训的主要内容是志愿服务活动的基本背景，志愿者组织的组织架构、人员构成，有关政策法规等。

2. 专业技能培训。专业技能培训相对通识培训而言，是更深入的培训，是针对志愿服务活动的具体展开所需要的专业技能的培训，是对志愿者的更高要求。如在志愿服务过程中的交流沟通技巧、会议服务技巧、基本护理技能等，都属于专业技能培训的范畴。

3. 素质拓展培训。从根本上来说，素质拓展培训是为了使志愿服务活动能够更好地开展而进行的培训，培训的主要内容有基本问题的解决技巧、沟通及聆听技巧、自信心的提升技巧、活动组织技巧等。

4. 管理方法培训。管理方法培训主要包括两方面。一是对管理者的培训。管理者是志愿者组织顺利运行和志愿服务活动顺利开展的重要方面，在志愿服务中扮演着极为重要的角色，决定着志愿活动的成效。因此，对志愿者组织的管理者进行培训也是志愿者培训的重要内容。二是对志愿者领袖的培训。主要是针对志愿活动的发起者和组织者进行的培训，通过这种培训能够不断地提高志愿者领袖的组织凝聚能力和团队合作互动技能，从而有助于志愿活动顺利进行。

三、志愿者的督导与激励

（一）志愿者的督导

在志愿服务过程中，通过定期督导能够提升志愿者组织的服务水平，提高志愿服务的质量。对于志愿服务而言，督导具有重要的意义和价值。

1. 支持性督导。支持性督导主要是给从事志愿服务活动的志愿者以人文关怀和关爱，使志愿者能够真切地感受到自身从事的志愿服务活动得到了社会的接纳和尊重，从而使志愿者在志愿服务过程中保持一种积极向上的态度和乐观的心态，消除心理上的不愉快，保持良好的心情，进而提升志愿服务的质量。

2. 行政性督导。行政性督导是在志愿者具体工作中进行的，督导者对志愿者进行工作任务落实情况检查、行政协调，并与之进行沟通等。通过这种方式，使志愿者能够踏实工作，认真负责地完成相关志愿服务工作。

3. 教育性督导。教育性督导是在与志愿者日常沟通时进行的，在日常交流时与志愿者分享心得知识、相关技术经验，在可能条件下进行工作示范，这对于志愿者而言，具有重要意义。通过教育性督导，能够对从事志愿服务活动的志愿者进行教育和引领，提高他们从事志愿服务活动的工作能力。

（二）志愿者的激励机制

志愿服务活动作为志愿者进行的无偿服务和公益性行为，也需要相应的激励措施，以提高志愿者从事志愿服务活动的积极性和主动性。具体来说，志愿服务活动的激励机制主要包括如下几种类型。

1. 社会荣誉型激励机制。社会荣誉型激励主要是指社会对志愿者从事志愿服务活动所颁发的相关荣誉，如"优秀志愿者""志愿服务先进个人"等。总体上来看，社会荣誉型激励机制体现为不同的层级，最基本的层级是由志愿者组织自己向志愿者颁发的荣誉，较高层级的是志愿者组织管理机构颁发的社会荣誉，而最高层级的则是由政府颁发的社会荣誉。社会荣誉能够使志愿者在志愿服务活动中感到受尊重、感到自豪，从而提高其参与志愿服务活动的积极性。

2. 社会回馈型激励机制。虽然志愿者在从事志愿服务活动时主要是基于善良意志，而不是谋求利益回报。然而，这并不意味着社会就天然地认为志愿服务活动理所当然，而是要建立相应的社会回馈机制，将志愿者从事的志愿服务活动"记录在案"，并以其他的方式，如在工作岗位、工作机会等方面适当优先考虑一下志愿者，由此带动更多的人参与到志愿服务活动中来。

3. 自我价值型激励机制。通过志愿服务活动能够让志愿者重新认识自我并发挥自己的价值，这是激励志愿者参与志愿服务的重要因素。部分志愿者在从事志愿服务活动之前，可能因为其他方面的原因产生失落感、受挫感，通过参加志愿服务活动重新发现了自己的价值，并调整了自己的人生价值取向，同时也在志愿服务活动中得到了组织和他人的赞许、认可，重拾自信心，从而激励他们积极参与社会生活，重新过上适合自己的幸福生活。

4. 自我成就型激励机制。志愿者在志愿服务活动中获得的成就感，对他们的激励作用非常明显。因为，志愿者工作不在于承担多么重大、艰巨的任务，而在于从一点一滴做起，为社会和他人提供帮助。在现代社会，人们对成功的要求较高，往往需要出色地完成任务，实现明显效益才觉得成功，这很容易给人带来额外的压力。然而，在志愿服务过程中，志愿者的热情、真诚付出很容易得到他人的肯定，从而使志愿者产生成就感。因此，志愿者组织应该高度重视满足志愿者在志愿服务活动中的成就感，采取各种方式促使志愿者成就感的产生。

5. 自我发展型激励机制。通常情况下，志愿者在参与志愿服务活动时不会感受到志愿服务活动会对自身能力的提升有多大帮助，但是在完成志愿服务活动之后，总会特别强调志愿服务的自我发展意义。这是因为，志愿者通过参与志愿服务活动，能够提高自身的交流沟通水平、交际能力、处理和解决突发性问题的能力以及增强自身的责任心，等等。通过参与志愿服务活动，能够在不知不觉中提升自身的能力，实现自我发展。

6. 自我愉悦型激励机制。志愿者的自我愉悦型激励机制，主要是指志愿者在从事志愿服务过程中寻找快乐，或将忧愁情绪转化，获得愉悦体验。志愿服务活动是长期的过程，如果志愿者觉得从事志愿服务活动不快乐，就会打消他们继续从事志愿服务活动的积极性，因而志愿者在从事志愿服务活动中要感受到心情的愉悦和快乐，这是志愿者继续从事志愿服务活动的重要前提。

第五节　志愿服务案例介绍

一、武汉纺织大学"蓝灯行动"项目

武汉纺织大学坚持践行"崇真、尚美"校训，以"广覆盖、细管理、铸品牌"的工作思路，牢牢抓住志愿者队伍建设这个根本，以注册志愿者网络信息数据库为载体，拓宽志愿者队伍的覆盖面；以志愿者管理激励制度为保障，加强志愿者队伍的精细管理；以分层管理模式为机制，构筑志愿者队伍的品牌影响力。通过校院两级的分层管理和学校志愿者长期不懈的努力，有效引领纺大学子坚守和传承"奉献、友爱、互助、进步"的志愿精神，涌现出一批具有一定社会影响的志愿服务团队，蓝灯志愿团就是其中的代表。

（一）项目简介

蓝灯志愿团关爱自闭症儿童的"蓝灯行动"起始于 2011 年 11 月，由 6 家高校志愿者团队和社会爱心人士联合开展，其中特教、社工、心理咨询师 10 人，截至 2021 年有注册志愿者 409 人，累计会员 975 人。"蓝灯行动"项目负责单位为武汉纺织大学艺术与设计学院，现有陶艺室、绘画室、舞蹈室、沙盘室等活动场地 600 平方米，旨在利用绘画、陶艺、音乐、舞蹈等艺术疗法治疗自闭症儿童，结合特教、心理等专业，自创自闭症儿童艺术疗养课程，并将该模式拓展到 10 所高校，2012 年获武汉市残联授牌"自闭症儿童活动基地"。该项目获得湖北省人道公益大赛第一名、"创青春"湖北省大学生创业大赛金奖、

"创青春"全国大学生创业大赛银奖、第二届中国志愿服务大赛银奖、首届全国志愿服务"四个100"的"最佳志愿服务项目"、第四届中国青年志愿服务项目大赛金奖等荣誉称号，并作为全国第一批优秀项目纳入中国志愿服务项目库建设。

（二）发起过程及背景

自闭症是一种由神经系统失调导致的广泛性发育障碍，其病因不明，药物治疗效果不佳，目前最有效的方法是对自闭症儿童进行早期的教育干预。若不及时加以纠正，患者的症状将愈加严重，并伴随终生。统计显示，全球自闭症平均发生率占人口总量的千分之四，大约每20分钟，地球上就有一名自闭症儿童诞生，全世界自闭症患者已达6700万人。近20年间，确诊的自闭症患儿数量上升百余倍。目前，我国自闭症患者已超1000万人。① 2013年，据武汉市有关部门初步统计，全市有自闭症儿童5000多人，湖北省达上万人，每年每名自闭症儿童的康复费用在5万—10万元之间。目前，我国自闭症儿童面临增长快、入学难、机构少、费用高、康复难等问题，需要政府投入、民间资助、志愿者援助。

2011年9月，武汉纺织大学志愿者陈晨无意间听说一位老师的孩子是自闭症患者。当时她的想法特别简单，就是想利用课余时间和老师的孩子一起玩，给老师减轻一点压力。从那时起，她就经常到老师家里陪孩子玩耍。

2011年11月，在学校的帮助下，陈晨发起了"蓝灯小组"，这是一群由艺术、心理、声乐专业志愿者组成的小老师们，给孩子们带来了绘画、音乐、陶艺、舞蹈等艺术类课程。后来队伍逐渐扩大，成为蓝灯志愿团。

国际自闭症研究中心在2011年发起了"点亮蓝灯"（Light it up blue）行动。2012年4月2日，为了响应联合国的号召，全世界六大洲的30多个国家有超过1400栋地标性建筑物为世界提高自闭症意识日（WAAD）点亮蓝灯，以唤起社会对自闭症问题的重视。例如上海东方明珠电视塔、广州塔等全国各地标志性建筑都亮起了蓝灯，以支持自闭症公益宣传。蓝灯志愿团的志愿者们以此为灵感，发起了"蓝灯行动"，以期关爱和帮助自闭症儿童。

（三）项目运作情况及取得的成效

通过4年的研究，蓝灯志愿团的志愿者们设计出一套针对自闭症儿童的艺

---

① 《为"星星的孩子"点亮前行的路》，《光明日报》2021年4月13日。

术治疗方案，结合特教、心理治疗，形成了项目的特点。方案分为起始、探索、发展和巩固四个阶段，全年 32 次，进行绘画、音乐、舞蹈、陶艺和手工课。经验证，该方案能够促进认知能力的改善，促进情感的健康发展，培养创造力和想象力，培养社会意识，提高社会适应能力，相较于其他疗法，该方案无毒害、可推广、易操作。

蓝灯志愿团的志愿者们从 2014 年开始探索公益创业思路。患自闭症的孩子在参加活动中创作了许多艺术作品，包括手工编织、陶瓷制品、画作等，被志愿者们复制在文化衫、陶瓷杯上。蓝灯志愿者和自闭症儿童在汉口江滩、武汉植物园等地开展义卖活动，筹得善款 2 万余元，捐给了 5 个自闭症儿童家庭。

2014 年 12 月，蓝灯志愿团还在湖北省高校达人秀总决赛上开展众筹活动，通过微信平台募集 2.6 万余元，筹集了 20 个自闭症儿童一年的公交卡费用。他们还准备和企业合作，把孩子们的画作印在家用电器、生活用品上，提升人们对自闭症的认识。

孩子们的作品变成了商品，促进了他们的技能提升、精神愉悦，提高了他们的生存能力。从"授人以鱼"到"授人以渔"，"蓝灯行动"从单纯给自闭症儿童及其家庭"输血"，变为帮助他们"造血"，公益创业使志愿者行动走得更远。

10 年来，"蓝灯行动"举行大型活动 80 余次，日常活动 200 余次，志愿者经验丰富、培训到位，累计服务达 8100 小时，惠及患儿 2000 余人，走向康复的患儿 100 余人。"蓝灯行动"获得人民日报、中国教育报、湖北日报等 42 家媒体报道，湖北教育电视台拍摄了专题片"蓝灯行动"。该项目 2016 年得到著名主持人白岩松专访，同时也得到了崔永元、徐本禹、孙汀娟等社会知名人士的大力推荐和支持。

二、北大青年志愿者协会

（一）北大青年志愿者协会概况

北大青年志愿者协会于 2002 年 11 月成立。作为我国青年志愿者团体的重要一员，该协会由北京大学在校大学生组成并管理，其成员都是热心公益、志愿从事校园及社会志愿活动的优秀学生，其秘书处位于校团委志愿者工作部。

　　1993 年，随着越来越多的青年参加我国志愿服务活动，北京大学的志愿者活动也逐渐开展起来。北大青年志愿者协会通过弘扬志愿精神，用积极向上的形象号召无数北大优秀学子自觉地参加各种志愿活动。北京大学的青年志愿者活动的发展，是无数学子铺就的光荣之路，也是他们用爱心与热情谱写的青春华章。

　　北大青年志愿者协会自建立以来，经常参与各领域的志愿者活动，为我国大学生公益活动的开展作出了巨大贡献，同时对高校改革事业、社会和谐与进步工作起到了积极的影响。北大青年志愿者协会有三个组成部分，即各学院青年志愿者分会、志愿者社团、专项服务队伍。这些队伍在学校日常工作中积极进行各项志愿服务活动，以帮助社会上有需要的人们和组织。由他们进行的西部支教扶贫工作、城区助老助残工作都受到了社会各界的好评。

　　北大青年志愿者协会从事众多领域的志愿服务，其中包括参加西部计划、基层服务等专项志愿活动，为我国西部支援工作贡献了可观的力量。此外，志愿者们还深入北京市部分社区与街道，进行便民服务；参加 2008 年北京奥运会志愿服务活动，为外宾及参会人员提供便捷服务，为奥运会的顺利开展作出了突出贡献。

　　（二）北大青年志愿者协会长效机制建设的经验

　　1. 统筹校内各种志愿服务资源，使其发挥合力作用。北大青年志愿者协会在发展过程中，纳入了各院系的志愿者协会、校内各种志愿服务社团、专项服务志愿者队伍等团体，并对其进行整合管理。在志愿服务活动中，北大青年志愿者协会统一安排所掌握的志愿者资源，确保志愿者资源发挥更大的效率，所安排的志愿活动能够落实到具体的志愿服务团体上。

　　2. 拥有完备的视觉识别系统以及合理的规章制度。北大青年志愿者协会十分注重自身的品牌化、规范化以及制度化建设。他们设计了协会的一套视觉形象系统，其中包含协会口号、协会 logo、协会理念、协会吉祥物——阿布及阿布的伙伴。他们也拥有了自己的管理章程、资产管理等运作制度，同时制订了《北京大学青年志愿服务活动优秀项目资助办法》，对项目申请、资助、考核等事项作出明确规定；北京大学团委和青年志愿者协会还发布了《北京大学青年志愿者积分评优办法》，规定了志愿者工作评估的规范。

　　3. 重视志愿活动项目化运作。在志愿活动开展过程中，北大青年志愿者协会将不同类型的志愿服务活动分类整理，进行项目化运作。通过这样的运作过程，协会建立了"我心助你梦飞翔"等品牌性志愿服务活动。[1]

三、清华大学紫荆志愿服务总队

（一）清华大学紫荆志愿服务总队概况

清华大学紫荆志愿服务总队以团队化志愿服务为宗旨，围绕校园开展，并逐渐延伸服务范围，将志愿活动拓展到城市社区、乡镇等基层，以达到服务社会的目的。在发展与工作当中，紫荆志愿服务总队发展出特色化的一体多层次模式。

紫荆志愿服务总队将志愿服务工作作为教学课程教授给志愿者，以工作实践的形式开展。在队伍发展过程中，清华大学的志愿者体系不断完善和提升。随着紫荆志愿服务总队的成立，清华各学院的志愿者队伍也逐渐成形，并将自己的专业知识运用到志愿活动中来。另外，紫荆志愿服务总队对建立不同年龄段的大学生志愿服务平台工作十分重视，并建立了一支青年志愿服务研究团队。

紫荆志愿服务总队预见了互联网在大学生志愿服务工作中的重要性，通过自己的努力研发了志愿者注册认证系统，以供团队使用，并通过建设互联网平台，管理志愿者的基本信息、志愿服务时长、志愿服务信息发布等团队运作基础内容。清华大学对大学生志愿服务活动也十分重视，肯定了志愿活动对于大学生个人成长的重要性，划拨专项经费来支持志愿者团体的建设以及志愿者活动的开展，并设立奖学金，鼓励大学生主动、积极、深入地开展志愿活动。

紫荆志愿服务总队十分重视品牌化志愿活动项目的建设。通过学校、学校附近社区、大企业等平台激励志愿者结合专业知识以及自身情况，打造多元化、持续性的品牌志愿服务活动。通过这样的形式，服务总队增强了自身号召力，为全校学生搭建了一个广阔的志愿服务参与平台。一方面，学校积极引导学生互帮互助，互相促进，从身边小事做起，形成团结友爱、和谐共进的校园进步氛围，将学生的潜能和创造力激发出来，为学校文化建设助力。另一方面，清华大学志愿者团队重视社区志愿活动，号召志愿者深入社区，贴近每一位需要帮助的居民，走进困难家庭之中，积极开展便民、扶老、助残志愿服务；利用寒暑假的时间，志愿者们走进西部、深入贫困地区、与企业合作，开

---

[1]　张建：《高校思想政治教育工作中实践育人机制构建研究》，沈阳出版社2018年版，第196—197页。

展志愿实践活动。

清华大学紫荆志愿服务总队的长效机制建设以组织体系和资源整合为目标，积极促进团队的可持续发展。在组织层面上，将学校、学院、班级等进行整合，组成完整的志愿者体系，不断加强学校对志愿服务工作的指导，支持志愿者招募、培训工作，并积极共享志愿服务资源。清华大学紫荆志愿服务总队在发展中积极跟进时代的步伐，注重资源整合，主动借鉴其他团体的发展经验，将实践教育与志愿服务活动紧密结合起来，为学校教育助力。

（二）清华大学紫荆志愿服务总队长效机制建设的经验

1. 坚持学校对志愿团队的指导。从紫荆义务服务总队到清华大学紫荆志愿服务总队，学校在志愿者团队成长的过程中不断加强指导工作，帮团队梳理组织机构，建立了基于各级团体志愿组织的协调合作体系。良好的校园志愿服务氛围以及丰富的志愿公益活动，使学校将引导与自主参与结合起来，积极鼓励、支持志愿服务团队的成立，鼓励学生参加志愿服务活动。经过长期发展，清华大学形成了以志愿服务总队为中心、各志愿团体协作的良好局面。

2. 构建以校园为中心，辐射附近社区的立体式志愿服务网络。紫荆志愿服务总队深入社区进行志愿服务活动，通过积极有效的方式鼓励学生积极参与志愿活动，或者利用休息时间与假期开展各类服务活动。

3. 重视线上线下结合的志愿服务平台建设。清华大学自主研发志愿服务系统并将之应用于志愿服务管理运行工作中。通过该系统，学校能够及时获取大学生参与志愿活动的情况，进而对优秀志愿者进行表彰与宣传，以鼓励其他学生更加积极地参与进来。同时，通过线上平台，学校能够及时发布志愿服务需求与资源筹集等信息，使线上线下活动相互配合，快速有效地开展活动。清华志愿服务总队十分重视志愿服务的传统项目，通过传统项目的举办有助于建设更加具有实用性和影响力的新型精品项目，拓宽了学校志愿服务项目的层次以及涉的领域。同时，学校专门开设培训班，为志愿团队培养组织骨干，也为学校的志愿者搭建线下交流渠道。除此之外，学校还重视与其他地区的志愿者的交流，多次组织学校志愿者到中国香港、中国台湾等地进行志愿服务经验交流。

4. 重视志愿服务思想的宣传，积极营造校园公益氛围。学校为了宣传志愿服务理念，也积极参与志愿活动。与此同时，志愿服务总队还进行了一系列志愿活动，如宣传优秀志愿者的事迹，举办志愿者经历分享讲座，等等。通过以上活动，学校的公益氛围更加浓厚。[①]

四、吉林大学白求恩志愿者协会

（一）吉林大学白求恩志愿者协会概况

随着中国青年志愿者行动逐渐增多，吉林大学白求恩志愿者协会诞生了。白求恩志愿者协会发展二十余年，一直持续传承白求恩精神，以吉林大学医学部为主阵地，秉承以实践育人、服务社会的主旨，持续开展志愿服务。目前，吉林大学白求恩志愿者协会已经拥有大学生志愿者五万多名，实力雄厚，经过学校的多年努力，协会建立了五百多个志愿服务基地。2014 年，李克强在给白求恩志愿者协会的回信中对其进行鼓励，希望协会在日后的发展中能够潜心钻研、努力学习，希望学子在日后的志愿服务中能够磨砺品性、端正言行，为国家的发展和社会的进步作出贡献。

在协会发展的二十余年里，一直为吉林大学的学生提供服务社会、救死扶伤的平台。协会中的大学生志愿者一直以白求恩为榜样、以白求恩精神为指导，力求在志愿活动中发挥专业特长，在为社会服务的过程中有所成长，有所收获。白求恩志愿者协会的学生们一直踊跃参加假期"三下乡"社会实践、地区疫情的预防及救治、乡村医疗指导、电视医护知识宣传等公益活动。同时，协会对白求恩逝去的地方河北唐县进行长期的医护、农业、教育等方面的支持，为当地人民生活水平的提高提供了可观的帮助。

在重大灾难面前，白求恩志愿者协会的志愿者们毫不退却，坚持以自己的专业知识救死扶伤，帮助灾区群众，体现了自己的责任与担当。同时，协会坚持发挥专业优势，开展以专业为主的特色志愿服务活动。志愿者们经常在吉林大学附属医院开展志愿活动，为就诊病人提供引导、咨询等方面的帮助，也会为患者家属进行心理疏导。这是协会在传统医疗志愿服务之外结合社会医疗现状以及社会公众诉求开展的特色化志愿活动。

（二）吉林大学白求恩志愿者协会长效机制建设的经验

1. 传承无私奉献的医者精神。吉林大学白求恩志愿者协会积极弘扬无私奉献的利人精神，以无私奉献和精益求精的精神开展志愿服务工作。志愿者组织

[①] 张建：《高校思想政治教育工作中实践育人机制构建研究》，沈阳出版社 2018 年版，第 197—198 页。

对志愿者工作抱以极大的热情，在工作中小心谨慎、积极主动，并且在防止"非典"疫情传播、控制"非典"疫情、汶川震后的救灾工作中毫无保留地挥洒汗水，为灾情的控制和解决作出了贡献。同时，志愿者们将自己的专业知识融入志愿服务工作中，通过举办"护士节宣誓"等医学相关活动，对白求恩精神进行弘扬。

2. 对志愿者组织的制度建设工作予以重视。吉林大学十分重视组织制度建设，不断加强制度建设工作，将志愿者参与的其他志愿服务纳入个人考核当中，以此激励志愿者在工作之外积极参加其他志愿活动。同时，各医学院也以课程标准为志愿者的服务进行评定，积极动员医学部的学生主动参加志愿活动，学校内志愿服务的氛围十分浓厚。这样的制度使学生平时的志愿活动能够更好地与学校教育、社会发展需要等相融合。与此同时，通过暑期实践，志愿者组织还为医学专业的学生提供了大量实习机会，在志愿活动中解决了学生的实践问题。吉林大学已经建立了二百多处实习基地，累计派出志愿者三千余次。

3. 加强志愿服务的针对性。吉林大学通过创新医疗志愿服务的形式，使本校的志愿服务活动更加具有专业性、针对性。志愿者组织根据社会发展状况，分析社会发展的需要，不断对志愿服务内容以及形式进行创新。由志愿者组织成立的专门服务于医院的志愿小分队，积极开展对患者的引导、分流、陪同检查等志愿工作，有效缓解了当地医院与患者之间的矛盾，使医院的日常就诊工作得以顺利进行。吉林大学白求恩志愿者协会为当地病人就诊工作作出了巨大的贡献，使病人与医院之间的关系更加融洽。同时，志愿者们开始尝试通过网络为当地民众提供志愿服务，为志愿服务的形式开拓了新思路。[1]

五、武汉理工大学郎坤志愿服务队

（一）武汉理工大学郎坤志愿服务队概况

郎坤志愿服务队的名字来源于曾荣获"中国青年五四奖章"等多项荣誉的杰出青年大学生郎坤。该志愿者组织致力于"关爱行动"，设置了自护教育、宣传、媒体建设等八个部门，以便更好地开展志愿服务。服务队志愿活动聚焦

---

[1] 张建：《高校思想政治教育工作中实践育人机制构建研究》，沈阳出版社 2018 年版，第 198—200 页。

本省随迁打工子弟、留守儿童等人群，深入了解这些孩子的生活现实，并针对这一状况开展志愿帮助。郎坤志愿服务队积极学习武汉精神，将本校校训融入志愿工作中，无私奉献，积极助人，将跟随父母到城市生活的孩子作为重点帮助对象，打造农民工子女五星级"卓越梦想家"成长体系。

服务队的志愿者通过不断学习、培训等活动提升自己的能力，以小学生感兴趣、易接受的形式为这些孩子提供作业辅导、亲情陪护、捐助、自我保护教育、城市生活体验等多方面的志愿服务，其中包括素质拓展工程、多元读书计划等针对性项目。自成立以来，服务队致力于打造"卓越梦想家"成长体系，带领组织大学生志愿者参加"彩虹计划""微爱公益"等志愿活动项目，帮助这些孩子融入城市生活。同时，服务队也很重视农民工子女的成才教育，并邀请了中科院院士、作家、奥运体操冠军等知名人士与孩子们进行交流，让孩子近距离接受指导。郎坤志愿服务队也因其志愿服务贴合社会、具有时效性等特点得到多家主流媒体的关注，并获得"荆楚学雷锋示范团队"的荣誉。

寒暑假期是服务队开展志愿活动的重要时段。志愿服务队在此期间建立了立体化的服务平台。服务队针对孩子的心理特征、学习特点、年龄特征等，对孩子进行帮助，重点进行素质拓展活动，进一步推进农民工子女成长体系建设与发展工作。在志愿服务过程中，志愿者组织也逐渐建立并完善了适用于自己的特色评价系统，融合时代特色，努力使这些孩子在学习、感知与践行中健康成长。

（二）武汉理工大学郎坤志愿服务队长效机制建设的经验

1. 做好学校与地区共同建设、学期与假期完美对接的工作，形成社会实践的链条。志愿服务队整合了各志愿团体组织，统筹各专项志愿服务资源，形成了学期与假期社会实践志愿活动结合、互补的对接体系。志愿服务队的大学生们将自己的专业知识有效运用到实践活动当中，关注农民工子女成长的需求，并针对这些需求开展关爱行动。志愿队已开展 16 个贴近社会与孩子需求的志愿服务项目，并不断完善志愿活动的保障系统建设、地点支持工作建设、多方志愿队伍合作机制建设，使志愿活动得以更加及时、高效地开展。

2. 坚持对志愿活动形式的创新，不断延伸志愿活动的意义，使志愿工作平台更加完善。武汉理工大学郎坤志愿服务队积极总结他们独特的志愿活动开展模式，以实践效果来决定活动模式是否能够复制，并且不断加强对优秀志愿活动开展模式的研究与创新性发展，优化志愿活动的运作模式，形成了志愿服务长效机制。根据这一思路，志愿服务队进行了"少年英雄"素质提升工程建设，并开展了"悦读天下""亲历助学""乐享成长"等志愿活动。志愿服务队还积极寻求社会的帮助，整合社会救助资源，将爱心救助汇聚成一股巨大的能量。

3. 稳扎稳打，寻求多方合作，致力使其独创的农民工子女成长体系更加完善。武汉理工大学郎坤志愿服务队根据团队本身的专业能力与工作水平，为农民工子女提供需要的帮助，使他们更快融入城市，健康成长。在实践工作当中，志愿者为孩子们的成长建立了十分完善的系统化指导活动网络，将感恩教育、素质提升、学业辅导、新媒体建设、自我保护教育、科普宣传、城市生活融入等活动进行有机结合，有序打造"卓越梦想家"成长体系，以点带面，形成示范效应。[①]

六、华中农业大学本禹志愿服务队

（一）华中农业大学本禹志愿服务队概况

本禹志愿服务队的名字来源于杰出志愿者徐本禹。在华中农业大学的志愿服务氛围感召下，大批青年学生志愿者通过学校的志愿服务组织，将自己的知识、精力、热情投入到对贫困地区的教育支持、对落后地区的救助、对社会的无私奉献工作中，努力汇聚社会的爱心力量，以西部贫困地区的儿童支教和弱势群体帮助等活动为重点开展志愿服务，为我国志愿服务工作提供了助力。华中农业大学本禹志愿服务队的志愿者将徐本禹视为榜样，在志愿服务过程中不断提升自我素质与服务自觉性，将自身的学识与经验应用于志愿活动，促进了本校志愿服务队伍的建设工作，也为贫困地区的发展建设添砖加瓦。

截至2015年，本禹志愿服务队拥有志愿者1200多人，以研究生支教团队、张瑜服务队为主的志愿者小分队21队，形成了以支教为中心的志愿服务工作组织。他们的志愿服务脚步不止于对贫困地区的教育支援，还涉及城市中农民工子女的教育、对社区老人和残疾人的关爱。以此为中心，本禹志愿服务队打造了包括花朵工程、和风工程、甘露工程、暖阳工程、夕阳工程等在内的品牌性工程。在志愿服务队的工作当中，也出现了王凤竹、安月琦等许多优秀爱心

人士，建立了红杜鹃爱心社等许多优秀爱心团队。凭借多年的志愿工作成果，华中农业大学的志愿者团队荣获了"全国先进社会扶贫集体"荣誉，成为我国青年志愿者队伍中不可或缺的一员，对我国支教、助老、助残事业的发展作出了贡献。

在发展过程中，本禹志愿服务队一直致力将自身力量与社会爱心力量结合，提升自身的志愿服务能力。在志愿服务开展过程中，志愿者们积极资助贫困地区的优秀学生，同时协助政府建立了多个希望工程小学，为我国贫困地区的教育提升工作提供了力所能及的帮助，推进了我国贫困地区教育事业的发展。同时，他们持续派遣研究生到贵州贫困地区进行支教活动，建立了多个小学志愿支教服务点。在此过程中，他们积极与企业进行合作，这也是他们志愿服务活动的重点。根据这个思路，他们建立了"本禹志愿服务队·爱心书屋"，还为学子开设了第二课堂教学课程。同时，他们还持续关注贫困地区教师的培训工作，长期对贫困地区教师进行义务培训，助力这些地区的教育水平提升。

2013年，习近平给华中农业大学的志愿者回信，在信中肯定了他们对志愿服务工作的热情与积极性，并赞扬了他们坚持不懈的志愿服务活动。习近平的回信激励了广大青年学生积极投入志愿活动当中，为社会的发展、为落后地区的建设发挥自己的才能、投入更多的精力与热情，互相团结、互相帮助，在奉献的过程中得到成长与提升，为祖国的建设、为社会的发展提供助力，使自己的青春更加有意义，用实际行动展现中国青年的阳光积极面貌，为实现中华民族伟大复兴的中国梦作出更大的贡献。

（二）华中农业大学本禹志愿服务队长效机制建设的经验

1. 深入基层，坚持不懈，致力于贫困地区教育工作的开展。本禹志愿服务队将徐本禹精神作为精神支柱，长期进行国家贫困地区的助学、支教志愿服务活动。多年来，本禹志愿服务队的志愿者们积极进行爱心接力，将自己的爱心、智慧、精力与青春一起投注到我国西部贫困地区的教育事业当中，为我国的地方基础教育改进工作提供助力。为了使贫困地区的教育能够依靠当地自身的力量发展起来，服务队的志愿者们用了9年时间开展对贵州基层一线教师的培训工作，不仅将自己的专业知识应用到志愿服务工作中来，更建立了长期合作关系，为贫困地区教育水平的发展与提高奉献自己的力量。除此之外，志愿服务队还十分重视企业的力量，积极寻求与爱心企业之间的合作，共同推进贫困地区的教育发展，为贫困地区的学生开设第二课堂，促进了智力扶贫工作的进一步发展。

2. 以本禹志愿服务队为中心，向外扩张延伸，形成具有特色的以关爱孩子为主的爱心志愿服务圈。在过去的志愿服务过程中，本禹志愿服务队一直重视以志愿服务队伍为中心，开展多元化丰富的志愿活动，与此同时，以各学院为支点，利用各学院学生的专业特色以及掌握的志愿服务技能，不断进行延伸，形成了富有华中农业大学特色的志愿者爱心圈。华中农业大学的志愿者组织以关爱农民工子女、帮助退休职工和独居老人、救助残障人士、帮助"三难"人士、关注在成长过程中失去方向的青年为志愿服务活动开展的主要方向。

3. 加强模范树立、典型事迹宣传工作，树立志愿者榜样，使志愿者团队更加积极向上。华中农业大学肯定了志愿服务在大学生成长过程中所起到的教育作用，为此树立志愿者榜样，表彰优秀志愿者，并随时对大学生志愿者群体进行引进与淘汰，据此在华中农业大学形成了包含以模范带动群众、淘汰表现不良者在内的独特制度体系。在多年的志愿服务工作过程中，华中农业大学的志愿者组织积极开展树立、表彰大学生志愿者典型的工作，强化对志愿活动中优秀人物、优秀事迹的宣传工作，让这些先进人物和先进事例感召其他大学生志愿者，带动他们不断奋进，进而使志愿者团队不断进步、成长，向着更优秀的方向发展。

4. 传承志愿者精神，弘扬志愿者文化，为志愿服务工作不断提供新能量。华中农业大学充分挖掘本校志愿者文化，并以此为据，出版图书与画册来宣传学校志愿服务工作者多年的支教等志愿服务活动，激发本校大学生对志愿服务活动的热情与积极性；联合社会爱心人士创作出许多动人的歌曲，歌颂志愿者们无私奉献、燃烧青春的感人事迹；多方筹措资金，将志愿团队在活动过程中具有纪念意义的影像进行展出，并以杰出志愿者为原型创作出公益话剧《牵挂》。①

七、"冰雪女王"杨扬：把"冠军精神"融入志愿服务

2002 年 2 月 16 日，杨扬在第十九届冬奥会短道速滑女子 500 米比赛中夺冠，成为我国第一位冬奥会冠军。在 23 年运动生涯里，她获得过 59 个世界冠

---

① 张建：《高校思想政治教育工作中实践育人机制构建研究》，沈阳出版社 2018 年版，第 201—202 页。

军，被誉为"冰雪女王"。

这位曾被断言"底子不好"的黑龙江姑娘，向世界证明了中国运动员在冬奥会项目上具有"冠军"实力。2006年8月17日，杨扬选择退役，并将公益事业作为自己转型后的优先选项。她退役后做的第一件事，便和志愿服务有关。她将自己获得的都灵冬奥会铜牌奖金捐给了国际公益体育组织"儿童乐益会"，并奔赴埃塞俄比亚做了一周的志愿者。这次的志愿时光，和贫困社区儿童、残疾儿童、智障儿童一起运动、游戏，激起了她对志愿服务、公益事业的兴趣。"做志愿服务让我激动又兴奋。"她说。

2014年12月3日，杨扬当选为第四届中国青年志愿者协会副会长。在杨扬看来，志愿服务是一项高尚的事业，青年志愿者不单提供志愿服务，同时也向社会彰显了一种志愿精神。"奉献、友爱、互助、进步"的志愿精神已经成为当代青年喜爱和接受的一种精神时尚，青年志愿者行动已经成为动员青年参与社会经济建设的一个重要载体，成为当代青年运动的一个光辉典范。

2003年，杨扬参加了一个帮助绝症孩子实现梦想的募捐活动。"当时也没给自己定位为志愿服务，只是觉得很有意义。看到绝症孩子的梦想有那么多人支持，比如有个孩子喜欢篮球，就有人把篮球明星带来，看到孩子那种兴奋的样子，我第一次明白志愿服务的伟大和感动。"

2008年，汶川特大地震后的第八天，杨扬以志愿者的身份跟随红十字会救援团来到绵阳；同年，杨扬正式加入北京奥运会组委会志愿者部，成立奥运冠军志愿服务团，较早地关注了志愿者群体；2009年年初，杨扬发起成立北极星慈善基金会，并在地震灾区正式启动快乐运动志愿服务项目；同年8月30日，杨扬前往什邡为当地体育教师带去快乐运动体育课培训；2010年6月1日，杨扬来到什邡师古小学陪伴孩子们一起游戏。2013年5月，杨扬发起"冠军为雅安加油"志愿服务活动，携手冯坤、杨威等多位奥运冠军与雅安地震灾区的孩子们一起运动，让孩子们亲身感受奥林匹克精神和运动带来的快乐……杨扬总是深入志愿服务的一线，通过体育运动的方式帮助儿童快乐成长。

"项目化、组织化、品牌化是志愿服务公益事业可持续发展的重要保障。"为此，2011年5月24日，杨扬携手中国红十字基金会，将北极星慈善基金会升级为专项体育公益基金——冠军基金。该基金以"冠军是梦想和荣誉，更是一种能力和素质"为宗旨，激励和培养青少年具备冠军的素质和能力；帮助运动员做好职业规划，去赢得生活中的冠军。

　　杨扬结合自身实际情况和现有的资源优势，累计带动和影响数百名优秀运动员参与到包括全民健身、体育教育等各领域的公益活动和志愿服务中，传递冠军精神和志愿服务理念；并通过冠军基金，动员社会各行各业专业志愿者，帮助超过 4000 多人次运动员退役转型。

　　2013 年 11 月 3 日，北京正式申办 2022 年冬奥会，时任国际奥委会委员的杨扬开始参与申办工作，随后，她被任命为北京冬奥会和冬残奥会运动员委员会主席。

　　"《北京 2022 年冬奥会和冬残奥会志愿服务行动计划》已于 2019 年 5 月 10 日发布，共设立 5 个志愿服务项目：前期志愿者项目、测试赛志愿者项目、赛会志愿者项目、城市志愿者项目、志愿服务遗产转化项目。"谈及竞技体育和志愿服务的联系，杨扬表示，志愿服务是竞技体育赛事能够顺利进行的一个重要保障。据悉，2022 年冬奥会赛会志愿者计划招募 2.7 万人，冬残奥会志愿者计划招募 1.2 万人。

　　作为第五届中国青年志愿者协会副会长提名候选人，杨扬觉得，能被提名为副会长候选人，是团中央和中国青年志愿者协会对她的信任，既是荣誉，也是鞭策；既是压力，也是动力。因此，一方面要用好中国青年志愿者协会的金字招牌，将协会的政治优势、组织优势、文化优势体现到自己的志愿服务项目中去；另一方面，要进一步做大做实公益项目，用志愿服务的实际行动带动更多年轻人投身志愿服务事业，为青年志愿服务事业增添光彩。

　　"新时代青年志愿者有热情、有能力，是中国志愿者的主力军。"对于未来志愿服务事业的发展，杨扬也有自己的见解和想法，"新时代青年志愿服务工作，要从机制保障以及弘扬志愿服务精神两方面入手。我自己也要继续把'冠军精神'融入到志愿服务中，为中国青年志愿服务事业、奥运事业作出新贡献。"①

---

① 王姗姗：《"冰雪女王"杨扬：把"冠军精神"融入志愿服务》，《中国青年报》2019 年 10 月 10 日。

第六章　思政实践的公益活动

　　近年来，中国的公益事业受到越来越多的关注，大学生作为接受高等教育的群体，其认知水平和专业能力都比较有优势，因此大学生不仅应成为社会公益活动的重要主体，更应成为未来公益活动的引领者。2005 年，中宣部、中央文明办、教育部、共青团中央等部门联合印发的《关于进一步加强和改进大学生社会实践的意见》提出，高校要加大倡导让大学生参加如志愿服务等形式的公益活动的力度，要努力引导大学生学会运用自己所学到的知识和掌握的技能，服务人民、奉献社会。此外，还要在给大学生培养为人民服务的意识和道德观的同时，鼓励大学生积极参与志愿服务西部计划、"青春红丝带"等志愿活动。《意见》提出，要通过将大学生志愿者纳入中国青年志愿者规范管理的范畴的方式，来激发大学生参与公益活动的热情，并以此带动大学生参与公益活动的积极性，从而使更多大学生可以参与到公益活动中来。2008 年，中央精神文明建设指导委员会在《关于深入开展志愿服务活动的意见》中提出，要把志愿精神的教育当作未成年人思想道德建设和大学生思想政治教育的重要内容，并将其纳入学校的教育教学活动中，使之可以在课堂教学、课外活动以及平时的社会实践中体现出来。要充分发挥学校这一教育主阵地的作用，增强青少年以及大学生们的参与公益活动的意识。2010 年，中共中央、国务院颁布的《国家中长期教育改革和发展规划纲要（2010—2020 年）》中提到，要鼓励学生积极参与志愿服务和公益事业。

　　综合上述文件可以看出，在公益事业的范畴内，大学生公益活动是一个备受关注的领域，大学生作为参与主体，在其中的作用也越来越受到重视。大学生思政实践的公益活动是大学生服务社会的一种方式，也是大学生观察和研究社会的途径。这有利于大学生把思政理论知识和专业知识应用到社会服务之中，有利于拓展大学生的视野，也为社会公益事业注入了新的动力。

第一节　思政实践公益活动概述

一、思政实践公益活动的相关概念

（一）公益

何谓公益？字面上讲，公益就是指有关社会公众的福祉和利益。在传统的汉语体系中并没有"公益"这个固定词语，它属于外来词汇。[①] "公益"为后起词，五四运动后才出现，其意是"公共利益"，"公益"是它的缩写。公益从字面的意思来看是为了公众的利益，它的实质应该是社会财富的再次分配。许多中国古代文献中有提及与其相似概念之处，如孟子提倡家庭、邻里、社区成员之间应当"出入相友，守望相助，疾病相扶持"；墨子主张"兼爱"，"天下之人皆相爱，强不执弱，众不劫寡，富不侮贫，贵不傲贱，诈不欺愚"等。

关于公益，无论在我国的理论界还是在实践界，目前还没有达成一个统一的准确定义，但是从总体上来说，主要有两种不同的理解：在公领域表现为"公共利益"，而在私领域表现为"慈善公益"。公领域的公益是指非特定的多数人的利益，这是社会成员享有的是共同利益，而这些享有者不是特定的社会成员，同时，也是国家或者社会出于整体需要的考虑，超越了特定地区或集团而面向大多数人的利益。从私领域的角度来讲，公益通常与"慈善、仁爱、博爱"等词汇相联系，它主要是指一些由民间发起的捐助或者捐赠行为，其目的是促进社会公众的福祉和利益。这里的"慈善公益"既包括对穷人、残疾人、老人、儿童、没有钱看病的病人或其家庭，以及因受到不可抗力的灾难而遭受人身财产损失的灾区群众的关爱和帮助，又包括对科技、教育、文化、环保等具有特定指向行为的扶持和帮助。

根据《中华人民共和国公益事业捐赠法》的相关表述，公益的范围主要体现在以下几个方面：（1）救助灾害、救济贫困、扶助残疾人等困难的社会群体和个人的活动；（2）教育、科学、文化、卫生、体育事业；（3）环境保护、社会公共设施建设；（4）促进社会发展和进步的其他社会公共和福利事业。

（二）公益活动

公益活动是指一定的组织或个人向社会捐赠财物、时间、精力和知识等的活动，是个人或团体为了给社会公众创造更多的公共产品而组织起来，自愿以做好事、行善举的方式开展的联合行动。[②] 它是一种群体性的努力，其最终的目标是为社会民众增进公共利益。生活中，公益活动的内容包括社区服务、环境保护、知识传播、公共福利、社会援助、社会治安、紧急援助、青年服务、慈善、社团活动、专业服务、文化艺术活动、国际合作，等等。大学生公益活

---

① 参见卓高生：《公益精神概念辨析》，《理论与现代化》2010 年第 1 期。
② 参见钟一彪：《大学生公益活动的功能定位》，《北京青年政治学院学报》2013 年第 4 期。

动，是大学生为了助益他人、服务其他社会群体、增加公共福利而自主组织的，或者是自愿参与的一种利他的公益服务行动。

（三）社会公益组织

社会公益组织一般指那些非政府的、不把利润最大化当作首要目标，且以社会公益事业为主要追求目标的社会组织。社会公益组织在 20 世纪 70 年代首先兴起于西方发达国家，并得到空前发展，那些以慈善组织和非营利组织为主体的民间组织主要从事人道主义救援和贫民救济活动，致力于增进社会福利和社会改善，以期能够向社会提供更具灵活性和创新性的公共服务。

（四）思政实践的公益活动

思想政治教育是通过课堂理论知识的教学、周围环境、实践活动等对学生进行道德素质和政治思想的培养，并使其提高的过程。因而，思政实践的公益活动可理解为大学生在思想政治理论课程学习的基础上，以马克思主义世界观和方法论为指导，以社会实践的方式参加社会公益，服务社会各项公益事业的活动。

二、大学生思政实践公益活动的特征

公益活动具有多方受益、规模效应、自主而行、参与为本、成果导向等五个方面的特征，而大学生在进行思政实践公益活动时，因其自身所具有的特点，体现出公益性、服务性、自愿性、开放性、专业性等五个基本特征。

（一）大学生思政实践公益活动的公益性

公益性体现为一种具有积极性的社会行为，其所表现出来的目的是实现社会公众的理想，改善社会所凸显出来的问题。公益性在大学生思政实践公益活动的所有特征中排名最前，其重要原因在于，大学生参与思政实践公益活动并不具有功利性和营利性，而具有利他性。大学生作为高等教育接受者，应具有热心公益、渴望有所作为的心理特点，应本着无私奉献社会、服务大众、扶弱助小的精神，将自己的时间和精力提供给他们认为需要帮助的弱势群体，而不求任何回报，其出发点就是为了公共利益。同时，大学生在参与公益活动、助益他人的同时，也会从中受益，实现自身的价值。正是因为这种多方受益的特点，公益性成为大学生思政实践公益活动的首要特征。

（二）大学生思政实践公益活动的服务性

为社区以及弱势群体提供服务是大学生思政实践公益活动的主要内容之

一。大学生利用课余时间，不以私利为目的，积极参与各类公益活动，在参与公益活动的过程中，不断受到周围志愿者和其他参与者的影响，会逐渐培养起一种服务社会的责任意识，也可以使大学生参与公益活动的热情更加高涨。同时，由于大学生参与公益活动具有利他动机，因此，大学生参与思政实践公益活动的出发点之一就是服务大众、服务社会，这也决定了大学生思政实践公益活动的服务性。

（三）大学生思政实践公益活动的自愿性

大学生思政实践公益活动的自愿性主要体现在，大学生参与公益活动是以大学生自觉自愿为前提条件的，并不是出于政府或者学校对大学生的强制要求，是大学生自愿参与的一种善意举动，这也是我国大学生公益活动的一大特点。大学生作为参与公益活动的一个重要的主体，在是否参与公益活动的选择方面是具有自由自主性的，不受外界的限制和操控。即便政府或者学校为了鼓励大学生积极参与公益活动而制定相关政策，或者采取某些措施，也是鼓励性的，而不是强制性的，大学生仍然具有自主选择权。大学生参与思政实践公益活动，是在道德良知和社会责任感的激励下，发挥主观能动性，积极造福大众和社会的善意行为；是以大学生自身的条件为评判标准，参与与否或者参与程度如何都取决于自己。同时，一个宽松自由的选择余地，也是大学生积极参与公益活动的动力之一。

（四）大学生思政实践公益活动的开放性

大学生思政实践公益活动的开放性主要体现在三个方面：地域的开放性、时间的开放性和内容的开放性。首先，大学生参与的思政实践公益活动，可以是学校范围内的，也可以延伸到整个国家甚至整个世界；可以是在其熟悉的地方，也可以在其从未涉足的地方。只要有需求，并且有意愿，就可以参与。其次，大学生在参与思政实践公益活动时，在时间上更具有灵活性，可以利用课余时间参与一些如无偿献血、捐款捐物等小型公益活动，也可以在寒暑假等较为完整的时间，去贫困山区等地进行助学支教等服务。最后，大学生思政实践公益活动的内容也是具有开放性的，大学生参与思政实践公益活动是大学生从学校走向社会、适应并融入社会的一条重要途径，参与公益活动的内容不仅仅局限于大学生从书本上学到的知识，可以与社会各行各业相关。参与内容丰富的公益活动，有助于大学生寻找自己擅长或感兴趣的领域，为以后走向社会奠定良好的基础。

（五）大学生思政实践公益活动的专业性

大学生思政实践公益活动与专业相结合，是公益活动未来发展的趋势，也是大学生由理论走向实践的良好途径。参与具有专业特色的公益活动，有利于大学生将学校所学与社会实践很好地结合起来，把知识转化为能力，为以后的发展打基础。公益活动的种类很多，涉及的领域也很广泛，而大学生来自各个不同的专业，掌握了各种类型的专业知识，从而使大学生思政实践公益活动具有了专业性。比如，学习外语专业的学生可以在大型志愿服务活动中担任翻译志愿者，帮助解决沟通障碍；学医学的学生可以去社区进行医学知识宣传或者进行一些义务检查、治疗活动，如量血压、测血糖等，不但可以增加社区群众的医学知识储备以提高其自救能力，还可以使其对自身的健康状况有大概的了解。

三、大学生思政实践公益活动的意义

社会公益事业是人类社会发展到较高阶段后出现的社会现象，参加公益活动的意义和价值从根本上说是人性中真善美的体现。在当前的时代背景和社会背景下，公益事业也是构建社会主义和谐社会的动力之一，助力实现中国梦。引导更多的大学生参与志愿服务，投身公益事业，是时代发展的要求，是社会进步的要求，也是大学生身心健康的需要，将有力地促进社会主义和谐社会的建设。大学生通过参加公益活动以助益他人、服务社群、增加公共福利为目标取向[1]，具有重大的意义：

（一）大学生积极参与思政实践公益活动是服务社会、奉献社会的基本形式，是公益精神的体现。公益精神就是愿意为改善"公域"部分而奉献努力的精神。公益精神表达了公益主体对公共问题和公益的普遍、明智和各式各样的关心，意味着人们或群体不仅对特定利益而且对"总的"思想和主张都抱有更灵活的态度。作为一种社会责任感，公益精神的本质含义并不在于牺牲自我，而在于唤起每个公民的社会责任意识，实现一个人人有责、社会关爱的社会。[2]

（二）大学生积极参加思政实践公益活动，可以培养社会责任意识、参与意识，锻炼和提高社会活动能力。通过投身社会实践，传播奉献他人、提升自

---

[1]　参见钟一彪：《大学生公益活动的功能定位》，《北京青年政治学院学报》2013年第4期。
[2]　参见卓高生：《公益精神概念辨析》，《理论与现代化》2010年第1期。

己的理念，大学生可以将理论联系实际，用理论指导实践，有利于更好地理解和掌握书本知识，更好地了解社会和现实，促进其全面发展，更有利于塑造内在品质，提升外在能力。通过参与各种思政实践公益活动，增加了大学生与人打交道的机会，在这个过程中使他们能积累与人交流的经验和教训，培养沟通和协调能力，接受社会锤炼，在实践中锻炼危机处理能力。

（三）大学生积极参与思政实践公益活动是高校精神文明建设的重要内容，是大学生人生价值的体现。公益活动的基本价值在于自己得到快乐的同时，也帮助了别人。人们在帮助别人时所获得的快乐往往是做其他事所不能比拟的。人生的意义不在于索取，而在于奉献。它既表现为在国家和人民需要的关键时刻挺身而出，也融汇和渗透在人们日常的工作和生活中。只有不断为他人、集体、国家和社会作出奉献，人生才更光彩，自身价值才能更好地实现。奉献是一种真诚自愿的付出行为，是一种崇高的精神境界，也是美好的人生追求。

（四）大学生积极参与思政实践公益活动，有利于培养健康的身心。高校促进大学生身心健康的方式很多，可操作的空间亦非常大，其中广泛发动大学生积极参加公益活动，对大学生身心健康的培养具有重要作用。通过广泛参与公益活动，能让学生不再局限于自己的精神世界和生活小圈子，拓宽大学生的视野，使其树立正确的人生观。公益活动的参与，有助于激发大学生对自身价值的荣誉感，产生一些心理上积极、细微的变化，这种细微变化通常也是令人感到愉快的，久而久之会成为心理感知上的常态，有利于身心健康。

第二节　公益活动的内容和主要形式

一、公益活动的内容

公益活动的内容非常广泛，主要有以下几种常见的类型。

（一）教育事业

发展教育事业是国家的基本战略，教育公益活动是教育事业的重要组成部分。教育公益主要表现为社会组织、个人等对教育事业的赞助。社会组织赞助教育事业，不仅有利于教育事业的发展，而且有利于融洽社会组织与教育单位的关系，有利于社会组织的人才招聘与培训，有利于树立社会组织关心教育的良好形象。常见的赞助方式有：赞助学校的基础建设，如图书馆、实验楼等的建设，为贫困地区建校办学、修缮校舍或场地；赞助学校专项经费，如专项科研基金、设立奖学金等；赞助教学用品，如设备、器材、图书资料等。同时，学校和社会组织可有计划地组织学生组成公益支教小队，助力贫困地区教育事业发展，支教的艰苦性和在当地的所见所闻有助于培养大学生乐于奉献、艰苦朴素、吃苦耐劳的作风。

（二）文化生活

文化生活是社会生活的重要内容之一。通过赞助文化生活方面的公益活动，社会组织不仅可以促进文化事业的发展，丰富公众的生活内容，而且可以培养与公众的良好感情，大大提高知名度。这类赞助的方式主要有：一是对文化活动的赞助，如对大型联欢晚会、文艺演出、电视节目的制作、电影的拍摄等赞助；二是对文化事业的赞助，如对科学与艺术研究、图书的出版、文化艺术团体等的赞助。

参加文化公益活动不仅能丰富大学生的文化生活，还能促进精神文明建设。近年来，许多大学面向公众举办了各种公益演出，不仅丰富了大学生的精神文化生活，而且高水平的演出也受到社会各界的高度赞扬，从而塑造了大学生良好的文化艺术形象。

（三）各种社会福利和慈善事业

社会福利和慈善事业能更好地反映行为主体高尚的道德品质，也是行为主体积极承担社会责任和义务的重要途径。因此，它们最有可能获得公众的称赞，提高行为主体的声誉。

这些向残疾人、老年人、退伍军人家庭、失学儿童和灾区人民提供帮助的各种活动，如救助贫困地区失学少年儿童的"希望工程"活动、慈善演出、慈善销售和筹款活动等都在全社会产生了巨大反响，这对形成良好的社会氛围起到了推动作用，体现了社会主义制度的优越性。因此，行为主体应树立"一切有利于社会的都要考虑"的原则，促进社会进步和文明，树立关心社会公益事业和"广泛行善"的良好形象。

（四）学术研究公益活动

从表面上看，学术研究似乎只是专家学者的事情。事实上，在改革开放不断深入的形势下，如何理解、总结和理论化一些新的经验、新的事物和新的变化，不仅是学术理论界的事情，也需要全社会的积极参与。因此，全社会有责任关心和支持学术研究活动。开展支持学术科研的公益活动，能够促进与产品和服务相关的科学研究，有助于使全社会保持旺盛的生命力，使本国在与其他国家的竞争中处于有利地位。这类活动的主要方式包括为科研机构提供资金、资助科研项目、资助学术研讨会、资助学术著作出版等。

各种学术研究活动，有的是直接服务整个社会的，有的是侧重某些社会生产技术的发展研究，社会组织可以自己设立研究部门或机构，也可以长期支持某些学术研究机构的研究活动。社会组织支持学术研究活动，既可以利用学术研究活动增加自身在公众中的影响力，提高社会组织的知名度，又有利于得到专家的咨询和建议，从而改进社会组织的工作。

（五）绿色营销

所谓绿色营销公益活动，意味着企业应该在营销中秉持着保护生态环境，传播绿色公益的理念，并做出实际行动，造福子孙后代。这就要求企业增强社会责任感，维护生态平衡，生产绿色食品，不破坏绿色环境。改革开放以来，人民的生活水平得到极大改善，但某些地区的自然环境和生态平衡也遭受了严重破坏。保护环境反映了企业勇于承担社会责任，能够给消费者留下良好的印象，也有助于促进产品销售。

二、公益活动的主要形式

从哲学层面讲，实践是人类能动地改造世界的社会性的物质活动。马克思在《关于费尔巴哈的提纲》中指出："全部社会生活在本质上是实践的。凡是把理论引向神秘主义的神秘东西，都能在人的实践中以及对这种实践的理解中得到合理的解决。"① 根据对象的不同属性，实践从总体上可划分为客体性实践活动和主体性实践活动。其中，客体性实践活动是"为主体创造对象的活动"；主体性实践活动是"为对象创造主体的活动"。在现实世界中，主客体实践活动往往相互依存、互为渗透。

大学生开展公益活动主要有以下几种形式。

（一）下乡义务支教

下乡义务支教是一项支援落后地区中小学校教育和教学管理的活动，也称扶贫支教，它除了是教育活动外，也是公益活动。大学生支教具体指大学生利用寒暑假或毕业前的实习时间，通过学校联系或自己联系开展驻校性的支教活

---

① 《马克思恩格斯文集》第 1 卷，人民出版社 2009 年版，第 501 页。

动。这样不仅可以丰富大学生的假期实践活动，使其自身的实践能力得到提高，还能够加深大学生对社会的了解，调动为社会服务的积极性，增强社会责任感，同时也检验了大学生的专业知识水平和教学能力。建议可以与支教学校建立长期合作的关系，也可以联系一些条件比较好的学校与农村学校进行互动。以北京某大学支教队为例，该队伍前往某乡镇中心学校进行了为期 20 天的支教活动，通过认真备课上课，不仅加深了支教同学对社会的理解，做到教学相长，还使同学之间在应对各种挑战的过程中结下了深厚的友谊，实现了教育与责任同在，理想与成长并存。

（二）募捐资金、衣物、书籍

募捐指的是以慈善为目的募集捐款或捐物，应当坚持自愿无偿、公开透明和诚实信用的原则。募捐人应当加强自律建设，提高社会公信力。募捐资金帮助一些弱势群体，可以参考两种方法：一种是联系一些企业为它们做一些工作换取赞助；另一种则是通过获取企业所资助的物资进行义卖，比如为报社义卖报纸等。募捐人在开展募捐活动前应当制订募捐方案，并且需要向捐赠人出具捐赠专用收据。旧衣物和旧书籍则需要进行严格的消毒处理后才可捐赠。在募捐活动终止后，所筹集到的物资要有详细的登记，在募捐人网站和募捐地区人民政府民政部门网站上进行情况公示。

（三）关爱孤寡老人及留守儿童

这种活动主要指前往敬老院、福利院看望被子女遗弃或子女不在身边的孤寡老人，以及父母不在身边从而缺少了父母关心和呵护的儿童。对于这两类弱势群体，可以采取探望、陪伴的方式开展活动。以武汉某高校为例，该校青年志愿者协会定期组织学生前往敬老院和学校看望孤寡老人和留守儿童，给他们送上慰问品，帮忙打扫卫生，陪老人聊天；通过近距离沟通交流，详细了解孩子们的学习、生活和身心健康等情况，鼓励他们勇敢地面对挫折和挑战。这种不求回报的精神，用自己力所能及的方式去无私奉献、服务社会，不仅帮助了社会中的弱势群体，同时也能够推动人与人之间和谐相处，使大学生在公益活动中受益，实现自身的价值。

（四）环保活动

环保活动即环境保护活动，是指人类为解决现实的或潜在的环境问题，协调人类与环境的关系，保障经济、社会的持续发展而采取的各种行动的总称。马克思主义认为，自然界是人类社会形成的自然基础，人类社会的存在和发展又反过来影响并不断改变着自然界。如何正确处理人与自然之间的关系，是关乎人类发展的根本性问题，我们只有积极投身于保护自然的伟大实践中，才能最终实现人与自然的和谐。自然界是人类赖以生存的家园，我们应该尊重自然、善待自然、保护自然，从自己身边的小事做起，从点点滴滴做起。大学生应培养环境保护的意识，积极投身环保活动。例如可开展环境保护宣传活动，通过展览、讲座、知识竞赛等方式提高人们保护环境的觉悟与认识，意识到环保对于地球、对于人类的重要性；开展收集废旧纸张、饮料瓶活动，实施废物回收再利用，提高废物利用率；通过校媒体宣传，积极组织植树、清扫公共设施等活动。

第三节 思政实践公益活动的策划与评估

一、思政实践公益活动的策划

要使开展的公益活动取得成功，必须认真地做好策划工作，具体步骤如下。

（一）确定公益活动主题

主题是指文艺作品或者社会活动所要表现出来的核心思想，有了主题才有整体框架，公益活动的主题是该公益活动灵魂的集中体现。

要根据开展公益活动组织的公众关系现状、目标和经济能力，决定公益活动内容，制订切实可行的方案。公众关系是由英文"Public Relations"翻译过来的，中文可译为两种，分别是公共关系、公众关系，具体是指组织机构与公众之间的交流与传播的关系。

（二）传播公益活动信息

公众关系的过程是组织主体与公众客体之间的一种信息传播和信息交流的过程，离开了传播，公众无从了解组织，组织也无从了解公众。公益是指社会公众的福祉和利益，当今社会处于高速发展的信息时代，参与公益活动的人员应该把开展公益活动组织的信息，通过适当的传播渠道和传播方式，如借助新媒体的各项优势资源和技术，传递给可能向本组织提供帮助的单位。

（三）确定公益活动对象

1. 掌握公益活动相关情况。包括赞助者的业务内容、社会信誉、公众关系、面临问题等，以便进行选择和甄别。

2. 了解项目情况。包括项目提出的背景，对公众的影响力，项目所需花费的财力、人力与物力情况，以及操作实施过程中可能出现的困难和问题等。

3. 进行成本效益分析。成本效益分析是一种经济决策方法，将成本效益分析方法运用于行政机构的计划决策之中，即通过项目全部成本和效益的比较来评估项目价值的方法，从而寻求以最小的投资获得最大的收益，也就是将成本（组织付出的全部财力、人力、物力）与综合效益（公益活动可能获得的经济效益与社会效益）进行分析比较。

4. 认真确定对象。公益活动应以本组织的公众关系目标、本组织面对的社会环境为出发点，按照有利于组织综合效益提高的原则，充分考虑多方面利益，协调平衡，确定公益活动对象，从具体的客观实际出发，不以人的主观意识为依据，防止因个人主观情感盲目决策。

（四）与公益活动对象沟通

对于还没有确定的公益活动对象，不要盲目进行沟通，要做好充分准备，提前掌握公益活动对象的信息，并进行认真研究；对于已经确定的公益活动对象，要及时沟通，保持联系，做好相关准备；对于不能满足或者不能全部满足要求而不再合作的对象，应该坦诚相告，诚恳解释原因，争取互相理解。

（五）实施公益活动方案

应当安排相关的公众关系人员或者组织专门的工作人员，负责公益活动的具体实施。实施方案包括以下几个方面。一是分工负责落实。对整个公益活动中的各个项目或环节，应分派具体人员负责落实，各司其职，密切配合。二是运用公关技巧。在实施过程中，公众关系人员应充分运用各种公众关系技巧与方法，了解受众群体，通过与媒体的良好合作、吸引媒体关注、监测新闻报道等方式，以求最佳效果。三是扩大组织影响。社会组织是公众关系的一个主体，它是公众关系的三大构成要素之一。因此在公益活动中，应尽量利用多种传播方式、途径，推动活动的开展，扩大活动的影响。如利用大众传播媒介广泛宣传报道，利用广告传播烘托气氛、强化效果。

二、思政实践公益活动的评估

公益活动完成后，应进行效果评估，效果评估是衡量规划、项目、服务等经过实践活动所达到的结果的实现程度，其目的在于对活动的价值作出科学的判断。进行效果评估后要总结经验，吸取教训。

1. 评估公众评价与反响。通过公众意见调查情况可间接地了解公益活动的效果，为下一步改善工作提供指导性意见。如通过深度访问等形式了解公益活动所取得的效果。

2. 评估公益活动计划完成情况。

3. 制作公益活动的资料。相关资料涉及公益活动的主题、目的、背景、性质、宗旨、时间等。

4. 撰写公益活动总结。

第四节　思政实践公益活动的现状与改进措施

一、大学生思政实践公益活动的现状

社会实践是大学生思想政治教育的重要环节，对于促进大学生健康成长，增强其社会责任感有不可替代的作用。高校应当大力倡导大学生参加志愿服务等公益活动，引导大学生运用所学知识和技能服务人民，奉献社会，培养为人民服务的道德观，弘扬社会主义道德风尚。公益活动既是大学生参与社会实践的一种主要形式，也是大学生施展职业技能的实践平台。目前，国内高校大学生参与公益活动的现状主要表现在以下四个方面。

（一）校园是大学生开展公益活动的主要平台

校园文化的建设和学校政策的支持有助于大学生们开展公益活动。在校大学生除了日常的教学课程之外，有一定的自由支配时间，进行公益活动既不会影响他们正常的教学安排，又可以充实他们的闲暇时间，使他们在公益实践活动中获得教益。在时间与政策的保障下，在校大学生拥有更为广阔的平台使他们能够投入到公益活动中。尤其是新时代的大学生，一般都有追求自身价值的愿望，而自身价值的实现并不在于获得多少实际利益，而主要是看付诸的行动是否能产生一定的社会价值，即获得精神上的满足。校园文化的建设应基于宣传带动大学生参与到各种公益等正能量的活动中来，引导大学生形成正确的世界观、人生观、价值观。

（二）大学生参与公益活动热情不高

当前，大学生虽然对公益活动有一定程度的了解，但是他们参与的频率往往不高，多数人只是出于好奇心理有过简单的了解，经常参与其中的人数较少。从整体来看，大学生群体中真正参与到活动当中、发挥积极作用的主要是校学生会、校团委、校社团等团体的学生干部和成员，并没有调动大多数在校学生的积极性。虽然随着家庭教育、学校教育和社会教育的深入，大学生的思想道德水平不断提升，大部分人愿意参与公益活动，但是仍有相当一部分大学生不愿意参与。不愿意参与的原因可能主要有以下两点：一是部分大学生的公益意识淡薄，没课的时间忙于游戏上网，没有主动关注公益活动，参与意愿自然不高；二是部分大学生自我意识较强，缺乏社会责任心和责任感，加上学校及社会有关组织领导机构的欠缺，使他们的参与意愿不高。[①]

（三）公益活动服务面比较窄、形式较单一

大学生公益活动的服务范围在时间上和空间上都是有限的。一方面，大学生在校的主要任务是学习专业知识，夯实专业技能，只能利用学习之余来安排公益活动的时间。另一方面，校园的公益活动一般在校园及其周边开展，在地域上也有一定的限制。大学生虽然作为具有代表性的参与社会公益活动的群体之一，但由于参与的公益活动多集中于校园及其周边，缺乏多样性，其参与的多为短期支教、探望敬老院老人、引导公众秩序等缺乏深度体验的社会公益活动。此外，社会上虽然涌现出了许多专为大学生设立的公益活动组织，可受到传播途径等的限制，有需求的大学生无法及时得知活动信息，或者获得信息的大学生没有时间参与活动，进而造成公益资源浪费。校园公益活动的内容有限与公益活动传播途径的限制共同造成了大学生可以参加的公益活动形式单一，内容缺乏多样性。此外，由于目前高校与社区、企事业单位尚缺乏长效稳定的沟通交流机制和制度化的规范措施，大学生公益活动也存在缺乏连续性、持久性和志愿者招募培训工作不力等问题。

（四）缺乏专业培训，能力不对等

我国公益事业目前也存在参与社会公益的群体大多热忱却又缺乏系统专业知识的问题。由于缺乏对公益活动的深度认识，加之社会普及率较低，共同导致了热心做公益的大学生缺乏相应的理论知识与实践能力。作为正在接受高等教育的大学生群体，除了有热情和活力外，还具备自身所学专业的专业知识。然而，在大学生可参加的公益活动中，往往无法利用大学生的这一优势，导致

[①]　参见劳光辉：《传媒类院校大学生公益活动常态化实践研究》，《高教学刊》2015年第15期。

大学生所具备的专业能力无法施展。

二、改进大学生思政实践公益活动的措施

（一）学校加强对大学生社会实践公益活动的重视程度

学校是大学生参与公益活动的主要场所，也是培养大学生公益意识和素养最重要的地方，因此，学校对于大学生公益活动的参与有很大的影响。学校加强对大学生公益活动的重视程度可以从以下几方面着手。

一是加强对大学生公益活动的宣传教育。一方面，学校应该从多渠道入手，对有关公益活动的信息进行高频率大范围的宣传，使更多的学生了解公益活动的开展信息，有助于使从未参与或不愿参与的学生对公益活动从未知到已知，从陌生到熟悉，在潜移默化当中，培养他们的公益认知，提高他们的公益素养；同时，也可以使想参与但一直苦于信息不畅通的后备参与者们能够积极参与其中，增加参与公益活动的人数，营造一个全校参与公益的氛围；此外，还可以使那些一直在参与公益活动，却没有多少人感受到他们存在与付出的学生们，获得精神上的满足感，提升自己的成就感，提高大学生参与公益活动的积极性。另一方面，学校可以为大学生开设关于大学生公益素养方面的课程，对公益的相关概念和内涵进行讲授的同时，对公益活动的参与程序以及在参与公益活动的过程中可能会遇到的困难进行介绍，及时做好大学生的心理建设，为培养大学生的公益意志奠定基础。此外，教师的选择也很重要，在选择授课教师时要进行筛选，要选择参与过公益活动的教师，因为参与过公益活动的教师对于实际情况更为了解，更有发言权。教师也要做到言行一致，如果有些教师只在言语上支持公益活动，而从来不付诸实践，这也会使大学生对公益活动的态度产生影响，使大学生对公益活动存在看法，认为只是流于形式，实际意义不大，从而缺乏参与公益活动的热情。

二是加强对大学生志愿者的培训。在参与校外公益活动的过程中，大学生志愿者的形象代表着整个学校的形象，而其在学校内部的公益活动中也展示着学校志愿者队伍的整体水平。对于志愿者自身来说，具备良好的专业知识与技能，也可以提升服务效果，从而在获得积极评价的同时，使他们的自信心增强，其工作热情也会不断高涨。因此，对大学生志愿者的培训是十分必要的。一方面，培训内容要具体实用，如一些沟通技巧、礼仪规范、急救技术等，要让大学生在参与公益活动的过程中可以学以致用。另一方面，培训内容要有一

定的针对性，要做到因时因事而异，不同类型的公益活动，需要大学生志愿者具备不一样的专业知识和能力，使培训的效果在具体活动中得到最大程度的发挥。

三是完善高校内部的大学生公益组织的团队建设。一方面，要完善公益组织或社团内部的各项规章制度，建立科学有效的团队管理模式。如建立严格的财务制度、社团成员管理制度以及人事考评制度等，提升整个团队的制度化建设水平，促进团队的可持续发展。此外，由于大学生一般是具有较强的社交需要、尊重需要和自我实现需要等较高层次需要的群体，因此，应该让每一位成员都享有参与决策的权利，使其感受到自身的价值所在，从而转被动为主动，使被动参加转换为主动参与，让每一位成员都变成团队的建设者；同时，也要给成员们提供一个畅通的表达不满的途径，及时了解成员们的心理状态，并对其进行心理疏导，努力解决其提出的问题，尽力满足其需要，使整个团队发展得更好。另一方面，要完善组织内部的活动机制，做好事前准备以及事后总结，积极寻找自身的不足并加以完善，逐步提升组织的整体水平。

四是完善对大学生志愿者的激励机制。马斯洛需求层次理论认为，人类的需要主要有生理需要、安全需要、归属与爱的需要、尊重的需要、求知需要、审美需要和自我实现的需要，如果想激励某人，就应设法知道他目前所处的需求层次，并设法满足他的需要。根据相关理论，将内在激励和外在激励紧密结合起来，会对志愿者从事公益活动起到更大的推动作用。学校可以不定期地对表现突出的志愿者给予一定的物质奖励和精神表彰，也可以在学校组织培训的过程中，根据志愿者的实际情况和具体需要，对他们进行认可和赞许，提升其价值感和荣誉感，使其能保持更持久的公益意志。

五是为大学生提供广阔的参与公益活动的平台。一方面，应给予大学生公益组织或社团一定的支持，如在场地的选择、各种物料的使用方面予以一定的照顾，对于其组织的公益活动可以在学校层面进行一定的宣传动员，降低活动开展的难度。另一方面，很多学生不参与公益活动的原因是没有时间，或者时间与课程相冲突，从而造成大学生公益活动参与不足的问题。学校可以在全校范围内，组织公益活动主题周或宣传月，使大学生参与公益活动由一种个体行为转变为一种集体行为，从而有效营造校园的公益氛围，提升大学生参与公益活动的意识。

（二）构建良好的社会环境，为大学生公益活动的开展创造有利条件

一方面，应加强媒体宣传力度，营造全民公益氛围。我国的公益活动起步

较晚，对整个社会的影响力还较为有限。加强媒体宣传，提升宣传效果应该从两个方面入手。一是加强媒体自身的建设。首先要健全网络法律法规，对网络诈骗、虚假信息等行为进行严厉处罚，营造一个健康有序的网络大环境。其次对媒体发布的信息要进行严格的把关和筛选，从源头上杜绝不良信息的传播。最后要加大创新力度，创新宣传方式。一种新的宣传方式，可能会比数百次的老生常谈更具有吸引力，比如文艺表演、公益快闪等。二是加大对公益活动的宣传，可以增加宣传频次，也可以拓宽宣传渠道，让大学生通过不同方式了解与公益相关的知识和各种公益活动的信息。比如在公交车站、地铁站等人流量较大的地方，可以投放公益广告或传播公益活动信息，在不知不觉中使公益精神深入人心，将公益精神培育为一种全民文化。

另一方面，应加强大学生公益组织与政府组织、民间组织以及社区等的合作，将大学生公益活动纳入整体社会工作体系，在为大学生提供更多参与公益活动平台的同时，促进和谐社会、和谐社区的建设。根据社会资本理论，公益活动以志愿精神为基础，可以推动精神文明建设和群众性道德文明建设。而志愿精神是一种自愿的、不为报酬和收入而参与推动人类发展、促进社会进步和完善社区工作的意识。将社区建设和大学生公益活动进行有效结合，不但可以使有一定专业知识和实践能力的大学生成为帮助完善社区、壮大社区的公益力量，以补充社区的服务体系，还可以扩宽大学生参与公益活动的渠道，促进大学生公益活动项目的开发和丰富。

（三）政府加大对大学生公益活动的投入力度

公益活动的开展在一定程度上对于和谐社会的建立有促进作用，因此，政府应该加大对大学生公益活动的投入力度，给予大学生志愿者必要的支持，完善对大学生志愿者的激励机制。俗话说，"巧妇难为无米之炊"，任何公益活动或者行为，都需要一定的资金支持。大学生由于没有收入来源，参与公益活动本就是无偿行为，如果参与公益活动还需要大学生自掏腰包，这无疑会大大影响大学生参与公益活动的积极性。因此，政府应该加强对公益活动的投入，给予大学生志愿者必要的资金支持。但是，如果所有的公益活动都需要由政府拨款才能开展的话，那么政府也无力承担。因此，政府可以加强对其他社会组织的动员，争取多方位筹集资金，以满足大学生公益活动的需要。此外，对于表现优异的志愿者，可以进行一些精神上的奖励，比如在网络、电视等媒体上进行宣传报道等，在有条件的前提下，也可以给予一点物质奖励，以激发大学生参与公益活动的积极性。

（四）提升大学生自身的公益素养

提高大学生自身的公益素养，不但有利于大学生认识、了解公益活动，而且有利于激发大学生参与公益活动的积极性，促进大学生公益活动的发展。要提高大学生自身的公益素养，可以从以下几个方面入手。首先，大学生应该从对公益活动的基本认知入手，努力学好有关公益的知识，在了解公益相关知识的过程中，培养自己对于公益活动的兴趣。兴趣是最好的老师，大学生可以在平时的学习生活中，多阅读有关公益的书籍，了解国内外公益的发展现状，通过对比，寻找兴趣点，以自己感兴趣的内容为突破口，由浅入深，层层递进，逐步掌握有关公益的理论知识，提高对公益的认知水平。其次，有些大学生公益认知缺乏，公益情感不强，这属于正常现象，在他们提高对公益的认知之后，大学生对公益活动的参与意愿会得到加强。再次，在对公益活动有充分的认识之后，可以在行动上进行强化，先从小事做起，如结合自身的实际情况，无偿献血或给贫困山区的孩子捐款捐物等，然后可以去学校的公益组织或社团进行观摩，找自己认为合适的组织或社团加入，积极参与一些公益活动。最后，在参与公益活动的过程中，要不断提高自己的临场应变、口头表达、团队协作等能力，努力克服惰性及畏难心理，从而增强自己的意志力，提高自己的公益意志。大学生在培养自己的公益素养时，要努力将理论知识应用到实践中去，做到理论联系实际，从公益认知、公益情感、公益行为、公益意志四方面入手，不断深入，全面提升自身的公益素养。

第七章　思政实践的红色革命旧址考察

党的十八大以来，习近平紧紧围绕坚持和发展中国特色社会主义这个主题，从治国理政的现实出发就红色文化的继承和发展问题强调要"把红色资源利用好、把红色传统发扬好、把红色基因传承好"①。充分认识红色革命旧址和红色文化，了解中国革命的基本情况能为大学生社会实践和思想政治教育活动的展开提供充分保障。

第一节　探寻红色革命旧址

一、红色革命旧址概念及分类

红色革命旧址或遗址主要包括：烈士纪念馆、烈士陵园、红色革命根据地的革命遗迹、革命主题的博物馆等。这些历史遗迹记载着最真实的革命史，它们大体上可以分为两类，一类是历史遗迹，包括革命活动旧址和革命事件遗址、革命领袖故居、革命根据地和革命老区的革命遗迹；另一类是纪念场地，主要包括烈士陵园、革命主题的博物馆或者革命纪念馆、英烈宗祠等。具体而言有以下分类。

（一）战争和重大事件发源地

中国人民在中国共产党的领导下经历了许多重大革命历史事件，其中有一部分遗址被破坏了，也有相当一部分幸存下来。如山西灵丘平型关大捷遗址、江西永新三湾改编旧址、湖南浏阳秋收起义会师旧址等。这些旧址或遗址成为开展革命传统教育、"四史"教育、爱国主义教育十分珍贵的资源。

（二）重要会议的会址

这类红色旧址主要是在革命战争年代召开的，对中国共产党和中国革命具有重要历史意义的会议的旧址，其中有一部分保存至今。如福建上杭古田会议旧址、湖北武汉的八七会议旧址和中共五大旧址、贵州遵义会议旧址、上海中共一大会议旧址、陕西延安洛川会议旧址等。

---

① 《贯彻全军政治工作会议精神 扎实推进依法治军从严治军》，《人民日报》2014 年 12 月 16 日。

（三）重要的办公地旧址

中国共产党在革命战争年代的工作地址、办公旧址是后人追忆历史、缅怀先烈、激发报国情强国志的重要依托。中国共产党在革命老区、白区、红色革命根据地的办公旧址，有广州中华全国总工会旧址、山东临沂新四军军部旧址、江西南昌"八一起义"指挥部旧址、辽宁沈阳中共满洲省委旧址等。

（四）名人故居或纪念馆

革命战争年代许多领袖人物、革命活动家们的工作生活居所被完整地保存至今，如湖南韶山的毛泽东故居和纪念馆、四川广安的邓小平故居和纪念馆、湖南宁乡的刘少奇故居和纪念馆等。

（五）革命烈士陵园

革命烈士陵园是后人为了纪念烈士而专门建造的纪念地或园林式建筑。如井冈山革命烈士陵园、江西上饶集中营烈士陵园、鄂豫皖苏区革命烈士陵园、广西百色起义烈士陵园等。

（六）各类纪念馆

我国比较有代表性的红色文化纪念馆包括："九一八"历史博物馆、辽宁丹东抗美援朝纪念馆、辽宁锦州辽沈战役纪念馆、中国人民抗日战争纪念馆等。

红色文化资源折射出革命先烈崇高的理想信念和共产主义远大理想，系统而非零散、客观而真实地反映了中国共产党带领广大人民追求人民解放、国家富强、民族复兴的历史进程，具有思想价值性、顽强生命性、鲜明教育性和丰富时代性。

各类红色文化资源记载了革命先烈抵御外辱、为建立红色政权浴血奋战的光辉历史，生动地诉说着中国不屈不挠的革命奋斗历程。红色文化资源一方面见证了在中国共产党带领下广大人民的奋斗史，另一方面记载了各个不同历史时期感人的历史事迹，具有历史和科学双重价值，为中国革命史的研究提供了鲜活的历史素材，为新时代爱国主义教育提供了生动教材，是新时代大学生思想政治实践教育的鲜活载体。

二、中国爱国主义教育基地发展概况

1994 年 8 月，中共中央印发了《爱国主义教育实施纲要》（以下简称《纲要》）。《纲要》论述了进行爱国主义教育的重要意义，提出了教育的基本原则、主要内容、重点对象以及一系列具体措施。《纲要》拓宽了进行爱国主义教育的渠道，强调通过群众丰富多彩的实践活动取得教育成果，并着眼于建立长远的教育机制，体现了精神文明重在建设的方针。

1995 年 3 月，民政部确定了第一批（100 处）爱国主义教育基地。

1996 年 10 月 10 日，江泽民在中共十四届六中全会上作重要讲话时指出："为了把我们的事业继续推向前进，必须在全国人民特别是青少年中进一步加强爱国主义教育。我们坚持的爱国主义同狭隘的民族主义是有本质区别的。要使我们的人民懂得，坚持对外开放，认真学习世界各民族的长处，积极引进先进的科学技术和经营管理经验，增强我们自力更生的能力，加快祖国的发展，这本身就是爱国主义的重要内容。""要通过各种生动活泼的形式，广泛、深入、持久地加强爱国主义教育和宣传，提高全国人民的民族自尊心和自豪感，在全社会进一步发扬以热爱祖国、贡献全部力量建设祖国为最大光荣，以损害祖国利益和尊严为最大耻辱的良好风尚。"[1]

1997 年 7 月，中宣部向社会公布了首批百个爱国主义教育示范基地，并以此影响和带动全国爱国主义教育基地的建设。此次公布的 100 个示范基地中，反映中华民族悠久历史文化内容的有 19 个，反映近代中国遭受帝国主义侵略和我国人民反抗侵略、英勇斗争内容的有 9 个，反映我国人民革命斗争和社会主义建设时期内容的有 75 个（有重合内容）。

2001 年 6 月 11 日，中宣部公布了以反映党的光辉历史为主要内容的第二批百个爱国主义教育示范基地。2005 年 11 月 20 日，中宣部公布了第三批 66 个全国爱国主义教育示范基地名单。

2009 年 5 月，中宣部公布第四批 87 个全国爱国主义教育示范基地，旨在进一步推动爱国主义教育基地建设，更好地发挥爱国主义教育基地作用，更加深入地开展群众性爱国主义教育活动，以激发爱国热情、凝聚人民力量、培育民族精神。

2018 年 7 月，中共中央办公厅、国务院办公厅印发了《关于实施革命文物保护利用工程（2018—2022 年）的意见》，为新时代全面加强革命文物保护利用确立了任务书和路线图。

---

[1] 中共中央文献研究室编：《十四大以来重要文献选编》下册，人民出版社 1999 年版，第 2084—2085 页。

2019 年新中国成立 70 周年之际，中宣部新命名 39 个全国爱国主义教育示范基地。命名工作紧密结合"不忘初心、牢记使命"主题教育，突出反映新中国成立 70 年来党和国家各项事业发生的历史性变革、取得的历史性成就。中宣部要求，要进一步发挥全国爱国主义教育示范基地在庆祝新中国成立 70 周年和开展"不忘初心、牢记使命"主题教育等重大活动中的作用，强化宣传教育功能，讲好中国故事，讲好中国共产党故事，讲好新时代中国特色社会主义故事，充分激发广大干部群众特别是青少年的爱国情、强国志、报国行，进一步坚定中国特色社会主义道路自信、理论自信、制度自信、文化自信，凝聚起砥砺新征程、奋斗新时代的强大力量。

中国爱国主义教育基地从 1994 年《纲要》颁布到现如今经历了二十多年的探索。截至 2018 年 7 月，中国登记的革命旧址、遗址已达 33315 处；截至 2021 年 6 月，全国爱国主义教育示范基地总数达到 585 个，基本覆盖了从中国共产党成立到解放战争胜利各个历史时期的重大历史事件、重要人物和重要革命纪念地。

三、湖北省代表性革命旧址概况

从革命旧址资源数量上看，湖北省的排名居于全国前列。在国家发改委印发的全国红色旅游经典景区名录中，湖北省有多处革命旧址遗迹（群）榜上有名。湖北省入选的红色旧址（群）有：武汉市红色旅游系列景区、黄冈市大别山红色旅游区、湘鄂西红色旅游系列景区、孝感市红色旅游系列景区、武汉市辛亥革命系列景区、咸宁市咸安区北伐战争汀泗桥战役遗址、湘鄂赣红色旅游系列景区、襄樊（阳）市宜城市张自忠纪念馆、黄冈市黄州区陈潭秋故居、随州市曾都区新四军第五师旧址群、恩施自治州鹤峰县五里坪系列景区、咸丰忠堡大捷遗址及烈士陵园等。湖北省十个比较具有代表性的革命旧址基本情况如下。

（一）辛亥革命武昌起义军政府旧址。旧址位于湖北省武汉市武昌蛇山南麓的阅马场北端，现保存完好，因其主体建筑为红色楼房，因此又被称为"红楼"。红楼原为清政府于宣统元年（1909 年）所建的湖北省谘议局大楼，现大门和主楼上端匾额均为宋庆龄题写。该楼主体建筑为二层砖混结构（也有说法认为是砖木结构）西式楼房，坐北朝南。大楼平面呈"山"字形，前方及两翼是门厅和办公室，后方正中为会堂。旧址面对阅马场，院门外正前方立有孙中山铜像，仪表庄严安详。

（二）八七会议会址。位于湖北省武汉市汉口鄱阳街 139 号。1978 年 8 月 7 日，八七会议会址恢复原貌并建立纪念馆，正式对外开放。八七会议会址馆舍共三层，由基本陈列展厅、辅助陈列室、临时展厅、复原会场和办公用房构成。八七会议会址作为记录八七会议这一历史事件的重要载体，见证了中国共产党历史上的一次重大转折，在进行党史教育、爱国主义教育和革命传统教育中扮演着重要的角色。

（三）二七纪念馆。位于武汉市汉口解放大道，是为纪念 1923 年京汉铁路大罢工及"二七惨案"，在林祥谦、施洋等烈士牺牲的江岸地区修建的。馆内的陈列厅分为七个部分，详细地介绍了"二七"革命斗争的全过程，陈列了老一辈无产阶级革命家、党和国家领导人的题字、文章、画作，以及"二七"发源地、继承和发扬"二七"传统、再创新业绩等主题的展览。二七纪念馆周围还有毛泽东亲笔题写的"二七烈士纪念碑"、京汉铁路总工会旧址、施洋烈士墓等纪念地。

（四）武昌中央农民运动讲习所。位于武汉市武昌区红巷（旧称簧巷）13 号。武昌中央农民运动讲习所是大革命时期国共两党合作创办的培养农民运动干部的学校，由邓演达、毛泽东、陈克文担任常务委员组成学校最高领导机构，毛泽东实际主持工作。讲习所于 1927 年 3 月开学，有来自全国各地的学员 800 余人，同年 6 月毕业，大多数被委任为农协特派员，到农村领导农民运动。讲习所旧址原为北路学堂，大革命失败后一度为军队驻地，后一直为学校。旧址坐北朝南，1958 年在旧址内筹建纪念馆，1963 年正式开放，是全国重点文物保护单位。

（五）中共五大会址纪念馆。位于武汉市武昌区都府堤 20 号，是毛泽东、陈潭秋等人早期革命活动的旧址。会址原为 1918 年创办的国立武昌高等师范学校附属小学。中国共产党第五次全国代表大会会址纪念馆的 7 幢建筑物呈"回"字形，均为砖木结构，中共五大开幕式会场已按照原貌进行复原。

（六）红安烈士陵园。位于红安县城东北裸子山麓，新中国成立后为纪念在黄麻起义和鄂豫皖苏区在革命斗争中牺牲的烈士而建。烈士陵园内有牌楼、纪念碑、烈士祠、烈士墓、灵堂等建筑，红安革命博物馆和董必武纪念馆均设于园内。纪念碑矗立于陵园中心，平面正方歇山顶，通高 25.7 米，四面均以汉白玉镶嵌，碑身正面为"黄麻起义和鄂豫皖苏区革命烈士纪念碑"十七个大字，左右侧面有董必武、叶剑英、李先念、徐向前等人题词。园内苍松翠柏环绕，建筑大气古朴，环境肃穆庄严。

（七）红安七里坪镇。位于湖北省黄冈市红安县，地处大别山南麓、鄂豫两省边际，是著名的黄麻起义策源地、中国工农红军三大主力之一的红四方面军的诞生地、红二十五军重建地、红二十八军改编地，也是鄂豫皖苏区早期的政治、军事、经济、文化中心，曾被命名为"列宁市"。刘伯承、邓小平、李先念、徐向前等老一辈无产阶级革命家在这里留下了战斗的足迹。这片土地上，先后走出了 143 位共和国的高级将领和省部级以上领导干部，被誉为"红色的圣地、将军的摇篮"。

（八）洪湖湘鄂西苏区革命烈士陵园。位于洪湖市新堤街道沿江路，1984 年 11 月落成。全园共有五大主体建筑，由牌坊、贺龙铜像、纪念碑、烈士祠、陈列馆组成。陈列馆以翔实的史料、珍贵的图片展示了湘鄂西苏区党、政、军历次会议决议、文件，工农武装暴动纲领，红军书写的口号、标语，苏区散发的传单，捷报以及红军和游击队使用的各种武器等。

（九）大悟县宣化店谈判旧址（宣化店湖北会馆）。位于湖北省大悟县宣化店镇竹竿河西岸，又称"河西会馆"，建于清道光元年（1821 年）。1946 年，周恩来与李先念在这里与美蒋代表进行谈判，商讨和平问题；其后，蒋介石撕破和平面皮，向中原野战军进攻，中原野战军在这里展开"中原突围"战役，打响全国解放战争第一枪。谈判旧址的厅内陈列着当时三方谈判代表的席位及有关图片和文字资料；厢房内原样保存着周恩来睡过的门板及办公用过的桌、椅、油灯等文物。

（十）新四军第五师司令部旧址。又称新四军第五师旧址群、九口堰革命旧址，位于湖北省随州市曾都区洛阳镇。新四军第五师司令部旧址是一处保存完整的明清时期的古民居，主要由九口堰新四军第五师司令部、政治部旧址，抗大十分校旧址、兵工厂、被服厂、医院、边区建设银行、挺进报社编辑部、报社印刷厂、十三旅部、随南县委等革命旧址组成；较好地保存和展现了以李先念为代表的革命先驱在抗日战争中工作和生活的场景，富有深厚的中国传统文化底蕴。2019 年 10 月，新四军第五师司令部旧址被国务院公布为第八批全国重点文物保护单位。

第二节　红色革命旧址考察实践

红色革命旧址是红色文化的历史见证，是蕴含着优秀革命精神并薪火相传的红色基因宝库，是思想政治教育理论课进行实践的场所，是大学生爱国主义教育的鲜活教材。红色革命旧址虽然以静态的方式呈现，但其精神内核却是生动的，它跨越时空，将红色的火种播撒到了一代代年轻人的心中，扎根发芽，转化为他们内心的精神力量。习近平指出："革命传统资源是我们党的宝贵精神财富，每一个红色旅游景点都是一个常学常新的生动课堂，蕴含着丰富的政治智慧和道德滋养。"[①] 红色革命旧址是一本"立体的教科书"，大学生们考察红色革命旧址，追溯中国革命历史，追忆红色历史印迹，聆听经典红色故事，通过深入地认识过去，将革命文化与社会主义先进文化融会贯通，有助于使其增强文化自信、提高党性修养、追求远大理想、坚定崇高信念，为实现中华民族伟大复兴的中国梦注入不竭的青春能量，在建设中国特色社会主义的道路上勇敢前行。

一、红色革命旧址考察实践的教育功能

（一）资政育人功能

红色文化资源有以史为鉴，资政育人的功能。红色文化是为无产阶级服务的文化，它体现着全心全意为人民服务的根本宗旨，体现了中国共产党人的初心和使命。红色文化首先是红色政治文化，是国家集体意志的体现，反映了党的主流意识形态。红色文化资源资政育人的作用主要体现在以下三个方面。

1. 了解革命历史进程

习近平指出："一个民族、一个国家，必须知道自己是谁，是从哪里来的，要到哪里去，想明白了、想对了，就要坚定不移朝着目标前进。"[②] 大学生在对红色革命旧址进行考察的实践中，通过现场倾听教师或讲解员讲解，首先要对国史、党史、军史的发展脉络有一个清晰的认识，要抱着认真的态度学习党的历史，深入探究为什么中国人民最终选择了中国共产党，为什么中国共产党能够昂然屹立，再创今日之伟大成就。全面、深刻地了解党的过去，赓续红色血脉，认清自己肩上所担负的责任，才能更好地建设中国特色社会主义。当前，历史虚无主义思潮在某些领域兴风作浪，企图否定领袖，抹黑英雄，歪曲历史事实。只有了解党的历史发展进程，才能旗帜鲜明地与历史虚无主义划清

---

① 《习近平在湖南调研时强调 以更加奋发有为的精神加强和改进党的建设 为实现"十二五"时期良好开局提供坚强保证》，《人民日报》2011年3月24日。

② 《习近平谈治国理政》，外文出版社2014年版，第171页。

界限。

2. 坚定理想信念

习近平强调："理想信念是精神之'钙'，精神上缺了'钙'，就会得'软骨病'，就会导致政治上变质、经济上贪婪、道德上堕落、生活上腐化。"[①] 理想信念是红色文化的灵魂，同时也是大学生人生发展的内在动力。如果没有了理想信念，必然会导致红色文化丧失锋芒，人生也会迷失方向。因此大学生在红色革命旧址中，浸入式学习革命先辈崇高的革命精神和忠于党、忠于祖国、忠于人民的革命信仰，学习标杆和榜样，从而激励大学生为了理想信念而不懈努力奋斗。

3. 凝聚红色文化共识

因每个人的立场、阅历、思维方式不同，社会上的各种精神、思想也不同，红色文化作为先进文化的代表，可以将积极的思想和精神联系起来。在开展实践的过程中，学生之间、教师之间、师生之间、学生与社会之间能够进行互动，使学生更加直观地接触到红色革命资源，通过红色文化的传导，发挥红色文化的纽带作用，使其凝结成一股力量，形成具有中国特色、中国风格、中国气派的红色文化精神，引领社会和每个人朝着正确的方向前行。

（二）党建育人功能

在党员发展、培养和教育的过程中，通过在思想政治实践课中开展红色文化教育实践活动，有助于切实发挥红色文化在党建育人方面的重大作用。例如可组织大学生、入党积极分子和党员前往红色革命旧址参观、宣誓、献花篮、走访革命老兵等实践活动。通过多样的实践形式，充实的实践内容，可以使大学生、入党积极分子和党员全身心地投入到实践活动之中；在缅怀革命先烈、学习革命精神的同时，对党的历史、党的性质和宗旨等形成全面、深入的认识。

（三）以德育人功能

红色文化贯穿新时代德育、智育、美育全过程，是教育大学生的"活教材"。走进红色革命旧址，运用红色文化中蕴含的革命英雄事迹和革命先烈的人格魅力教化青年，使大学生将实践中的所听、所闻、所感融入日常生活，内

---

① 《习近平关于党的群众路线教育实践活动论述摘编》，党建读物出版社、中央文献出版社2014年版，第40页。

化于心，外化于行，有助于他们塑造良好的品德，锤炼其独立、完整的人格，陶冶其情操，提高他们的修养，从而积极地奉献社会。

（四）爱国主义情感教化功能

对于大学生来说，热爱祖国是其立身之本，成才之基。红色文化具有强大的爱国主义教化功能，在红色革命旧址考察实践中，大学生能够近距离感受为国献身的壮烈场面、阶级友爱的温情故事和军民鱼水深情的珍贵情谊，这些都无不折射出爱国主义的理性光辉，从而弘扬了以爱国主义为核心的民族精神，激发出大学生爱国、爱党、爱社会主义的热情。

二、红色革命旧址考察的两种实践形式

实践是人类能动地改造世界的客观物质性活动，是人类存在的基本方式，也是社会得以发展的前提。马克思曾指出："全部社会生活在本质上是实践的。凡是把理论引向神秘主义的神秘东西，都能在人的实践中以及对这个实践的理解中得到合理的解决。"[1] 也就是说，大学生只有通过在实践中感悟、理解、分析事物，才能提高对于事物和自身的认识。实践是认识的归宿，将新的体会、新的认识指导实践，经过从实践到认识，再从认识到实践的两次飞跃。对红色革命旧址的考察有助于大学生将所听、所闻、所感的革命事迹和英雄人物事迹转化为自身的价值追寻和奋斗目标。

（一）实地参观体验式实践

实地参观体验式实践是参与者通过对实情实景的了解与感受，产生与环境相联系的实践活动，进而增强和升华对事物的认识以及对自身的认知。武汉的大学生可以走进湖北的革命旧址进行参观体验式实践，包括武昌起义纪念馆、中共五大会址纪念馆、毛泽东同志旧居、八七会议会址、八路军武汉办事处旧址、武昌中央农民运动讲习所、二七烈士纪念碑、施洋烈士陵园、湖北烈士祠、辛亥首义烈士祠等。

实践是认识的来源与目的，唯有通过社会实践，把握爱国主义和革命传统教育的主题，让大学生亲自经历、亲身感受红色文化精神传导的价值导向，才能使大学生将对红色文化的认知转化成为情感认同、价值认同并上升为自觉行动。通过参观红色革命旧址，结合史料、遗迹留存、文字记载等，学习红色文

---

① 《马克思恩格斯选集》第 1 卷，人民出版社 1995 年版，第 56 页。

化发展脉络、演变历程及精神体现，有助于培养学生的爱国情感，使其了解红色文化与其他文化的明确界限，明晰什么符合当代价值需求，需要弘扬什么、抵制什么，取其精华，去其糟粕，培养大学生明辨是非的能力。同时，不仅要进行爱国主义教育、价值观教育，还要加强德行修养教育以及男女平等、公正法治等可能容易被忽视的教育。

（二）社会考察探究式实践

一般来说，有两种社会考察探究式实践形式。第一，通过社会调研走进红色革命旧址。例如 2017 年，中国海洋大学以"学习'红船精神'，永记入党初心"为实践主题进行社会调研，设计一些体现问题意识、现实关切，具有可操作性的调研题目，让大学生以团队的形式走进红色革命旧址，开展调研，形成主题明确、格式规范的调研报告，鼓励学生在调研中采用图片或视频等诸多形式，记录实践成果。第二，通过走访、座谈等形式深入了解革命英雄、革命老兵以及历史见证人等。如河北大学联合保定团市委、保定市民政局举办了"百名大学生寻访百名抗战老兵"活动，组织 300 名河北大学在校大学生，以 3 人为一组，共分成 100 组前往保定市 22 个县（市、区），对百名抗战老兵进行了寻访，详细询问了平均年龄 91 岁的百名抗战老兵的个人情况、抗战经历、退伍后生活等，让当代大学生与老兵面对面，加深了大学生对红色文化的认识和热爱。革命英雄、革命老兵是红色历史故事的主角，是红色基因的血脉，是天然的教育资源，他们对历史事迹描述的点点滴滴，汇聚起了强大的精神力量。"耳听为虚，眼见为实"，"百闻不如一见"。面对面聆听、心与心碰撞交流，让大学生体会到这些榜样人物并不是只存在于媒体文中、教师口中，而是可以亲身感悟英雄人物的个人魅力和超凡品质。在实践中，学生不仅要虚心求教，更要在"照镜子"的过程中，找差距找不足，把个人理想和追求同党和国家的发展相结合，弘扬红色精神，做一名新时代的自觉践行者。

三、红色革命旧址考察的实践流程和实践目的

（一）实践流程图（见图 7.1）

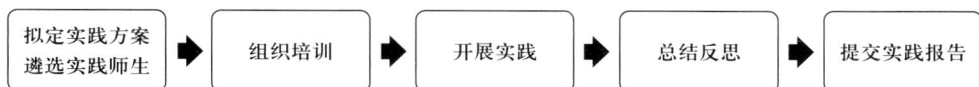

拟定实践方案遴选实践师生 ➡ 组织培训 ➡ 开展实践 ➡ 总结反思 ➡ 提交实践报告

图 7.1　实践流程图

（二）实践目的

1. 国家层面。2005年，中宣部、中央文明办、教育部、共青团中央四部门联合印发了《关于进一步加强和改进大学生社会实践的意见》，将"红色之旅"作为大学生社会实践的一种形式单独列出来，指出：要组织大学生到革命纪念地、改革开放前沿和经济社会发展成效显著的地方学习参观，了解中国革命、建设和改革开放的历史和成就，增强大学生对党的感情，对中国特色社会主义的热爱，激发他们全面建设小康社会、实现中华民族伟大复兴的责任感。要充分发挥博物馆、纪念馆、展览馆、烈士陵园等爱国主义教育基地的教育作用。学习参观要突出教育主题，增强教育效果，力戒形式主义。

2. 学习层面。大学生在实践中要认真学习红色革命文化，深入了解各地红色革命旧址所承载和亟待传承的革命人物和革命事迹的精神，巩固大学生的共产主义伟大信念，让大学生以更高的热情投入学习和生活中。

3. 素质层面。通过参观红色革命旧址，使大学生永远铭记并发扬革命先辈崇高的精神风范，对大学生进行以爱国主义为核心的民族精神、革命精神和理想信念三重教育，培养大学生的爱国情怀，使他们树立正确的世界观、人生观、价值观，增强其民族自尊心、自信心、自豪感。

4. 思维能力层面。在参观红色革命旧址的实践中锻炼大学生的组织协调能力、面对是非黑白的辨别判断能力，有助于激发大学生的创新意识，培养大学生的辩证思维能力、历史思维能力、系统思维能力、逻辑思维能力、分析解决问题能力等。

四、实地参观体验式实践方案设计

（一）明确实践主题、实践背景、实践目的和实践意义。

（二）遴选实践师生，根据指导教师和学生具体情况确定参观考察行程的时间和地点。

（三）协调组织单位，与接待方进行对接。

（四）活动准备

1. 统计参与人数，注明学院、班级、姓名、性别、年龄、联系电话、紧急联系人。

2. 对实践师生进行统一培训，安排学生提前收集资料，以对实践地有大致的了解。

3. 进行安全教育。

4. 学生分组，选出组长。

（五）明确活动流程

1. 全体参与师生在规定时间规定地点集合，由各组组长负责清点小组人数，及时联系未到同学。

2. 到达目的地后，由各组组长负责再次清点小组人数，并依次有序进入场馆，遵守场馆秩序，饱含敬畏之心，认真参观、学习。

3. 活动完毕，准时集合。由各组组长清点人数并合影留念。

4. 返回学校，各小组讨论交流，与教师共同进行活动总结。

5. 撰写实践报告或完成其他实践成果，并按时提交。

（六）实践成果形式

1. 实践调研报告或心得体会。可以通过摄影，以图片的形式充实内容。

2. 论文。按照论文规范标准撰写。

3. 若条件允许，也可以通过微电影或迷你情景剧的形式呈现，内容须注重实践活动带给大学生的意义与启发。

（七）活动要求

1. 因极端天气或其他原因无法按计划进行的，要及时通知到个人。

2. 教师和学生之间要互相提醒注意交通安全、财物安全和人身安全。

3. 参观场馆时要严肃认真，自觉遵守馆内纪律，不得嬉笑打闹，不得大声喧哗，不得单独行动。遇到紧急情况须及时向教师或场馆工作人员报告。

4. 要经得馆内人员允许后才能拍摄，保持安静。

5. 实践成果应在规定时间内提交，不得迟交或不提交。

五、社会考察探究式实践方案设计

（一）明确实践主题、实践背景、实践目的、实践意义和走访对象。

（二）遴选实践师生，根据指导教师和学生具体情况拟定参观考察行程的时间和地点。

（三）协调组织单位，与走访对象取得联系，协商时间、地点。

（四）活动准备

1. 统计参与人数，注明学院、班级、姓名、性别、年龄、联系电话、紧急联系人。

2. 对实践师生进行统一培训。安排学生提前收集资料，对被走访者以及被走访者所经历的历史节点、历史故事、历史功绩以及目前的生活状况等进行大致了解，再结合自身的疑问，拟定访问提纲。

3. 进行安全教育。

4. 学生分组，选出组长，对采访、记录、摄像、录音等工作进行人员分工。

（五）明确活动流程

1. 全体参与师生在规定时间规定地点集合，由各组组长负责清点小组人数，及时联系未到同学。

2. 到达目的地并由各组组长再次清点小组人数后，各小组至少安排一名教师共同前往指定地点开展面对面访问活动，负责采访、记录、摄像、录音的学生各司其职。访问结束后各小组与受访者进行合影留念。

3. 活动完毕，准时集合。由各组组长清点人数。

4. 返回学校，整理走访材料，各小组讨论交流，与教师共同进行活动总结。

5. 撰写实践报告或其他实践成果，并按时提交。

（六）实践成果形式

1. 实践调研报告或心得体会。可以通过摄影，以图片的形式充实内容。

2. 论文。按照论文规范标准撰写。

3. 若条件允许，也可以通过微电影或迷你情景剧的形式呈现，内容须注重实践活动带给大学生的意义与启发。

（七）活动要求

1. 因极端天气或其他原因无法按计划进行的，要及时通知到个人。

2. 教师和学生之间要互相提醒注意交通安全、财物安全和人身安全。

3. 采访时要始终保持尊重的态度，提问切忌敏感、激烈，让受访者不适。

4. 实践成果应在规定时间内提交，不得迟交或不提交。

六、注意事项

（一）为确保外出考察安全有序进行，须注意以下几点：

1. 严格遵守党和国家的法律、法规，不得有任何违法违纪行为。

2. 要加强组织纪律观念。无论是在往返途中、参观场馆内或是实地走访过程中，都要服从管理，听从指挥，严格遵守规定。要有集体意识，切忌擅自行动，有困难、有需求时第一时间向教师或组长反映，各组长要认真履行职责，做好组织工作。

3. 要强化时间观念，严格遵守时间安排。不得在自己感兴趣的地点擅自长时间停留，同学之间应该互相提醒，互相监督。

4. 注意人身安全和财物安全。参观过程中，要远离河流、水库等危险地段，保管好手机、钱包等个人贵重物品。要注意交通安全，一切行动听指挥。身体不适的同学要及时向老师报告。

5. 团结一心，互爱互助。在实践中小组内部和各小组之间要相互尊重，相互合作，取长补短，协同并进，待人友善，和谐相处，不能辱骂同学甚至进行人身攻击。

6. 制订紧急预案。与校方保持畅通的联系，制订紧急预案以应对实践期间出现的突发和不确定状况，遇到险情时要及时与有关部门联系，并在第一时间向学校汇报。

（二）在进行走访时，要与随意性聊天严格区分开来，须注意以下几点：

1. 针对性。在采访受访者之前，要通过网络、书籍、影视剧目等各种渠道广泛收集有关受访者的资料，提前对其地位、经历、性格、功绩等进行了解。

2. 层次性。要提前设计提出问题的方式，提问的用词需要与受访者的年龄、思维模式和日常习惯适配，提问应简洁明确，通俗明了。拟好问题后，请小组成员提出意见并修改问题设计，在正式访问前进行"预访"，模拟整个访问过程。"预访"是为了提前暴露实际走访时可能会出现的潜在问题，也可以使小组成员熟悉整个访问流程，以确保正式访问能够流畅地进行。

3. 主动性。通过中介人、电话、邮件等方式主动与受访者取得联系，向受访者介绍实践项目的目的、意义和整个走访活动的大概情况以及所需要的时长等，共同协商访问时间和访问地点。访问时间应选择在不影响受访者的日常生活的时候进行。访问地点要充分考虑受访者的意见，要确保周围环境的稳定性，使受访者接受访问时能够无戒备之心，能够在轻松愉快的氛围下畅所欲言。一般而言，关乎个人和家庭的问题，在受访者家中进行访谈是最优选择，但是，如果受访者拒绝在家中开展，则要尊重受访者意见在其他地点进行访问。

4. 技巧性。访问者只有熟练掌握运用各种访谈技巧，逐步推进访谈进程，才能充分调动受访者的积极性，在初见受访者、提出问题、追询和使用肢体语言时，都需要运用一定的访谈技巧。

在初见受访者时，第一，要保持尊重，注意称呼要恰当。不要直呼"你"，多用"您""请"，不要吝啬感谢，在采访的开头和结尾，都需要真诚地感谢，营造一个轻松和谐的访谈氛围。第二，调动起受访者参与的主动性。想让受访者重视采访，让访问过程和结果更有质量和分量，则需要充分调动起受访者的积极性，告诉受访者你是谁，说明前来的目的是什么以及此次访谈的意义，并告诉受访者他的不可替代性。第三，开始访谈和结束访谈要自然流畅。在开始访谈时，不要直接提出问题，可以和受访者通过聊家常等轻松愉快的方式，迅速拉近受访者和访问者之间的距离，消除隔阂感，再逐步按流程推进。在结束访谈时，不能戛然而止，可以通过"您还有什么想说的吗？"等诸如此类的问题，或是一些肢体语言，比如扣上笔帽，准备关闭录音等方式，暗示受访者访问即将结束。

在提出问题时，第一，问题要明确。如果受访者是高龄老人，则所提问题更要通俗明了，尽可能多地运用简单句，不能拐弯抹角或使用高深的学术词汇等。第二，访问要以访问提纲为大致方向。如果受访者误解或是对某个问题含糊其词，有不愿意回忆的经历等，要以大局为重，灵活而不刻意地作出相应的取舍。对于受访者不愿意回答的问题，则没有必要追问，不要强迫或为难受访者。第三，做到不偏不倚，不能带有强烈的主观感情色彩。访问中，访问者要对接收到的各种观点加以辨别，对于持不同见解的地方，访问者不应直接明示。无论受访者的回答正确与否，都不宜肯定或否定对方，更不能迎合或试图说服对方，可以用"请您继续说下去"等话语，让受访者尽可能阐释他要表达的观点。

在追问时要有分寸感。追问的情况一般分为两种：对于一些简单的问题，比如采访者没有听清数字、人名等一些小细节，可以在对方回答时立即追问；而对于非常重要、复杂的问题，可以先做好重点标记，过后再具体追问。

在使用肢体语言时，要注意察言观色，同时也要注意自身的姿态，展现出良好的、积极向上的精神风貌。在访谈时将肢体语言和语言表达的双重技巧相结合，才能对受访者有一个全方位、深层次、立体化、多维度的认识，这样的访谈才可称得上是一次高质量的访谈。

七、实地考察目前存在的问题

（一）主题单一，形式主义严重

根据一项针对某高校思想政治实践课暑期社会实践的调查显示，有 31.6%

的同学认为实践主题较单一和单调，且空泛，过于形式化。很多高校的思想政治理论实践课考察红色革命旧址的实践同样存在内容与形式较为单一等问题，基本以献花、宣誓为主要内容，走马观花式参观不在少数。

（二）缺乏顶层设计，协调统筹难度大

思政实践活动的主体是教师和学生，在实践活动开始之前，教师负责提前做好活动设计，统筹学生的分组分工；学生提前预习，并且准备好关于考察对象的相关资料。但是实践考察活动会受到时间、空间、人力、物力和财力等诸多要素的影响，还需要考虑活动经费、后勤保障、实践基地等各种条件，这些离不开学校团委、宣传部、学工处、后勤处等部门多方协同配合，制订预案，确保活动安全、有序地推进。如果得不到有关部门的支持和帮助，仅凭教师一人唱"独角戏"则举步维艰，使活动难以开展。

（三）讲授方式单调

对红色革命旧址的考察活动一般都是由讲解员和教师进行讲解，讲授方式较为单一。可以适当增加学生讲解、学生抢答等环节，通过"游中学、学中游"，提高学生的参与度，寓教于游，达到润心无声的境界。

（四）学生出行安全管理难度大

确定实践人数和出行方案等都涉及安全问题。可考虑选择少量学生代表外出考察，但安全风险问题无法回避。特别是需要分组采访时，存在小组全程无人监管的情况。要加强安全管理，这就需要将安全教育贯穿整个实践活动，引起学生的高度重视。

考察红色革命旧址、投身红色文化实践还需要深度了解红色文化，深入理解红色文化是什么、有哪些内涵、有怎样的时代价值。掌握红色文化的相关知识能更好地帮助大学生在思政实践中领悟红色精神。

第三节　红　色　文　化

文化与人类历史上的活动紧密相关，是人类从事社会活动的结果。不同国家、不同民族、不同地区的文化往往不同。在中国传统文化中，红色是一种代表喜庆的颜色。生活中每逢重要节日，中国人在屋宇内的装饰多以红灯笼、红地毯等为主，并习惯穿红旗袍、戴红花、披红丝巾。美学上，红色在中国一般被视为蕴含着激情、热情、奔放、兴奋的元素。除了喜庆意义之外，红色还被赋予了浓厚的政治意义，它被用来象征革命，同时包括"左"的思想。在中国，人们将红色视为革命政权、革命根据地的象征。对区域的划分也有颜色上的区别：中国共产党领导的地方为"红区"，国民党统治区为"白区"。中国共产党在领导革命、建设和改革的过程中还不断赋予红色以更多的时代内涵，使红色进一步概念化、明确化、生动化、精神化，成为带有鲜明中国特色的精神文化标志。

新中国成立后，国旗的设计也体现了红色这一重要元素。国旗中的红色寓意革命先烈为建立新中国前赴后继、英勇牺牲、浴血奋斗的精神。此外国徽、党旗、党徽中都有红色的存在。

一、红色文化的内涵

习近平在庆祝建党 95 周年大会上的讲话中指出："在 5000 多年文明发展中孕育的中华优秀传统文化，在党和人民伟大斗争中孕育的革命文化和社会主义先进文化，积淀着中华民族最深层的精神追求，代表着中华民族独特的精神标识。"① 红色文化不是红色和文化的简单相加，而是将中国历史文化中的红色寓意与革命实践的思想有机地整合。

一般而言，红色文化是中国共产党领导中国人民在革命、建设和改革的伟大实践中创造、积累的，是彰显党的性质和宗旨，体现人民和时代要求，凝聚各方力量的先进文化。它体现在理想信仰、价值追求、精神风貌等层面，融注于物质遗存、机制行为和文化艺术形态当中。红色文化像血液一样流淌在中国共产党人身上，成为具有中国共产党人鲜明政治标志的红色基因。

红色文化是革命精神与中华优秀传统文化相融合形成的成果。毛泽东曾说："我们将以一个具有高度文化的民族出现于世界。"② 红色文化缘起于近代，形成于"五四"以后，成熟于新民主主义革命，发展于社会主义建设时期。红色文化的精神代表性地体现在四个方面：井冈山精神中的"实事求是、敢闯新路"，长征精神中的"坚定信念、敢于牺牲"，延安精神中的"自力更生、艰苦奋斗"，西柏坡精神中的"进取民主、两个务必"。

---

① 《习近平谈治国理政》第 2 卷，外文出版社 2017 年版，第 36 页。
② 《毛泽东文集》第 5 卷，人民出版社 1996 年版，第 345 页。

（一）井冈山精神

1965 年毛泽东重上井冈山，在与当时的湖南省委书记张平化、江西省委书记刘俊秀、江西省副省长王卓超的谈话过程中提出了井冈山精神。井冈山精神是在井冈山革命根据地的巩固和发展中逐步形成的。井冈山精神源源不断地为井冈山革命根据地斗争的开展提供思想武器。中国共产党总结了井冈山革命根据地的经验，特别是土地革命和人民军队建设的经验，形成了以"坚定信念、艰苦奋斗，实事求是、敢闯新路，依靠群众、勇于胜利"为基本内涵的井冈山精神。

（二）长征精神

由于第五次反"围剿"失败，1934 年中共中央和红军从苏区江西瑞金出发开始长征，途中辗转湖南、贵州、四川、甘肃等多个省份。1936 年 10 月，红一、红二、红四方面军在甘肃会宁成功会师，标志着长征结束。长征是在极端艰苦的条件下进行的，中国共产党人不怕吃苦、敢于奋斗、敢于胜利的精神在长征途中得到充分的印证。长征精神包括以下几个方面的内容。第一，坚定信念，革命必胜；第二，艰苦奋斗，不怕牺牲；第三，团结统一，顾全大局；第四，患难与共，爱护人民。

（三）延安精神

2002 年江泽民在陕西延安考察时把"延安精神"概括为"坚定正确的政治方向，解放思想、实事求是的思想路线，全心全意为人民服务的根本宗旨，自力更生、艰苦奋斗的创业精神"①。

坚持正确的政治方向。华北事变后，中华民族面临的危机进一步加深，中共中央召开瓦窑堡会议，号召"停止内战，一致对外"，建立抗日民族统一战线。中国共产党在全民族最危险的关头努力促成"西安事变"和平解决，实现国共第二次合作。中国共产党坚持民族大义的立场赢得了全国人民的广泛赞誉与支持，也为准备全面抗战进而实现抗日战争的伟大胜利奠定了基础。

实事求是的思想路线。实事求是是毛泽东思想活的灵魂，实事求是思想路线的确立是中国共产党人在总结正反两个方面经验教训中形成的。毛泽东在《改造我们的学习》中提出"实事"就是客观存在的一切事物；"是"就是客

---

① 中共中央文献研究室编：《江泽民论有中国特色社会主义（专题摘编）》，中央文献出版社 2002 年版，第 400 页。

观事物的内部联系，即规律性；"求"就是去研究。

全心全意为人民服务的根本宗旨。中国共产党以"全心全意为人民服务"为根本宗旨，这一宗旨被首次明确概括是在延安时期。这是延安精神的核心和本质内容，使党从根本上解决了我是谁、相信谁、为了谁、依靠谁的根本问题。全心全意为人民服务体现了中国共产党人的价值取向，也使人民群众深刻意识到"革命本身就是自己的事业"。

艰苦奋斗的精神。艰苦奋斗是中国共产党的优良传统和工作作风。在延安时期，面对自然灾害不断、日本侵略者"三光"政策和国民党的经济封锁这三大考验，毛泽东号召全党全军"发展生产，自力更生"。在延安，毛泽东亲自动手开荒种白菜和菠菜，任弼时在纺线比赛中获得第一名，周恩来被评为纺线能手。中国共产党在延安形成了艰苦奋斗、自力更生的创业精神。

（四）西柏坡精神

西柏坡精神是党在新民主主义革命即将取得全国性胜利时铸就的宝贵精神财富。党中央在西柏坡指挥了辽沈、淮海、平津三大战役，胜利召开了党的七届二中全会，并最终形成了"两个敢于""两个务必""两个善于""两个坚持"的西柏坡精神。

1. "两个敢于"。1948 年 3 月，党中央进驻西柏坡时，解放战争进行到第三年，面对当时人民解放军在战场上不断取得胜利但是在数量上相较于国民党军仍处于劣势的情况，党中央果断提出了在战略上藐视敌人，在战术上重视敌人，与国民党反动派进行了最后的大决战。正是这种敢于斗争、敢于胜利的精神极大鼓舞了当时的党心、军心、民心，为夺取全国胜利奠基。

2. "两个务必"。务必保持谦虚、谨慎、不骄、不躁的作风，务必保持艰苦奋斗的作风是西柏坡精神的核心。1949 年 3 月，毛泽东在七届二中全会上提出了这一思想，"两个务必"是针对中国共产党人根据历史周期律和抵御"糖衣炮弹"的重大警示所作的科学精神凝结，是革命理想和现实革命实践二者的辩证统一。

3. "两个善于"。面对即将迎来的全国性伟大胜利，毛泽东在党的七届二中全会上指出不但要善于破坏一个旧世界，还要善于建立一个新世界。"两个善于"突出呈现了中国共产党人"不破不立"的辩证唯物主义的宏伟气魄，同时也是实事求是在头脑和行动上的体现。

4. "两个坚持"。1948 年 4 月 30 日，中共中央发布"五一口号"，提出召开政治协商会议，成立民主联合政府的主张。中国共产党致力巩固爱国统一战线，团结一切可以团结的力量，为实现人民当家作主，坚持团结统一，坚持依靠群众，为跳出历史周期律作了表率。"两个坚持"是共产党人战胜困难的强大动力和精神基因，也是新型民主的集中显现。

从井冈山到西柏坡，红色精神的传承从未间断，并将各个历史阶段中国共产党人的实践活动联在一起，产生了巨大能量。它体现了中国共产党的智慧，展现出中华民族的民族凝聚力，成为中华民族精神的重要内容。

二、红色文化的生成机制

（一）实践基础

中国共产党带领人民的革命、建设和改革的实践过程就是红色文化的产生、形成和发展的过程。新民主主义革命时期是从 1921 年中国共产党成立到 1949 年新中国成立的历史阶段，历时 28 年，历经 5 个时期，即建党、大革命、土地革命、全面抗日战争和解放战争时期。在探索救亡图存的革命实践中，无数的先烈牺牲，接力完成救国救民的革命任务。

中国早期知识分子把包括马克思主义在内的西方哲学思想引入中国，其中的先进分子自觉地将马克思主义与中国的现实相结合。革命实践不断向前推移，红色文化不断得以完善，广大人民群众在革命的过程中对红色文化逐渐形成了认同感。

（二）阶级基础

随着帝国主义的侵略和民族资本主义的发展，中国无产阶级工人运动应运而生。有数据显示，新文化运动前夕中国的工人阶级规模超过 200 万人，这在当时的总人口中并不可观。但中国的无产阶级展示了巨大的革命潜力，具备组织性、纪律性。除了战斗别无选择的历史处境决定了革命的现实可能性。毛泽东在《湖南农民运动考察报告》中指出，中国的工人阶级大多出身于破产的农民，同农民有着天然联系，相似的革命处境使得农民和工人有着共同的主体觉悟。随着五四运动的爆发，中国的工人阶级正式登上历史舞台，作为红色文化的阶级基础随之确定。

（三）主体基础

中国的无产阶级是最具有战斗力的阶级，但早期因受限于客观历史条件，当时无产阶级人数不多且思想水平不高，甚至缺乏革命的战斗性和自主性。当时的中国是有几千年封建基础的农业国，封建思想在上层建筑中长期居于主导地位。农民阶级的思想来自封建社会的宗法关系、嫡长子继承制和旧社会的家长制，再加上当时帮派思想和资本主义意识的渗透，对民众的思想进行改造就显得尤为重要。

十月革命一声炮响给中国送来了马克思列宁主义。中国共产党人是马克思主义理论的传播者、阐释者。共产党人不仅仅满足于对马克思主义的学理反思，而是着眼如何将马克思主义与中国工人运动实际相结合，解决中国当时面临的严重社会危机。随着党的不断发展壮大，有识之士更加认识到，要想从根本上改变中国落后挨打的命运，只能放手发动广大工人和农民，通过暴力革命推翻反动统治，建立红色革命根据地和实行工农民主专政（后发展为人民民主专政），实现人民当家作主的社会理想。中国共产党作为工人阶级、中国人民和中华民族的先锋队，是红色文化生成的主体基础。

三、红色文化的特质

（一）战斗性

红色文化属于革命文化，是在民族救亡图存中产生的。在革命时期，红色文化以红色歌曲、红色宣传画和红色标语等形式呈现，体现了极强的革命性。根据各种山歌、民谣改编的红色歌曲极大鼓舞了红军的士气。

随着红色革命根据地的发展，各种音乐形式也不断丰富。新的歌词表达了充满激情的英勇气概，如同战场上冲锋的号角鼓舞着人们斗争。知识分子是红色革命根据地红色文化的主要创作者。他们坚定不移地站在党中央的周围，立足于长期对农民、士兵等群体的了解，深入浅出地创作了许多艺术作品，并在革命实践中明确了文化艺术创作宗旨——服务于革命根据地的建设。在国民党的残酷镇压和疯狂"围剿"之下，红色文化不仅没有被消灭，反而展示出极强的生命力、战斗力。

红色文化在人民群众中找到了立脚点和发展的基础。据老同志回忆说，一到晚上，井冈山农村的人民群众就自发坐在地上唱红歌，演红色话剧，内容大多是日常生活和与国民党反动派的斗争。红色文化作为先进文化在与群众水乳交融中实现了情感共融、命运与共，红色文化氛围对坚定共产主义远大理想、团结一心取得革命的胜利发挥了无可比拟的巨大能动作用。

（二）民族性

红色文化作为先进文化必然要扎根于民族文化之中才能有长久的生命力，它既是对民族文化的吸收和继承，又是对民族文化的改造和发展。红色文化是中华民族的优秀传统文化在革命战争年代的沉积，其传承具有鲜明的民族性。正如毛泽东所言："在文化方面，各国人民应该根据本民族的特点，对人类有所贡献。"①

红色文化在实践中熔铸了民族精神。红色文化是在革命中产生和发展的，必然传承了民族精神的精髓，最终与中华民族的精神融通。

红色文化体现了民族精神。"海纳百川有容乃大""天行健君子以自强不息"等生动诠释了奋斗向上的民族精神。这些伟大的民族精神在中国共产党领导的革命中得到不断的丰富和完善。

红色文化是中华优秀传统文化与马克思主义不断结合的产物，也在中国近代社会的急剧变迁中得以发展。中国共产党积极传播马克思主义理论，并在实践中不断深化马克思主义理论，把马克思主义与中国实际情况不断结合，这为弘扬民族精神开创了新的视野，也为民族精神的锤炼和提升搭建了广阔平台。

（三）人民性

红色文化与人民群众的根本利益和诉求密切联系，具有深厚的群众基础。它扎根群众、厚植群众、来源群众、服务群众，始终代表中国最广大人民群众的意志。红色文化作为中国革命先进文化是为人民服务的，并成为人民的文化。

人民群众是红色文化的创造者、先进文化理论的贡献者。五四运动以后，中国民众的力量迅速壮大，五四时期展示的人民群众的伟大爱国力量唤起了当时国民的普遍觉醒，激发了普通人民群众对自由、民主的渴望。

陈独秀提出了"强力拥护公理""平民征服政府"的口号。毛泽东发表了《民众的大联合》，提出"民众的大联合"是实现社会改造之根本方法之一；他在《中国社会各阶级的分析》中明确了工业无产阶级是新登上历史舞台的阶级；他在《湖南农民运动考察报告》中明确了农民是工人阶级最可靠的同盟军。毛泽东一生重视农民的问题，他用"两头大中间小"来形容中国的实际情况。在他看来，农民运动的开展意味着革命运动进入到一个崭新阶段。毛泽东指出："我们应当相信群众，我们应当相信党，这是两条根本的原理。如果怀疑这两条原理，那就什么事情也做不成了。"②

关于人民群众是历史创造者的历史唯物主义原理和中国共产党的领导，二

---

① 《毛泽东文集》第 8 卷，人民出版社 1999 年版，第 226 页。
② 《毛泽东文集》第 6 卷，人民出版社 1999 年版，第 423 页。

者是紧密相连的。一方面，中国共产党是全心全意为人民服务的党，党除了人民群众的利益没有自己的特殊利益。另一方面，在整个革命实践中，中国共产党把实事求是贯彻在群众路线中，接受人民群众的监督，坚持了从群众中来，到群众中去的工作路线。在红色文化的创造性转化与创新性发展之中，人民群众始终发挥着主导性作用。

（四）进步性

事物发展要经过从量变到质变的过程，发展的实质是新事物的产生和旧事物的灭亡。红色文化的发展也是红色文化不断与时俱进扬弃自身的过程。红色文化是人类进步文化的阶段性成果，也就意味着红色文化符合人类社会一般发展规律。红色文化契合一切从实际出发，实事求是，理论联系实际，在实践中检验和发展真理的精神；红色文化蕴含着为人民服务的思想；红色文化中潜藏着无私奉献的情操和艰苦奋斗的品质。红色文化站在时代前沿，引领时代的潮流，其进步性体现在以下三方面。

1. 包容性。红色文化是具有强大生命力的文化，与马克思主义、中华优秀传统文化等相互借鉴，是先进文化的代表之一。红色文化从根本上说代表人民群众利益，是符合社会发展需求的先进文化。

2. 公正性。公正是人类永恒的价值追求。在"三座大山"的压迫下，近代的中国处在生死存亡之中，社会公正无从谈起。红色文化教育指引人们与剥削阶级抗争到底，有助于实现社会公正。

3. 发展性。红色文化的指导思想根植于马克思主义，并吸收了人类优秀文明成果。马克思主义是在继承德国古典哲学、英国古典政治经济学和英法空想社会主义的基础上建立起来的，同时也吸收了包括柏拉图、亚里士多德等思想家的思想。列宁在领导俄国十月革命的实践中继续发展了马克思主义，中国共产党人在不断推进马克思主义中国化的过程中也发展了马克思主义。

四、红色文化与先进文化

（一）先进文化

先进文化在中国，具体是指面向现代化、面向世界、面向未来的，民族的、科学的、大众的社会主义文化。先进文化的价值取向是有利于国家、家庭、个人以及全人类的发展。先进文化有助于使人们在心灵、健康、自由等方面获得极大满足。先进文化是生产力发展的产物，同时，先进文化也为人类社会的发展提供了理论上的指导和智力上的支持，能够对人类社会的发展起积极作用。

先进文化是作为落后文化、腐朽文化的对立面出现的。一定的文化总是反映一定的上层建筑并作用于经济基础。先进文化是社会政治和经济的集中反映，并对政治经济起到推动作用。先进文化具有社会历史性，它的具体内容在不同的历史阶段有所不同。判断一种文化是否为先进文化要看它是否对社会的全面发展有帮助，是否有利于解放和发展生产力，是否符合广大人民群众的根本利益，是否有利于促进人自由而全面的发展。

（二）红色文化与先进文化的关系

1. 一脉相承。先进文化在继承创新中发展，在应时处变中不断升华。从"为万世开太平"到"革命理想高于天"，从"大丈夫能屈能伸"到"大无畏英雄主义"，从"民为邦本，本固邦宁"到"全心全意为人民服务"，从"天工开物""格物致知"到"实事求是"，从"自强不息，厚德载物"到"自力更生，艰苦奋斗"，等等，这些共同熔铸了社会主义先进文化。红色文化和先进文化是彼此交融、内在关联的有机统一体。

2. 共同汇入中国文化的主流。红色文化和先进文化体现着中华民族从站起来、富起来到强起来的百年奋斗历程，蕴含着中华民族在革命、建设和改革时期培育的民族精神，彰显着中国民族共同坚守的价值理念、理想信念，是联结昨天、今天和明天的桥梁和纽带，也是中华民族接近世界舞台中央的强大精神力量。红色文化和先进文化共同汇入中国文化的主流，构成了中华文化的两根重要支柱。

3. 共同统一于实践。习近平指出："中国特色社会主义文化，源自于中华民族五千多年文明历史所孕育的中华优秀传统文化，熔铸于党领导人民在革命、建设、改革中创造的革命文化和社会主义先进文化，植根于中国特色社会主义伟大实践。"[①] 红色文化和先进文化统一于中国特色社会主义伟大事业的进程之中，共同支撑起了当代中国文化的光辉大厦。

五、红色文化与主流文化

（一）主流文化

主流文化的相近表述有"主旋律""主导文化""主体文化"等，它是一

---

① 《习近平谈治国理政》第 3 卷，外文出版社 2020 年版，第 32 页。

个社会、一个时代所倡导的，发挥主要影响的文化。每个时期都有当时的主流文化，我国封建社会的主流文化是儒家文化，从汉武帝时期到清末，儒家是历代统治者所推崇的文化典范。当代中国的主流文化是中国特色社会主义文化，它具体表现出时代性与开放性、传统性与创造性、大众性与前瞻性几个特征。

1. 时代性与开放性。文化是有时代性的，文化的传承也取决于时代。任何一种文化的产生、发展、成熟总是在一定的社会历史阶段中进行的。中华文化不是封闭的文化，它之所以历史悠久，是因为其开放的特质。中国的丝绸影响了西方人的穿着。中国的儒家思想影响了日本、朝鲜、韩国学术文化的发展。西方的文化也影响了中国文化的发展。

2. 传统性与创造性。绵延不绝的中华文化在数千年积淀传承中发挥了无法替代的作用。以更宏观的视角看，中华文化的创造性转化、创新性发展不只是传统文化的内在要求，还有更深厚的基础和更直接的动因，要体现传统性和创造性的有机统一。

3. 大众性与前瞻性。主流文化一定是大众的，但主流文化的先进性来自指导思想的前瞻性。与时俱进是马克思主义鲜活的理论品质，它为预测未来提供了科学的世界观和方法论。

（二）红色文化与主流文化的关系

主流文化是红色文化发展的必然结果。红色文化是中国人民在革命时期形成的文化成果，也是中国共产党宝贵的精神财富。

1. 红色文化蕴含于主流文化之中。爱国主义是当代中国主流文化的内核之一，爱国主义与社会主义是有机统一的。中华民族的优秀传统文化始终是红色文化的来源之一，这种民族精神源于传统，更紧跟时代的脉搏，贯穿古今。

2. 红色文化是主流文化的根基之一。主流文化不是自封的，是在文化竞争中形成的，具有高度融合力、强大传播力和广泛接受度的文化。更重要的是，主流文化必须是决定社会进程的文化。红色文化是中国革命历史的产物，吸收了优秀的文化成果，融合了马克思列宁主义，通俗易懂，雅俗共赏，因而也顺理成章地成为主流文化的根基之一。

六、红色文化的当代价值

第一，红色文化承载中国共产党人的初心使命。红色文化内容丰富多彩，表现形式多种多样。红色文化的前进方向和根本任务，是实现民族独立和人民解放、实现国家富强和人民幸福，即为中国人民谋幸福、为中华民族谋复兴。这正是中国共产党作为中国工人阶级先锋队、中国人民和中华民族先锋队的初心和使命所在。红色文化承载了中国共产党人的初心和使命，延续并发展到今天。

第二，红色文化体现中国共产党人的思想品格。中国共产党是用马克思主义及其中国化的科学理论武装起来的政党。在历史上，中国共产党一直注重理论的指导作用，同时强调把先进的理论与中国实际结合起来。这是中国共产党人重要的思想品格。红色文化是在理论与实际的互动中被创造出来的，因而体现了中国共产党人鲜明的思想品格。诸如对马克思主义的信仰，对社会主义、共产主义的坚定信念；实事求是、独立自主、自力更生的品质；理论联系实际，密切联系群众，批评与自我批评；为人民服务，一切为了群众，一切依靠群众；等等。这既是中国共产党人鲜明的政治标志和党性要求，也使反映这些内容的红色文化拥有凝聚思想和坚持真理的精神力量。

第三，红色文化彰显中国共产党人的精神气质。毛泽东曾说过："人是要有一点精神的，无产阶级的革命精神就是由这里头出来的。"[1] 中国共产党重视把党的精神和党员个体精神联系起来铸造建设，并贴近实践和时代的需要来培育和塑造，从而形成中国共产党人特殊的精神气质和优良传统。红色文化是中国共产党人精神气质的外延成果和彰显载体。诸如不畏艰险、永远奋斗、追求真理、勇于牺牲、艰苦创业、奋发图强、无私奉献、开拓创新、锐意进取、勇于担当、求真务实、革命的乐观主义和英雄主义、爱国主义和集体主义等精神气质，以及《为人民服务》《纪念白求恩》《愚公移山》《论共产党员的修养》这些直接阐述中国共产党人精神气质的经典文献，既表现了中国共产党人的政治理想和价值追求，也使反映这些内容的红色文化拥有人格和道德的感染力量。

第四，红色文化反映中国共产党人的实践本色。中国共产党人的初心使命、思想品格、精神气质，从来不是抽象的存在，也从来不只是在理论口号上彰显它的光彩。它们总是从实践中来，到实践中去，始终在实践中凸显自己的价值。文化是特定的经济基础和政治实践的反映，并随实践的变化而发展。中国共产党从弱小到强大的历史发展过程中，其拥有凝聚力和感召力的一个重要因素，是它总像那位挖山不止的"愚公"，自己带头干，用行动而不是单凭口号去感染、带动

---

[1] 《毛泽东文集》第7卷，人民出版社1999年版，第162页。

周围的人，从而使人民大众"心甘情愿"地和中国共产党人一起来挖掉各种各样的"大山"。中国共产党人这种代表时代前进方向的社会实践，孕育和发展了红色文化，从而使红色文化每到重大历史关头，都能感国运之变化、立时代之潮头、发时代之先声，不仅成为中国共产党人的鲜明政治标志和文化旨趣，也融合了时代精神和民族精神，成为具有实践引导力和精神感召力的先进文化。

第八章　思政实践的报告撰写

第一节　调查报告概述与类型

思政社会实践活动成果有多种展示方式，如调查报告、画作、微电影、照片、海报、服装设计稿等，本章重点讨论调查报告。

一、调查报告概述

调查报告又叫调查研究报告，应该说后者是它更准确的名称，是将社会调查研究的目的、过程、方法和处理资料所得的结果系统、明确地表达出来而形成的书面报告。它不仅是调查的产物，更是研究的产物。调查报告的主要功能是搜集情况，并通过对调查所得情况的深入研究，提出一定的见解。因此调查报告是根据某一特定目的，运用辩证唯物论的观点，对某一事务或某一问题进行深入、细致、周密的调查研究和综合分析后，将这些调查和分析的结果系统地、如实地整理成书面文字的一种文体，如考察报告、调研报告及××调查等都是常见的调查报告名称。

二、调查报告的特点

（一）真实性。真实性是调查报告首要的、最大的特点。所谓真实性，就是尊重客观事实，靠事实说话。这一特点要求调研人员必须树立严谨的科学态度，认真求实的精神，彻底抛弃假大空的虚伪作风，不仅报喜，还要报忧，不仅要充分肯定工作成绩，还要准确反映工作中存在的问题。只有保持严谨的科学态度，才能写出真实可靠、对工作具有指导意义的调查报告。

（二）针对性。这是调查报告应具有的第二个显著特点，这是由其具有很强的工作针对性所决定的。一般来说，一项调查研究工作，特别是大型调查研究，要花费较长的时间和较多的人力、物力，不是随意组织进行的，而是针对一些较为迫切的实际情况，为解决某些实际问题而进行的。因此，调查研究就具有很强的针对性。在调查报告的写作上，必须突出中心，明确提出所针对的问题，明确交代为调查这一问题所获得的事实材料，分析出问题的症结所在，提出具体可行的建议和对策。

（三）典型性。典型性是指在调查报告的写作过程中所采用的事实材料要具有代表性，所揭示的问题要带有普遍性。这种典型特点在总结经验和反映事件的调查中表现得尤为突出。古希腊思想家亚里士多德在《诗学》中认为诗所描述的事带有普遍性，这种普遍性即指某一种人，按照可然律或必然律，会说的话，会行的事。古罗马诗人贺拉斯认为，典型的普遍性是数量上的总结或统计的平均数。法国诗人布瓦洛将典型视为类型，即表现普遍人性的东西。启蒙思想家孟德斯鸠认为，美或典型就是最普遍、最有代表性的东西的集合。中国古代文论中有"取类"之说，如刘勰的《文心雕龙·比兴》认为："观夫兴之托谕，婉而成章，称名也小，取类也大。"即要求通过"小"事体现这类事物的普遍特征。随着人本主义思潮的兴起，人的自身价值得到重视，典型性逐渐由类型说转向典型性格说，强调个性特征。19世纪俄国的别林斯基等人特别强调典型性不是抽象的本质，而要体现在有生气的活人身上。

（四）系统性。调查报告的系统性是指由调查材料所得出的结论，必须具有说服力，把被调查的情况完整地、系统地交代清楚。不能只摆出结论，而疏漏交代事实过程和必需的环节。因为这样的遗漏势必造成不严密、根据不足以及不足以令人信服的印象。这里所说的系统性，并不是要求在调查报告的写作过程中，事无巨细，面面俱到，而是要抓住事物的本质和主要方面，写出结论的推理过程。

总的来说，调查报告就要论证系统，逻辑严密，摆事实，讲道理，具有强烈的说服力，从而使之成为科学决策的可靠资料。

三、调查报告的分类

按照不同标准，调查报告可以分为：概况调查报告和专题调查报告，总结经验的调查报告、反映情况的调查报告和揭露问题的调查报告，理论研究型报告和实际建议型报告几类。

（一）概况调查报告和专题调查报告

根据调查对象反映的范围的不同，调查报告可以划分为概况调查报告和专题调查报告。概况调查报告也叫综合调查报告或普遍调查报告，主要是围绕调查对象的基本状况而写的，对全部调查的结果进行比较全面而系统的反映。这类调查报告一般是关于某一地区或单位的，往往涉及政治、经济、文化、人口、地理、历史等各个方面的基本情况，对调查对象的发展变化、前因后果、来龙去脉作比较详细的交代。专题调查报告是围绕某个问题撰写的，可以是典型经验、专题情况、新生事物、历史事件或存在的问题等，比如关于农村合作经济的调查、关于人才浪费的调查、关于个体商贩精神生活现状的调查等。专题调查报告主题鲜明、材料具体、针对性强，具有很强的说服力。

（二）总结经验的调查报告、反映情况的调查报告和揭露问题的调查报告

根据调查对象反映的内容不同，调查报告可以分为总结经验的调查报告、反映情况的调查报告和揭露问题的调查报告。总结经验的调查报告是对实践中涌现出来的具有普遍指导意义的典型经验而撰写的报告，它把实践过、感觉到、理解了的客观事物上升到理性认识，然后用以指导实践，一般在报刊或会议材料中用得较多。反映情况的调查报告对某一方面进行专题调查，为有关部门了解情况、研究问题、制定政策或计划提供依据，这种调查报告的专题明确，材料集中具体，针对性强，有说服力。揭露问题的调查报告是用调查到的大量事实，揭露某一问题的要害，以引起人们的重视，达到弄清是非、教育群众、解决问题的目的。

（三）理论研究型报告和实际建议型报告

根据调查目的的不同，调查报告可以分为理论研究型报告和实际建议型报告。理论研究型报告是为了提出、补充、证实或证伪某个理论观点而写的，无论是资料的收集还是理论观点的提出和论证都特别讲究方法，一般是为科学研究服务的。实际建议型报告是针对事物调查研究后，为提出某种工作或政策建议而撰写的报告，大多属于专题报告，在党政部门、各行各业中都运用得比较普遍。

第二节　思政实践报告的撰写

一、社会实践报告概述

（一）社会实践报告的含义

社会实践报告是对某一情况、某一事件、某一经验或问题，经过社会实践对其客观实际情况进行调查了解之后，将调查了解到的全部情况和材料去粗取精、去伪存真、由此及彼、由表及里地分析研究，揭示出本质，寻找出规律，总结出经验，最后以书面形式陈述出来的实践成果。思政实践报告一般来说属

于调查报告的一种,具体来说属于社会实践报告的范畴。

(二)社会实践报告的语言风格

社会实践报告可以叙事为主,也可以说明为主,或者叙事和说明兼有,以真实客观地反映事物的原貌。在语言风格上,社会实践报告虽然讲究辞章,但应以准确、简练、平实为本,一般不用或较少使用比喻、夸张、含蓄等表达方式,尽量不采用华丽的辞藻,并避免一切浮词虚言等。

二、思政实践报告撰写的步骤

思政实践报告的撰写大致可以分为以下五个步骤:以问题为导向明确主题,收集、整理和筛选材料,遵循逻辑性以拟定提纲,按照写作习惯撰写初稿,遵循一定顺序修改初稿。

(一)以问题为导向明确主题

主题是思政实践报告所要表达的核心和灵魂,是思政实践报告撰写工作能够顺利进行的前提和基础。凡是社会实践活动,都必须围绕一个主题开展。思政实践报告的主题是作者在工作、学习和生活中逐步孕育而成的,是通过深入调查研究,从所获得的材料中分析归纳而产生的。调查者和研究者往往会被某些材料深深触动,从中得到启发,发现了它的社会意义,悟出了事物的本质,从而形成了鲜明的主题。对于高校思想政治理论实践课活动而言,确定一个大学生感兴趣、难度适中又具有较大研究意义与价值的主题是开展实践活动首先需要解决的关键问题。在实际操作中,各高校思想政治理论课社会实践主题的确定,一般有教师提供和学生自主思考后交教师审批两种做法。但无论何种做法,坚持问题导向,做到从问题出发,都是高校思想政治理论课社会实践确定主题必须坚持的基本原则。一篇实践报告是否有质量、有价值,是否能引起人们的重视,其决定因素就在于主题是否正确、深刻。主题的正确表现在,能运用马克思主义的立场、观点和方法对客观事物进行深入细致、周密系统的调查研究,大量占有资料,全面了解历史和现状,弄清事物的来龙去脉,能反映客观事物的本质规律,有积极的意义,这样的主题才是正确的主题。主题要新颖,即对某事物的调查研究能揭示出别人尚未研究或研究不深的问题,而且要富有时代气息;或能从不同角度去研究同一对象。主题要鲜明,即表达的基本意思应该十分明确,一目了然,毫不含糊,鲜明地表达出作者的观点和立场。主题要集中,即目的性要明确,内容要凝练,重点要突出,围绕主题要说深说透，而不能贪大求全，蜻蜓点水。

（二）收集、整理和筛选材料

明确主题后，调查者和研究者就需要着手进行资料收集，总体而言，在开展思政实践活动中，大学生围绕主题收集的材料越丰富、越全面、越详细越好。第一步，明确材料所反映的观点，并将反映相同观点的材料归纳为一类，归纳成大类后，再按照此方法把大类分成若干小类。第二步，对各大类和各小类中的材料进行选择，在每一类别的材料中围绕观点选择合适的材料，舍去带有偏见的非本质的材料；围绕观点，选择新颖而生动的材料，舍去陈旧的众人熟知的材料。第三步，对材料进行初步筛选和剔除后，进一步明确每一类别材料是否相互冲突。如果发现有些材料不匹配，甚至相互背离，那么还要进一步进行分辨，作出取舍。第四步，对各大类和各小类材料中所蕴含的观点和内容进行梳理，鉴别其内在关系，确定各观点是否相互兼容，要重点关注研究对象的研究内容是否完整，情节是否连贯。如果经过观点整理之后，发现现有材料所反映出的内容是不完整的，或者情节是不连贯的，那么还需要再次进行相关资料的收集、分析和整理工作。

（三）遵循逻辑性以拟定提纲

如果说主题是实践报告的灵魂，材料是实践报告的血肉，那么结构就是实践报告内部的骨架。我们按照主题对材料进行筛选和鉴别，并且将各大类各小类的材料中所蕴含的内容和观点都进行了梳理，也就意味着我们已经找到了各种材料和观点之间的逻辑关系，可以进行实践报告撰写的下一个步骤，即遵循逻辑性拟定提纲。拟定提纲，就是在对观点进行分析对比和综合之后，用章节框架将其表述出来的过程。拟定提纲，能够帮助作者理清思路，弄清联系，明确内容，从而对实践报告的思路和布局有一个比较整体的把握。拟定提纲是作者动笔行文前的必要准备，也是撰写实践报告当中的重要部分。

提纲的特点在于它的内在逻辑性要求纲目分明，层次明晰。总体来说，大学生在拟定提纲的过程中，应该遵循从粗到细，从大到小，从宏观到细节的原则，从一级提纲开始，先进行粗线条的勾画，搭个大框架，再逐步充实细节条目。大学生如果在拟定提纲过程中觉得无从下笔时，可以回头看看材料，再次梳理各材料、各观点的内在逻辑关系。

（四）按照写作习惯撰写初稿

如果说提纲是实践报告的骨架，那么撰写初稿的过程就是让整体丰满起来的填充血肉的过程。一篇实践报告的质量主要取决于初稿写的好不好，因此大学生在撰写实践报告时，千万不要草草落笔，把希望寄托在修改上。在撰写实践报告初稿的过程中，大学生可以按照自己的写作习惯来进行，有些学生习惯从前往后一路写下去，而有些学生习惯按先易后难，或者先难后易的顺序撰写。不管如何撰写，在撰写实践报告初稿时，大学生一定要做好充分的准备工作，对实践报告的全局及各个层次的观点和内容了然于心，保证写作的基本想法已广泛征求意见，并得到指导老师的把关和认可。总之，准备工作越充分，初稿的撰写就越顺利、迅速。

（五）遵循一定顺序修改初稿

修改初稿是撰写文章的必要环节，这里需要提醒的是，虽然修改初稿是撰写实践报告的最后环节，但修改工作也是贯穿写作全过程的，包括前期的提纲修改，中期的观点调整、材料增减和后期的润色打磨。

前期修改主要是对提纲的修改。提纲修改主要发生在构思阶段，是在对材料进行收集、筛选、鉴别和整理后再构思和确定实践报告提纲的过程中进行的。它包括对已有的提纲进行反复分析判断和推理检查：主题是否准确，逻辑是否顺畅，内容是否完整，情节是否连贯，社会实践活动的目的和材料是否统一等。提纲修改能够让大学生及时发现初步搭建的结构是否有不尽如人意之处，避免返工。

中期修改发生在撰写实践报告的过程中，主要包括对观点和材料的增删和调整，例如检查材料是否有误，观点表达是否正确，材料和观点是否相匹配，是否有更好的材料用于说服观点，段落的衔接和过渡是否符合逻辑，段落之间有无内在联系等。

后期修改多为细节的小改，是精雕细琢的修改。所谓当局者迷，旁观者清。在修改实践报告时，大学生可能会觉得无从下手，毫无思路。此时，大学生可以尝试走出文本，以第三者的视角对实践报告的内容进行整体的审视和调整，直到设想自己作为旁观者也能够清晰把握实践报告时，实践报告的撰写才算合格。同时，如果对实践报告的修改没有什么想法，也可以和同学们多商讨，相互帮助，以实现有所改进。

三、思政实践报告的结构

实践报告的结构不像文学作品那样灵活自由，它有一个大体的模式，要根据主旨的需要，精心地布局谋篇，很好地反映客观事物。一般来说，实践报告的内容大体有：标题、导语、概况介绍、资料统计、分析、总结和结论、对策或建议，以及所附的材料等。由此形成的实践报告就包括标题、导语、正文、结尾和落款等部分。不同类型的实践报告因为研究目的的不同而在格式、结构、内容的安排上存在一定的差异，但是从总体上来看，不同类型的实践报告在格式和结构上仍然存在着共性。一般来说，实践报告由标题、导语、摘要与关键词、正文、结尾、参考文献和附录等部分构成。

1. 标题

实践报告的标题直接影响人们对它的关注程度，鲜明、生动、针对性强的标题会更好地吸引读者，给人留下深刻的印象，"题好一半文"说的就是这个意思。标题应以简明的词语恰当、准确地反映实践报告最重要的内容（一般不超过20字），通常由名词性短语构成，应尽量避免使用不常用缩略词、首字母缩写词、字符、代码和公式等。标题的写法是灵活多样的，一般有以下几种。

（1）陈述式

这是一种广为使用的单标题写法，就是在标题中直接表明社会调查研究的对象和主题，如《湖南农民运动考察报告》《当前大学生择业观念调查》《某某市民消费水平调查》《关于某某大学某某学院毕业生就业情况调查》《某某大学疫情期间网络教学学习效果调查》等。这种标题写法的优点是对象明确、简明客观、主题突出，但是比较呆板平淡，缺乏特殊的吸引力。

（2）提问式

这是以对某一问题的疑问作为标题，如《下岗职工，出路何在?》《他们为什么选择试婚》等。这种标题写法常见于揭露问题和总结经验方面的社会调查研究报告，其特点是尖锐泼辣，简洁明快，对读者具有很强的吸引力。

（3）判断式

判断式也叫结论式，是以判断式的语言作标题，来表明作者的结论和观点。如《家长制领导方式是导致某某厂经营不利的主要原因》《规划不当妨碍城市成长》等。这种标题写法针对性很强，影响力大，但是理论色彩较强，不够活泼。

（4）双标题式

这是用主标题和副标题相结合的方式作题目的复式标题写法。一般主标题多用提问式和判断式表达，而副标题多用陈述式表达。如《高新技术产业特区的探索——北京中关村电子一条街的调查》《独生子女都是小皇帝吗——对某某市 1000 名小学生的调查》等。这种标题形式，既表明了作者的态度，又鲜明地提示了主题，具有前三种标题的优点，是一种十分常见的标题形式。写作者可以根据需要，灵活地选择标题形式。但是无论采用哪种标题形式，都要注意标题必须与实践报告的主题相符合，而且文字要简练。

2. 导语

导语又叫前言、引言，是实践报告的有机组成部分，是全文的引子，为正文写作作好铺垫。其主要任务是向读者简要地介绍社会调查研究的有关背景，包括社会调查研究的目的、内容、对象以及社会调查研究的时间、地点、方法等。其写法灵活多样，有概括调查对象的基本情况或基本经验的提纲挈领式或提要式写法；有简单介绍实践的目的、时间、背景、范围等，使读者了解过程和写作意图的交代式写法；也有提出关键问题以引进下文，让读者循着作者的思路进行下去的设问式写法。经验式实践报告通常采用提要式写法，定性型实践报告通常采用交代式写法，意见研究实践报告通常采用设问式写法。写作导语的基本要求是：简明扼要，避免与主体部分完全重复。常用的导语形式有三种：简介式导语、概括式导语、交代式导语。

简介式导语是对调查的课题、对象、时间、地点、方式、经过等作简明介绍的导语。其措辞力求准确、恰当，不宜用口语词；句法要求完整严密，一般不用感叹句、省略句，更不能出现病句；讲究以事实说话，写作过程即是将事实归纳、分类的过程，文章力避重复、啰嗦、冗长，切忌满篇大话、空话。

概括式导语是对实践报告的内容，包括对课题、对象、调查内容、调查结果和分析的结论等作概括说明的导语。概括式导语又称"直叙式导语"，采用直接叙述的方法简明扼要地写出报告中最新鲜、最主要的事实。概括式导语有时也称叙述式导语、摘要式导语或概述式导语，其特点是简明、平易、朴实，要求直截了当叙述事实，并且能揭示实质性内容或突出事物的特点，让读者有新鲜感。

"交代"的意思是"嘱咐、叮咛；解释、说明"。交代式导语，顾名思义即对报告主要内容作简明扼要的阐释，对报告产生的由来作简明的介绍和说明。

从写作内容上看，导语一般包括如下几部分。第一，社会调查研究的问题或对现象的介绍。在导语中应明确所调查研究的问题是什么，以及为什么要选择这一问题进行调查研究。在学术性社会调查研究报告中，还要说明问题的来源和背景，以简明清晰的语言说明选题的价值和意义所在。第二，已有相关研究的综述和评论。在这一部分，介绍要简练，重点要突出，而且要紧密联系与本报告有关的内容。如果文献评论部分非常重要或者需要评论的文献资料非常多，篇幅比较长，也可以将这一部分单列出来，自成一部分，而不必一定要放在导言中。

3. 摘要与关键词

摘要是对实践报告的内容所作的简明扼要的介绍，通常作为一个独立的部分放在实践报告的开头，一般不超过 300 个字，要反映研究的主要内容、方法、结果和结论等，要求高度概括，简洁明了。关键词是反映报告主题概念的词或词组，通常以与正文不同的字体字号编排在摘要下方。一般每篇可选 3—5 个，多个关键词之间用分号分隔，按词条的外延（概念范围）层次从大到小排列。关键词一般是名词性的词或词组，个别情况下也有动词性的词或词组。一般应标注与中文关键词对应的英文关键词。编排时中文在前，英文在后。中文关键词前以"关键词:"或"［关键词］"作为标识；英文关键词前以"Key words:"作为标识。关键词应尽量从《汉语主题词表》中选用；未被词表收录的新学科、新技术中的重要术语和地区、人物、文献等名称，也可作为关键词标注。关键词应采用能覆盖报告主要内容的通用技术词条。关键词的一般选择方法是：由作者在完成报告写作后，从其题名、层次标题和正文（出现频率较高且比较关键的词）中选出来。

4. 正文

正文是实践报告的主体部分，是社会实践基本内容的反映。实践报告质量的高低与影响的大小，主要取决于这一部分的写作情况。这一部分应该根据报告的主题与所掌握的资料合理布局。一般来说，应该围绕是什么、为什么和应该怎么办这三个方面展开，客观地叙述实践对象和现象的基本状况及其相关行为，阐明其性质和特点。应该以令人信服的数据和具有典型意义的事实，从定性和定量两种角度的分析中，叙述社会实践的内容，来解决"是什么"的问题。在叙述社会实践对象及内容的基础上，进一步分析各种现象之间的联系，解释某种社会现象和社会行为的原因，并提出自己独立的见解，以解决"为什么"的问题。根据对现象和问题的分析和认识，提出必要的解决方法和措施，以解决"应该怎么办"的问题。在应用型的实践报告中，这一部分尤其重要，建议和措施要具体明确，有针对性。大学生要将自己建议的具体内容，采取的措施、方法、步骤一一列出，少说大话，同时要针对某一具体问题来谈。建议需要把握分寸，不提过高的要求，所提建议必须是经过努力切实可行的，语言需要精炼、准确。正文一般包括：实践目的、实践内容、实践结果和实践总结或体会等内容。

（1）实践目的

主要介绍实践的目的、意义，实践单位或部门的概况及发展情况，实践要求等内容。这部分内容通常以前言或引言的形式安排，不单列标题及序号。

（2）实践内容

先介绍实践安排概况，包括时间、主题、地点等，然后按照安排顺序逐项介绍具体实践流程与实践工作内容、专业知识与专业技能在实践过程中的应用。以记叙或白描手法为基调，在完整介绍实践内容的基础上，对自己认为有重要意义或需要研究解决的问题重点介绍，其他一般内容则简述。

（3）实践结果

围绕实践目的要求，重点介绍对实践中发现的问题的分析、思考，提出解决问题的对策、建议等。分析讨论和对策建议要有依据，如有参考文献，应列在正文后。分析讨论的内容及推理过程是实践报告的重要内容之一，包括所提出的对策建议，是反映或评价社会实践报告水平的重要依据。

（4）实践总结或体会

主要是用自己的语言对实践的效果进行评价，着重介绍自己的收获体会，内容较多时可列出小标题，逐一汇报。总结或体会的最后部分，应针对实践中发现的自身不足之处，简要地提出今后学习提高、努力的方向。

5. 结尾

内容大多是调查者对问题的看法和建议。结尾的写法也比较多，可以提出解决问题的方法、对策或下一步改进工作的建议；或总结全文的主要观点，进一步深化主题；或提出问题，引发人们的进一步思考；或展望前景，发出鼓舞和号召。结尾的写作要求有以下几点：首先，结论要建立在先进的理论基础之上；其次，讨论研究的局限性以及值得进一步研究的方向；最后，讨论研究的有效性和可信度。

实践报告的落款要写明实践者单位名称、个人姓名、完稿时间。如果标题下面已注明实践者，则落款时可省略。

6. 参考文献

在论文或报告后，注明参考文献是严肃性、科学性的体现，它便于读者查核与论文或报告内容有关的文献原文。一般文献的代码为：普通图书［M］、会议录［C］、汇编［G］、报纸［N］、期刊［J］、学位论文［D］、报告［R］、标准［S］、专利［P］、数据库［DB］、计算机程序［CP］、电子公告［EB］、联机网上数据［DB/OL］、光盘图书［M/CD］、磁盘软件［CP/DK］、网上期刊［J/OL］、网上电子公告［EB/OL］。

7. 附录

附录是实践报告的附加部分。一般包括以下内容：调查问卷或量表，访谈提纲和访谈资料，调查指标的解释或说明，原始统计数据图表，调查的主要数据，典型案例，名词注释、人名和专业术语对照表。附录不是实践报告不可或缺的部分，只有那些与实践报告密切相关，而实践报告正文包括不了（直接放在正文中会打乱报告的结构和层次）或者没有说到而又需要说明的情况和问题才应列入附录。

第三节　思政实践报告撰写注意事项

想要写一份合格的实践报告，应紧扣实践主题、尊重事实、逻辑严谨、有理有据。

一、思政实践报告撰写的要求

（一）报告的内容应紧扣实践主题，以实践主题为基础展开

在撰写报告之前，首先必须明晰报告目的和内容，即两个问题——实践主题是什么，与之对应的资料有哪些。对于主题不明确或根本没有主题的实践报告，读者非但不能在短时间内抓住主题，也无法准确获取围绕主题展开的相关内容，导致读者思维的中断或脱节。

要注意主题、观点必须与事实相符合。在撰写实践报告的过程中，要用事实阐明观点、论证主题，要源于事实，以事实为依据，不能脱离事实和材料空泛议论。毛泽东曾提出"没有调查，没有发言权"，调查和实践应本着实事求是的原则，主观夸大和刻意缩小都是不正确的。习近平指出："调查研究是谋事之基、成事之道。没有调查，就没有发言权，更没有决策权。"[①] 研究问题闭

---

① 中共中央文献研究室编：《习近平关于全面深化改革论述摘编》，中央文献出版社 2014 年版，第 37—38 页。

门造车不行，刻舟求剑不行，异想天开更不行，必须进行深入的调查研究。坚持有一是一，有二是二，既报喜又报忧，不唯书，不唯上，只唯实。所收集的资料应尽可能充分和精确，必须客观真实，尊重事实，事实胜于雄辩，切忌主观臆断或凭空捏造。同时还要保证报告的严谨性，必须标明文中所引用的事件和数据的出处，并确保所运用的数据精准无误，不能随意删改甚至编造数据。根据材料所概括出的观点、得出的结论必须是通过对具体情况的论述和分析判断得出的，切忌由于自身立场或情感倾向而言过其实。

研究报告的内容组织和逻辑结构至关重要。毛泽东说："写文章要讲逻辑。就是要注意整篇文章、整篇说话的结构，开头、中间、尾巴要有一种关系，要有一种内部的联系，不要互相冲突。"① 逻辑畅通、结构严密、条理清晰的文章能够帮助读者迅速定位信息，找到读者关切的或关键的、重要的信息。一份实践报告并不是各项内容的简单堆砌，而是以实践主题为中心的、逻辑严密的有机整体。须注意以下两点：

第一，条理清晰，层次明了。中国有句话叫"层出不穷"，即一个问题接着一个问题，一项内容接着一项内容，环环相扣，是一种衔接和递进的关系。层次是一种有机的、内在的联系，而非刻意的、外在的联系。因此，如何科学地排列层次并对其进行分类，是实践报告的逻辑是否具有严密性的一个重要指标。应通过广泛收集相关材料，深入认识并分析事件的内在规律，找出问题的层次，并把要陈述的事实和想要表达的思想恰当地排列。一般来说，要围绕实践主题展开研究设计，选择准确的数据和恰当的研究方法，以与之相契合的图表和文字形式呈现结果，并紧密围绕数据结果展开对实践主题的讨论并得出最终结论。

第二，首尾一贯，紧密照应。逻辑的严密性还表现在首尾是否与实践报告的中心观点相一致，是否具有一贯性和准确性，而非脱离或不恰当地引申。实践报告的一贯性一般表现为首有问题，末有结论，有呼有应。要保证首尾紧密照应，不能脱节。对于事物的分析或部分复杂的中间环节，不能简单地一笔带过或抽掉其中复杂的判断和推理关系，戛然而止，使读者感到突兀和困惑。而是要进行一系列的论证，逐步分析暴露它们之间的复杂的推理关系，而不是仅仅把根据或结论强塞给读者。

---

① 中共中央文献研究室编：《毛泽东著作专题摘编》下册，中央文献出版社 2003 年版，第 1547 页。

实践报告要有理有据，实现材料与观点的统一。所谓"据"，即材料，它是通过问卷调查、实地调查、实验研究和文献研究等方法获得的各种数据和资料的总称。所谓"理"，即观点，它是对资料和数据进行分析之后进行总结概括或者推理而得出的结论。实践报告必须实现材料和观点的统一，其中包含两层意思。一是实践报告应该由材料和观点构成，有了材料实践报告才显得生动，有了观点实践报告才更加深刻。但不是拥有了材料就自然形成了观点，而是需要对所获得的材料进行去粗取精、去伪存真、由此及彼、由表及里的处理。如果实践报告只是简单的资料和材料的堆积，没有对材料进行筛选、消化，没有从认识个别到认识一般，再到认识个别的认识发展过程，就不能透过复杂的现象了解事物的本质和规律，那么其观点也不可能全面和深入，这样的实践报告只是不加分析的、罗列现象的流水账，是不符合标准的实践报告。还有一些实践报告只是简单罗列一些定论，缺乏与事实相印证的材料作为支撑和说明，这样的实践报告是空洞无力的，无法以理服人，也是不符合标准的实践报告。二是实践报告讲究观点和材料的一致。要做到观点由材料来总结，材料用来说明或得出某一观点，观点和材料之间相互契合，相互支撑，相得益彰。有些实践报告表面看来有材料，有观点，但仔细阅读后却发现观点与材料是割裂开来的，观点是观点，材料是材料，观点和材料之间、观点和观点之间并不契合，也不相互印证，甚至相互对立，没有做到具体问题具体分析，因此也是不符合标准的实践报告。总之实践报告要做到观点和材料相统一，既有深刻科学的理论概括，又有具体生动的事实依据，二者相互影响，缺一不可。

（二）注意行文规范

所谓行文，即组织文字、表达意思。实践报告是一种常用的纪实性应用文体，是根据特定目的对某一客观事物进行实践后的工作总结，目的在于说明事实，解决实际问题。因此，实践报告的行文既不同于严谨规范、具有较强理论性的学术论文的语言表达形式，也不同于含蓄且富有丰富情感的文学类作品的语言表述特征，实践报告注重用事实与数据来说明和揭示某一问题或现象，具有简单直接、通俗易懂等行文特点。在撰写实践报告时应注意以下两点。

第一，简洁准确、平铺直叙。大学生实践报告的撰写应尽量使用简单、朴素的语言，做到写人无须刻画，写事无须写景，写物无须描摹，写情无须抒发，写理无须雕琢。应清晰准确地陈述客观事实，再通过分析相关资料和客观事实的逻辑得出结论，不能将其作为"辩论场"，拐弯抹角，得出模棱两可的结果。同时，报告所使用的语句也不能模糊，望文生义。尽量避免使用"可能""大概""由于某种原因"等含糊用语。要准确把握表达程度范围的词句，例如"有所影响"与"较大影响"，"逐步提升"与"较大提升"等。

第二，通俗易懂，语言朴实。作为应用文体，实践报告应具备可读性和实用性，使读者能迅速获取并准确把握句中的主要观点。切忌堆砌华而不实的辞藻和晦涩难懂的学术用语，也要避免使用口语词、方言词等非正式语言，表述力求客观，避免主观色彩，例如可使用"笔者发现""作者认为""上述表明""结果显示"等，而尽量避免使用"我觉得""我认为""我们认为"等。同时，注意避免报告的数字文学化。在实践报告中，汉字与阿拉伯数字应该统一。凡可以用阿拉伯数字的地方，一般均应使用阿拉伯数字，但定性的词、词组、惯用语或具有修辞色彩的语句应当使用汉字，例如第三世界、"十四五"规划、某部三连一排二班、相差十万八千里等。邻近的两个数字并列连用表示概数时也应当使用汉字，例如三五天、五六百元、十之八九等。

（三）选择合适的调查和实践方法

在实践报告中，调查和实践方法具有举足轻重的作用。根据不同的调查对象和调查内容采用合适的调查和实践方法能够使报告更加科学合理。例如实地调查法、问卷调查法、访谈调查法、实验观察法、文献资料法、比较研究法等具体调查和研究方法。一般而言，实践报告的方法部分应该注意以下五个方面的内容。

第一，对实践对象总体的说明。在实践报告中，必须对实践对象的总体情况作出详细、全面的介绍，这是非常重要的一个部分。因为总体的情况决定了样本的性质和结论的适用性及解释力，所以应该讲清楚实践对象总体的情况，使读者对实践对象有一个初步的了解。

第二，对抽样方法的说明。在介绍了总体情况以后，应该对样本以及抽样方法和抽样程序进行说明，是采用随机抽样还是非随机抽样。随机抽样是简单随机抽样、系统抽样、分层抽样、整群抽样、多段整群抽样还是 PPS 抽样。非随机抽样是方便抽样、配额抽样、判断抽样还是雪球抽样，应该尽可能详细地描述清楚样本的状况、抽样方法和抽样过程。

第三，对主要变量的说明。应该说明报告中的主要变量、其操作定义以及具体衡量指标，对复杂的研究变量还要说明对它的分解方式。通过对变量的说明，我们才能使读者明白变量体系和衡量标准，从而判断研究是否遵循科学、严格的方法和要求，结论是否具有说服力。

第四，对过程的说明。这一部分对结论具有直接的影响。一方面应该对收集资料的方法作出比较详细的介绍。比如说，采用的问卷调查法还是访谈调查法，如果是前者，那么采用的是个别发送法、集中填答法还是邮寄填答法，如果是后者则需进一步说明采用的是当面访问法还是电话访问法等。另一方面也应该对所使用的工具作一些介绍。比如在使用问卷调查法时，要说明问卷的结构、内容、形式以及制作过程；在使用访谈调查法时，要说明访问问卷的设计、被调查者的选取等内容。此外，在这一部分也应该对调查的时间、地点、调查工作的组织、调查工具的准备等情况作一些说明。

第五，对资料分析方法的说明。可依据需要采用演绎论证法或归纳论证法。演绎论证法侧重于推理，一般来说，定性研究主要使用演绎论证法，它的特点是：如果前提正确、论证符合逻辑，那么结论就正确。演绎论证的正确与否，主要取决于论证是否符合逻辑，而不是其前提的真与假。定量研究主要使用归纳论证法，它的特点是：不具有对与错的特性，而只有充分与不充分的问题。在归纳论证中，前提所含有的数值及内容，影响着论证的充分程度。

（四）善于运用图表呈现结果

图表的可视性和形象性决定了图表在实践报告中的重要地位。实践报告运用图表说明实践结果，往往能够起到事半功倍的效果。数据分析是大多数含有定量分析内容报告中确保其科学性的不可缺少的一环，而图表是众多方式中最能清晰直观地呈现数据结果的形式，图表与摘要、研究方法介绍和结论共同构成了大多数定量研究报告的标准格式。有些读者为了节省时间，甚至只去阅读图表来了解研究的主要结论。因此，实践报告要注重并善于运用图表来呈现结果。

（五）调查和研究不能凭空杜撰，撰写实践报告时应遵循学术道德

研究并不是臆想出来的，而是在积累大量他人研究成果的基础上开展的。想要写好一篇实践报告，首先要对某一个社会现象或问题感兴趣，将兴趣点转化为实践主题，再从理论和方法上对相似的内容有意识地进行阅读、收集，对该问题形成一个较为全面的认识。换句话说，就是围绕自己的实践主题，对类似主题的发展程度、研究方法、研究结论、创新点以及已有研究存在的缺点或不足等有所了解。一些实践报告的未来展望部分，能为其他实践者确定实践主题和实践问题指明方向或提供重要启示。与此同时，学术水平并不等于学术道

德水平，大学生在撰写实践报告的过程中，还必须遵守撰写实践报告的道德规范。大学生撰写实践报告时须注意以下三点。

1. 遵守学术诚信

学术诚信是个人行为秉性和学术道德品质的集中体现。学术诚信，可以从学术研究主体和他与其他研究者及其研究成果的关系两个方面来阐释。从学术研究主体的角度来看，学术研究主体应秉持对自己负责的态度，即始终做到尊重客观事实，力求真实准确，既不捏造事实也不编造数据。从他与其他研究者及其研究成果的关系的角度来看，两者之间应相互信任、相互吸取有利于自身的因素，使各自得到更好的发展，而不是搞学术垄断和学术霸权。在实践报告中要明确注明引用他人的成果与观点等内容，坚决杜绝剽窃、抄袭、篡改、伪造、泄露和故意歪曲他人学术观点等违反学术规范与学术道德的行为。大学生对学术诚信应该心生敬畏，因为只有学术诚信才能保证学术成果的客观性、真实性、可靠性和有效性。一般而言，大学生坚持学术诚信须做到以下三点：

第一，对研究和实践内容的准确性和真实性负责。大学生在开展社会调研实践的过程中，应确保资料收集、所开展的社会实践过程、所得出的社会实践结论真实无误，杜绝一切伪造数据、弄虚作假、粗制滥造的行为。

第二，对研究报告中的文献引用的准确性和真实性负责。实践报告中引用的文献是实践报告中分析、叙述和得出结论的重要材料，既能增强实践报告的说服力，让读者更好地理清思维脉络，把握研究方向的总趋势，又能为读者继续深化研究提供新的方向和启示。因此，文献引用是否准确和真实十分重要，一个虚假的、不准确的文献引用会误导读者。

第三，对署名的准确性、真实性负责。实践报告的署名应遵循实事求是的原则，署名排序应该经过小组成员共同讨论，按照分工的难易程度、任务分配数量、配合程度以及完成度等确定，组长与组员之间应该互相监督，公平公正，未参加社会实践活动的同学不得署名，同时也不得漏记小组成员。署名时，必须填写真实姓名，不得使用笔名、网名或绰号等。

2. 遵循学术伦理

学术伦理是学术研究主体在开展学术研究中对研究对象、研究方法以及研究活动本身所产生的外部影响进行伦理考量、伦理评估的标准和机制。大学生在撰写实践报告时，伦理的角度和诚信的角度同样重要，也需要对社会实践活动的开展和研究成果的社会影响进行考量。从侵华日军731部队的非人道人体实验到近年来的"黄金大米"事件等，无不践踏了学术精神、科研精神，违背了基本良知和伦理道德，漠视了人的尊严。伦理问题是科学研究永远不可逾越的一道红线和底线。一般而言，大学生坚持学术伦理须做到以下两点。

第一，大学生应该将尊重作为首要的和基本的前提。要充分考虑受访者的感受，并注意保护受访者的隐私或商业秘密等。例如，在采访留守儿童时，大学生应特别注意提问方式与沟通技巧，充分考虑留守儿童的心理承受能力，避免对留守儿童进行二次伤害；在调查超市的塑料袋的使用状况时，大学生需特别注意对商家不愿意公开的一些信息进行保密。

第二，大学生需要尊重被调查者的尊严、自主权、知情权和隐私权。保证被调查者拥有在调查前或调查过程中随时选择拒绝调查的权利，并必须预先告知在调查过程中可能出现的风险等。大学生在开展社会实践或撰写实践报告时还需注意动物伦理、环境伦理、性别伦理等学术伦理问题。

3. 培养学术素养

大学生开展社会实践活动和撰写实践报告也是开展学术活动的一种形式，应该坚守学术责任并拥有良好的学术素养。一般而言，大学生培养良好的学术素养体现在以下三个方面。

第一，完备的实践内容设计与实施。例如，实践报告的主题鲜明突出；社会实践活动内容和方案具有系统性和逻辑性；实践工具准备得全面充分；组长的有力组织和领导等。

第二，科学的研究和调查方法。开展社会实践活动需要选择一定的研究和调查方法，而面对不同的问题，社会实践的主题也不同，所使用的研究和调查方法往往是不同的。能否获得自己想要的资料和素材，关键在于研究和调查方法的选择，与之相匹配的研究和调查方法对开展好社会实践活动具有非常重要的作用。

第三，注重撰写社会实践报告时的细节。态度决定高度，细节决定成败。实践报告的逻辑通畅有条理、观点清晰、资料准确齐全、无错别字和标点符号错误、参考文献以及注释格式的恰当运用等，这些都是严谨学术态度和良好学术素养的体现。

二、思政实践报告撰写应遵循的原则

1. 符合国家的有关法律、法规。任何研究方法以及开展的各项调研活动，都必须在国家法律、法规允许的范围之内进行，严厉杜绝违背法律、缺乏法律依据的调研方法和手段。实践成员作为社会成员，同时也作为高校大学生中的一分子，要做社会和谐稳定的坚定维护者，这既是应尽的义务也是应该承担的责任。

2. 要具备可操作性。在撰写报告前，首先需要进行评估。第一，对实践选题进行评估。如该选题是否具有实践价值以及实际能够操作的空间范围是什么，价值线索是否能够具体化，是否具有可得性等。第二，对研究和调查方法进行评估。应该从采用的方法是否合理，是否超出能力范围、财务预算或时间限度，收集整理工作的工作量大小、难易程度，现有的研究和调查工具是否能精准测算或评估，紧急情况的应对能力等方面进行多维度的考量。

3. 要经得住实践的检验。对事物的认识都要经过从实践到认识，到再实践、再认识的循环往复以至无穷的螺旋式上升的发展过程。认识的最终目的是将获得的理性认识用于指导实践。撰写实践报告的目的之一是为了在一定时期内解决某项社会问题提供一些建议，或者是提供一些可行的措施，因此，要确保实践报告的科学性和严谨性，因为一份虚假的实践报告会误导读者进行错误的实践，最终获得的也将是无意义的结果。

附录： 武汉纺织大学学生思政实践的优秀报告

武汉纺织大学思想政治理论实践课教学方案

《教育部等部门关于进一步加强高校实践育人工作的若干意见》（教思政〔2012〕1号）明确指出，为进一步加强新形势下高校实践育人工作，要"强化实践教学环节""深化实践教学方法改革""系统开展社会实践活动"。根据这一文件精神，《教育部关于印发〈高等学校思想政治理论课建设标准〉的通知》（教社科〔2015〕3号）明确提出："实践教学纳入教学计划，统筹思想政治理论课各门课的实践教学、落实学分（本科2学分，专科1学分）、教学内容、指导教师和专项经费。实践教学覆盖全体学生，建立相对稳定的校外实践教学基地。"《教育部关于印发〈新时代高校思想政治理论课教学工作基本要求〉的通知》（教社科〔2018〕2号）再次明确："从本科思想政治理论课现有学分中划出2个学分"，"开展本专科思想政治理论课实践教学。学生既可通过参加教师统一组织的实践教学获得相应学分，也可通过提交与思想政治理论课学习相关的实践成果申请获得相应学分。"《教育部关于印发〈普通高等学校马克思主义学院建设标准（2019年本）〉的通知》（教社科函〔2019〕9号）进一步明确指出："制定实践教学计划，用好社会大课堂，统筹思想政治理论课各门课程的实践教学，落实学时学分、教学内容、指导教师和专项经费。实践教学原则上覆盖全体在校学生，建设相对稳定的校外教学实践基地。"为落实上述文件精神和完善实践教学制度，结合我校的实际情况，马克思主义学院在探索和实践"思想政治理论课实践教学'三合一'模式"的过程中，对原有的《思想政治理论课实践教学方案》进行全面修订，形成本实践教学方案。

一、课程定位

本课程基于培养德智体美劳全面发展的社会主义建设者和接班人的教育目标，面向全校本科学生，采用思政课实践教学"三合一"模式，将思政实践课与各学院特色鲜明的社会实践活动、专业实践活动有机结合起来，要求学生以"理论+答辩"的形式呈现思政实践成果，在此过程中引导广大学生践行社会主义核心价值观，践行武汉纺织大学"崇真、尚美"校训，有效增强学生服务国家服务人民的社会责任感、勇于探索的创新精神、善于解决问题的实践能力，不断提高学生的思想水平、政治觉悟、道德品质、文化素养，坚定中国特色社会主义道路自信、理论自信、制度自信、文化自信。

二、课程学分学时

2 个学分 32 学时，在第 5、6 学期开设，其中，课堂内 8 学时，主要进行实践动员、社会调查方法论指导及优秀实践成果介绍；课堂外 20 学时，指导学生利用寒暑假期结合专业实践和社会实践同步开展思政实践活动，包括访谈提纲拟定、拍摄注意事项、外出安全事项、团队分工协调、实践心得分享、成果汇报准备等，在课堂外实践中通过电话、QQ、微信、学习通等方式保持沟通，教师也可以直接参与学生实践活动；汇报答辩 4 学时，指导学生形成实践成果，撰写实践报告，组织成果汇报答辩。

三、课程目标

知识目标：掌握社会调查的基本理论与方法，以及社会调查的种类和程序、社会调查的选题和方案设计的基本理论知识。

能力目标：培养学生的团队合作意识，以及确定选题、完成方案设计和开展社会调查的能力，提高他们分析问题和解决问题的能力，确保思政实践教学对学生专业素养的培养与提升。

价值目标：强化学生对马克思主义理论和中国特色社会主义理论体系的理解，引导大学生在实践活动中认识国情、增长才干、锻炼能力、培养品格，自觉投身于中国特色社会主义建设事业。

四、组织实施

1. 理论指导：任课教师系统地梳理思政实践的基本要求和组织实施，介绍思政实践常用的社会调查方法，譬如实地调查法、个别访谈法、问卷调查法和网络调查法，以及社会调查资料的整理及思政实践报告的撰写。

2. 确定主题：按照实践教学课的主题设计，结合各学院专业实践安排和校团委社会实践项目申报要求，任课教师积极开展研讨，可围绕社会调查、公益活动、志愿服务、考察红色革命旧址等方面来确定本学期实践主题。

3. 实践策划：各班由班委统一协调组建实践小组，全员参加，小组成员为3—5人。小组研讨实践方案，撰写实践策划书，通过学习平台系统提交。

4. 活动开展：根据任课教师指导，各实践小组及时修订实践方案，利用寒暑假期的专业实践和社会实践同步开展思政实践活动，深入基层实践。

5. 成果汇报：第二学期开学之后，以文字报告、照片图展、微电影和艺术作品等形式按小组提交实践手册及实践成果，任课教师组织实践成果汇报会，全部实践小组进行汇报。

具体成果形式及要求如下：

（1）文字报告：以论文方式呈现。内容至少包括实践活动构想、实践活动过程和实践活动收获三部分，不少于3000字。论文格式符合学校学报投稿要求。需提供与实践活动过程相关照片3张以上。

（2）照片图展：以图片方式呈现。至少15张照片，各具典型特色，必须契合所学课程和围绕指定主题，每张照片配100字左右的文字说明。以每页3—5页照片加说明的方式置入实践报告书。

（3）微电影：以视频方式呈现。时长不超过5分钟，MP4格式，单个视频1G以下。视频内容包括基本信息（学校、学院、班级、小组成员姓名、学号）、活动目的、过程呈现、总结反思。电影截屏图片至少5张及1000字左右文字说明，置入实践报告书，与微电影一起提交。

（4）艺术作品：以手工作品方式呈现。围绕实践主题并贴近所学课程来创作，提交艺术作品实物，形式不限。实物作品须拍照或扫描5张左右并附1000字左右文字说明，置入实践报告书，与作品一起提交。

6. 成绩提交：实践汇报后，教师收齐实践手册及实物成果，归档保存，整理汇总实践成绩，第四周将成绩提交教务管理系统。每位教师向学院推荐2—3份优秀实践成果。

五、考核形式

考核要求：实践策划书及课堂作业是平时成绩的重要组成部分，需要学生在学习平台系统按任课教师要求提交。实践手册是期末考核的重要组成部分，实践小组须填写提交马克思主义学院制作的实践手册（纸质版或电子版），每组需共同完成1份实践报告，每位小组成员须提交个人总结一份，总结中须清楚陈述自己在实践活动中的具体贡献及收获心得（不少于1000字）。特别提醒：所有成果必须实地调研并独立完成；抄袭、剽窃、作假的实践报告最终成绩直接判定该小组全部不及格，无个人总结直接判定该同学不及格（无论其现场汇报成绩多少）。

成绩构成：小组实践成果评分由学生评委评分和教师评分构成，任课教师在此基础上根据个人总结区分小组成员具体实践评分。实践课程期末成绩由个人平时成绩和个人实践评分构成。

范例一：基层医生的工作日常

一、实践活动背景及准备

基层医生直接服务最基层的广大群众，任劳任怨对社会作出了很大的贡献，但对于部分基层医生来说，由于身份职称、工资待遇和社会保障等问题长

拓展阅读

范例一

期没有得到很好解决，使得部分基层医生的社会地位、工资、福利待遇相对较差，影响了基层卫生队伍的稳定。而且近年医院内医闹事件频发，医患关系紧张也是困扰医生的一大因素，相关社会事件经常把基层医生推向舆论的风口浪尖。

思政寒假实践活动——360 行小人物调查，我们小组对组员学生 1 的父亲，一位从事医疗工作二十余年的基层医生进行了实地的采访调查，进一步了解基层医生这个行业的现状。

二、实地采访

1 月 4 号下午，小组六个人在三栋教学楼共同商议了此次思政实践活动的主题、汇报形式以及粗略的流程。学生 1 帮大家购买了车票，为采访作了充足的准备。

1 月 6 号周六早上 7 时整，一行人在学校一食堂集合，经公交 902 路、地铁、动车、公交辗转来到了 W 医生的工作单位——汉川市第二人民医院，进行了此次实践的重头戏——采访。

下公交后，离 W 医生工作的医院还有几百米。既然要进行实地采访，出于礼貌我们便在附近的超市里面买了牛奶和水果作为见面礼。

一路上虽然天气很不好，连绵不断地下着细雨，但是这并没有影响到大家的采访热情，相反还有一种归家的亲切感，一路上说说笑笑。到达了目的地后，大家仍然精神昂扬。

在开始采访前，我们对 W 医生以及该医院的情况作了一个简单了解。W 医生是一位具有二十几年行医经验的基层医生，善于运用传统中医针灸推拿疗法并结合现代康复医疗技术，对各类疼痛病症、某些杂症、中风后遗症、面瘫等进行辨证施治。W 医生希望用自己多年的临床经验和所掌握的医疗技术，努力为广大患者解除病痛，提高患者的生活质量，是一位具有崇高医德、救死扶伤精神的基层医生。

W 医生工作的汉川市第二人民医院，是一所国家二级综合医院。医院设置有内科、外科、妇产科、中医科等临床科室及放射 CT、检验、功能检查等医技科室。医院虽然不大，却各类科室俱全，为周边居民的健康提供了有力保障。医院的上班时间为早上八点到晚上七点，中间有一个小时午休时间。后面设置有住院部，有紧急突发情况可送至住院部进行治疗，在这种情况下就没有上下班时间之分了，每位医生都要时刻保持充沛的精力以面对各种突发情况。

在去采访 W 医生的路上，小组六个人集中起来，共同商讨了采访的问题。采访问题由实践主题"基层医生的工作日常"展开，以期尽量涵盖基层医生群体的工作生活现状。由组员学生 2 记录问题，大家各抒己见。采访内容主要包括医生的日常工作、对于工作的心态、作为医生的道德操守，以及对医学后辈和我们在校大学生的一些忠告和建议等几方面。

我们一行人来到 W 医生的医务室，根据讨论的问题，对 W 医生进行了采访，由组员学生 2 进行拍摄。通过采访，我们对基层医生群体有了更加清晰的认识。作为一名基层医生是比较辛苦的，但是能坚持这么多年，离不开对行业的兴趣，更离不开的是医生这份职业沉甸甸的使命感和荣誉感。最后，和 W 医生聊到这么多年的经历，当问到是否后悔从事医生这个职业时，他感慨说："不后悔，有苦有甜。"这让我们深受触动。

采访结束后，我们看到 W 医生为这次采访提前准备的手稿，一条条写得十分细致。原本我们把问题发给 W 医生看，只是让他有个小小的准备，没想到 W 医生如此认真对待，每一个问题都写得详细真实。虽然只是一个很小的细节，但也体现了 W 医生对待事情的认真负责。

采访期间，恰逢有病人到来，我们在一旁耐心等待，有幸能够目睹 W 医生问诊过程。这位患者是来询问肩颈的问题，来找 W 医生看病的多数为年纪较大、身体各个部位开始出现疼痛病症的患者。一般这类疾病，并不能靠一场外科手术就可以根治，据 W 医生说，中医针灸推拿，虽然不像西医一样见效快速，但是在治疗各类疼痛、经络方面的疑难杂症时，却能起到缓慢调理、根本治疗的效果，而且现代的针灸推拿也结合了西方现代医疗技术，在效果方面也更加显著了。

采访结束后，我们提议合个影，W 医生爽快答应。我们在医院转了一圈，最终决定在国医堂这块牌匾下合影。W 医生本人就是从事中医药方面的工作，而且国医堂是中医的金字招牌，是弘扬和展示博大精深的中医药文化的窗口和基地，始终如一为广大患者提供更好的服务。

采访结束后已经中午了，经 W 医生及 W 医生家人的盛情邀请，我们前往 W 医生家做客并共进午餐。W 医生一家人非常热情友好，让我们体会到了家的温暖，热气腾腾的火锅消除了路途奔波的疲惫，吃完饭后我们对 W 医生一家道谢并踏上回程的路。

结束了一天愉快的采访之旅，大家在赶火车前决定在医院门口进行最后的合照。医院虽然不大，但我们常见的各类病诊科室俱全，环境比较典雅，和一般医院有所区别。医院的正门也是我们在这个医院经过的最后一站，每个人脸上都洋溢着快乐的笑容。

采访中，我们看到了 W 医生在职业光环背后的普通生活。医生在不少人眼里是个"高大上"受人尊敬的职业，然而他们也和大家一样，只是普通人，过着平凡的生活。

W 医生的家庭是四口之家，一对儿女都在上学，他每天早出晚归，拿着并不是很高的薪水养家糊口。他穿上白大褂是救死扶伤的医生，脱下白大褂是一位爱家人、有担当的父亲。抛开职业光环，他和我们一样是普通的平凡人，同样有血肉之躯，同样有喜怒哀乐。

我们经过采访，再结合查阅的相关资料，对基层医生群体的现状有了一个大概的了解。

基层医生直接服务最基层的广大群众，任劳任怨，然而工作条件却比较艰辛。从全国范围来看，基层医生群体存在着人员老化、后继无人的尴尬情况，应当引起有关部门的高度重视。基层医生多数在 40 岁以上，甚至将近一半的人在 50 岁以上。由于待遇相对较差，许多正规院校毕业生往往不愿意去做基层医生，很多基层医院面临着后继无人的处境。

我们也对基层医生的社会地位、工资、福利待遇等进行了粗略的调查，基层医生由于教育、工资等方面问题没有得到很好的解决，导致社会地位相对不高。很多县级基层医院的基层医生，五年工龄收入两千元左右，十年三千到四千元，二十年五千到八千元，相比于一些大医院来说差距很大，福利待遇也不能得到很好的保证，而且还要承担比别的职业更大的风险。由此可见，基层医生群体面临的困难和问题较为突出，也呼吁有关部门能尽快出台相关政策。

不论哪一个层级的医生，都会面临这样一个共同问题——医患关系紧张。医患关系的缓和要靠医生和患者的共同努力。

近些年，医闹事件频发，从 2011 年到 2016 年，媒体报道出的医闹事件多达 300 多件，而发生在三甲医院的暴力伤医事件最常见，多发于急诊科和门诊大厅。41% 的暴力伤医事件发生在全国 GDP 排名前五的省份，64.2% 受害者是一线医务工作者。大多数医生拿着较为微薄的薪水，承受着很大的舆论压力。

三、总结和感悟

W 医生是一位具有二十几年行医经验的基层医生，善于运用传统中医针灸推拿疗法并结合现代康复医疗技术，对各类疼痛病症、某些杂症、中风后遗症、面瘫等进行辨证施治。这类疾病多发病于 40 岁以上那些叔叔阿姨身上。

W 医生所工作的汉川市第二人民医院的上班时间较长，从早上八点到晚上七点，中间有一个小时午休时间。当然，工作时间之外医护人员也要时刻保持着充沛的精力，来面对各种突发情况。通过对 W 医生的采访，我们对以 W 医生为代表的基层医生群体有了更深的了解。

当被问及有没有想过换其他职业时候，W 医生说当医患之间产生矛盾，患者不理解医生的时候，也有过换职业的想法。一些患者及家属觉得，医生治好了他们的病是理所当然的，如果治不好，就会对医生有意见。不过，值得欣慰的是大多数病人及家属还是很体谅医生的。当聊到是什么让他从事医疗行业这么多年时，W 医生讲了一个很感人的故事：一位腰痛的病人，饱受疾病之苦，是被家属背进诊疗室的，给他治疗之后，他自己都可以走回去了，这位病人因此非常感激他。病人心存感激之心，是医者的动力，正是因为这样才让他坚持了这么多年。每次看到可以尽自己的努力帮助患者解除病痛，就有一种幸福的感觉，有一种成就感。

W 医生对学医的后辈也提出了劝诫，既然选择了医生这个职业，就要比别人更加懂得吃苦耐劳，要学会付出，要具备高尚的医德和精益求精的技术，这样你才能最大程度地给病人解除病痛。因为它不同于别的职业，没有节假日，要"随时待命"。尽管我们不一定从事医疗工作，但 W 医生的事迹告诉我们，作为在校大学生，不管我们以后选择了哪种职业，只有具备了扎实的知识基础、精湛的技艺、创新的能力，才能不断在这个领域探索求知，才能获得社会的认可、他人的尊重。

基层医生直接服务最基层的广大群众，任劳任怨，然而从全国范围来看，基层医生群体存在着人员老化、后继无人的尴尬情况。基层医生多数在 40 岁以上，甚至将近一半的人在 50 岁以上，而且学历普遍较低。由于待遇不好，正规院校毕业生不愿意去做基层医生，很多医院面临着后继无人的处境。而且由于教育、工资等方面问题没有得到很好的解决，导致基层医生的社会地位相对不高。福利待遇也不能得到很好的保证，而且还要承担比别的职业更大的风险。而且不论哪一个层级的医生，都会面临医患关系紧张的问题。相对于那些极少部分能拿到高薪的医务工作者来说，大多数医生还是拿着较为微薄的薪水，还要承受更大的舆论压力。

通过调查我们发现，基层医生当前面临的困难和问题较为突出，希望这能够引起有关部门的高度重视，也希望有越来越多的人能够走近并且了解和关心基层医生。

总体来说，此次思政实践活动开展得比较顺利。从最初的商讨实践主题到实地采访、后期文字处理以及 PPT 制作，大家都很热情，都很积极主动地完成自己的任务。但是也存在着不少问题有待改善，小组成员普遍存在着"拖延症"，本来规定五天时间完成的任务，大家经常会拖到第七八天，让后面的工作不能顺利开展。希望学院能够多安排类似的实践活动，通过实践活动不仅能够提高大家的团队意识，更重要的是也能够提高个人能力，使每个人都能够从中学到很多实用的东西。

希望更多人能了解到医生是一个高强度、高风险的职业，医生们面对的是一个个生命个体，是他们诠释了生命的重要性。

范例二：宝安社区"阳光课堂"志愿活动

● 2020 年 11 月 14—27 日

团队成员通过三次会议，确定了此次的实践活动主题，即联合人工智能学院到宝安社区参加"阳光课堂"的志愿活动。本次实践围绕着"建设美丽中国"，结合我们所学的专业知识，开展一系列疫情防控、人工智能等课堂活动。课堂的组织、安排以及课程内容主要由我们团队负责，并确定了活动前期的大致分工。

在活动分工方面，主要有主讲人、助教、拍摄和后勤（2 人），队长是学生1。为了加强集体的凝聚力以及每个人的活动参与感，我们采取了轮流制，让想要尝试不同职位的同学都可以参与进来，并且让小组的每一位成员都可以参与到每次活动中，并在不同的职位上得到锻炼。

● 2020 年 11 月 28 日　星期六

我们以志愿者的身份参与到阳光行志愿队小干事组织的课堂中，亲身体验了课堂，在课堂中陪伴小朋友们，引导小朋友们进行学习，了解了志愿队的课程流程以及基本安排。

拓展阅读

范例二

● 2020 年 11 月 29 日　星期日

我们记录下了课堂的不足和值得学习的地方。在观摩学习了此次课堂后，与志愿者们进行了课后交流和经验学习。最后，我们召开了小组会议，讨论确定了下次课堂的基本内容以及展开形式。

课堂活动的前期，我们做了以下准备工作：

1. 教案的编写以及 PPT 制作；

2. 与志愿队负责人交流，进行教案的修改并安排后续活动；

3. 统计、购买、准备所需材料；

4. 志愿者招募，社区小朋友招募；

5. 对志愿者们展开培训，并预演课程，以确保课堂保质保量完成。

● 第一次课堂：疫情防控小课堂

1. 分工：

主讲人：学生 2

助　教：学生 3

后　勤：学生4　学生5

拍　摄：学生6

2. 活动过程：

2020年12月5日　星期六

课堂进行过程中，我们从五个方面为小朋友们普及了疫情防控的小知识。通过视频等方式使小朋友们了解到疫情的出现传播和预防病毒的重要性；通过示范教会小朋友们如何正确佩戴口罩；我们采取志愿者与小朋友一对一互动方式，使小朋友们既能听懂此次课堂的内容，也能在课堂中充分体会到学习与动手实践的乐趣。

小朋友们通过画画的方式表达对抗疫一线战士们的感激和敬佩之情。

最后，小朋友们写信表达了对志愿者哥哥姐姐们的感谢并且对下次课程的开展提出了宝贵的建议。

- 第二次课堂：人工智能小课堂

1. 分工：

主讲人：学生6

助　教：学生5

后　勤：学生2　学生3

拍　摄：学生4

2. 活动过程：

2020年12月12日　星期六

这次活动我们邀请了数学与计算机学院黄展翌志愿队的小干事、学生党员和人工智能学院的志愿者们来参与活动。

此次人工智能主题的特色课堂充分展现了数计学院和人工智能学院的专业特色，我们将无人机带入了课堂。通过主讲人的讲解、助教的演示以及视频的观看，引起了小朋友们的兴趣，加深了他们对人工智能的理解。

另外，在疫情期间，健康码的使用越来越广泛，因此我们让志愿者们给小朋友演示如何使用健康码，并呼吁他们在学会后，去帮助家里的老人们使用健康码。

在此次活动中，主讲人引导小朋友们通过画画的方式展现出对未来人工智能生活的向往，设计出自己心目中的机器人，并鼓励小朋友们上台介绍自己设计的机器人。孩子们的画使我们充分体悟到了小孩子的想象力是世上最璀璨的珍宝。

最后，有很多小朋友为陪伴在他们身边的哥哥姐姐们写了信，表达了他们对志愿者们的感谢。

● 社区采访

1. 分工：

采访人：学生1　学生5

拍　摄：学生7

2. 活动过程：

2020年12月12日　星期六

在活动接近尾声的时候，我们对社区的居民、小区的物业主任进行了采访，了解他们平时的文化活动以及社区开展的居民活动，并对此次采访进行了拍摄记录。在与物业主任的交谈中，我们了解到宝安小区的面积比较大，在建设的时候居民楼和活动场地是分开的，尽量减少活动打扰居民的现象。而这些活动，是社区入驻负责开展，小区负责提供场地，并且随着党员工作的开展，活动也越来越丰富。物业主任是一位老党员，他知道我们来的意图后，很乐意地为我们介绍了小区的环境、美景以及开展的丰富的文化活动。他也为我们讲述了疫情期间，党员们冲锋在前为小区居民服务过程中所遇到的困难和难题，当面对质疑时，虽然会难过，但他们也依旧坚持为人民服务的初心。

通过这次采访，我们充分了解到了习近平总书记所说的美丽中国就体现在这样的点点滴滴里，就是在人民群众的衣食起居里，就是扎根在中国每一处乡镇、每一处社区、每一处居民楼里，就是千千万万个中国人的生活美、身体美、精神美，这些共同构成了真正的美丽中国。

范例三：湖北省宜都市电商小镇发展现状调查

思政实践课策划书

组长姓名			学生1			班级	××班
联系方式			135××××××××			学号	180××××××
小组成员	姓名	性别	班级	学号	联系电话		承担任务
	学生2	男	××班	180××××××	158××××××××		准备问题，采访，录音（任务占比24%）
	学生3	男	××班	180××××××	156××××××××		整理记录内容（任务占比24%）
	学生4	男	××班	180××××××	156××××××××		整理访谈提纲，制作PPT，撰写实践报告（任务占比24%）

续表

实践题目	湖北省宜都市电商小镇发展现状调查
实践形式	√小组　　□个人
成果形式	□文字报告　　√照片图展　　□微电影　　□艺术作品
主题选择 （WHAT）	活动对象：湖北省宜都市电商小镇发展现状 选题初衷：目前全国的电商特色小镇仍在少数，主要分布在沿海经济发达地区。电商小镇建设尚处于起步阶段，在现有的电商小镇之中，大多数是最近几年紧跟国家大力发展互联网电子商务和特色村镇建设等政策而建立的，少数为依靠当地特有的基础条件优势等而自发形成的。其中有的是自下而上形成的，这些自发形成的电商小镇基本上是由电商网点发展起来，最后形成一条完整产业链或产业集群，进而形成的电商特色小镇。湖北省宜都市电商小镇作为湖北地区少有的电商特色小镇，其起源、发展现状及存在问题都值得我们进一步探究。 调查方法：实地考察法、个人深度访谈法、二手资料分析法
策划方案 （HOW）	一、准备阶段（3—4 天） 　　生活准备：制订合理的在电商小镇调查期间的出行计划，并准备采访问题及初步构想。 　　调查准备：查阅有关电商小镇的资料，对具体的调查对象进行合理规划。 二、实施阶段 　　基本流程：团队成员从武汉出发，坐火车及汽车到达宜都市，按照之前的规划，重点走访电商小镇和里面的企业，并拜访相关负责人，征得同意后，参观并进行采访、拍照。采访完毕后上传相关资料并一起讨论实践过程中的收获以及遇到的问题。 三、总结阶段 　　对实施阶段拍摄的照片以及记录的采访稿进行整理汇总，整理文档并制作照片展。
可行性分析 （WHY）	一、调研背景：有组员曾经去过电商小镇，对电商小镇的地理位置及情况有初步了解。 二、人员构成：实践团队由同班（3 人）和邻班（1 人）同学组成，团结友好，行动力强，其中 3 人来自湖北宜昌，调研时语言沟通障碍较小。 三、预算开支：本次调研地区为宜昌宜都，距离武汉较近，交通开销不大，调研时间控制在 1—3 天，食宿开支在可接受范围之内。 四、安全考量：实地调研成员均生活在附近地区，对周边环境较为熟悉。

正文：

实地采访

6月21日上午，小组4人在线上共同商议了此次思政实践活动的流程安排及成员分工。

6月23日下午，负责访谈提纲编写的组员完成了访谈提纲并同其余三位组员讨论修改。

6月24日，负责进行实地拍摄、访谈的三位组员乘车前往宜都市，到家休息整理后商定了第二天集合地点和时间。

6月25日早上9时，一行人搭乘公交，到达了本次活动实践的地点——宜都市电商小镇附近。为了能够更加顺利地实施采访，小组成员商讨后在附近的超市购买了一些小礼物，而后正式前往宜都电商小镇园区。

到达电商小镇园区门口，我们发现电商小镇所处位置交通较为便利，附近分布着苏宁易购以及一些餐馆和家居店。此时电商小镇给我们的初步印象更像是一个商圈。在四处参观后，大家并没有第一时间找到电商小镇相关的门店，咨询了一位店铺老板后，才知道有一条电商街，于是小组成员立即前往。

到达电商街后，我们首先参观了电商相关的门店。除了空闲未出租的门店，大多数门店都大门紧闭，一路上人流量也较少，于是我们对于宜都市电商小镇的发展现状不由产生了各种各样的疑问，比如"难道都倒闭了吗""都是政府的面子工程吗"等。

带着疑惑，我们怀着忐忑的心情前往了此行对于我们帮助最大的一家门店——产品展示中心。我们向产品展示中心的工作人员说明了身份并表明来意——想要通过参观和采访电商小镇入驻企业，了解电商小镇发展现状。产品展示中心的工作人员非常热情，欣然接受了我们的请求。

产品展示中心的工作人员带着我们一边参观，一边向我们介绍产品展示中心的基本情况。产品展示中心作为第三方，受政府经商局委托，负责园区日常运营。宜都电商虽然销售没问题，但供应链薄弱，货源有相对劣势。展示中心展示了宜都有名的特产，平台在选品时，展示中心会帮助厂家与平台对接，进行免费的推介和宣传。

产品展示中心灯光璀璨，陈列着各种各样的宜都特色产品，包括茶叶、草莓、老抽、鲜果捞等。我们最初以为电商小镇里面的经营业务多与农业、工业有关，了解后才知道电商小镇里面经营的业务较多，包括网上出租车、代记账、售卖农产品等。前不久宜都市电商产业园在这里筹备并举办了2021年宜都"线上春茶节"，有效促进了茶叶生产企业与电商企业的参与和对接。

产品展示中心属于公益性质，展厅中有宜都各类产品的展示和各个企业及产品的推广二维码，扫码即可获取信息并直接购买。电商小镇有着自己搭建、运营的电商平台，包括宜都宜品、宜都好物等。这些平台也邀请宜都电商相关专业的学生共同参与平台搭建以及后续的运营。

通过产品展示中心工作人员的介绍，我们还了解到目前电商小镇的仓储和物流配套较为完善。宜都市政府和中通快递合作，推出了快递下乡等服务，下单就有补贴，推广效果好。同时她也谈到宜都老龄化严重，列举了宜都市政府和职高合作，职高同学开发小程序进行运营，宜都市政府鼓励本土年轻人创业、进行人才引进等措施。在采访的最后，我们一起进行了合照。

产品展示中心采访结束后，在我们的请求下，工作人员欣然同意并带领我们参观电商小镇的一家优势茶企——湖北明腾生物科技股份有限公司。湖北明腾生物科技股份有限公司主要经营业务是生产销售各类高中低档茶叶，其中金银花茶是核心产品。企业于2014年开始经营，2018年入驻电商小镇，采取了"公司+合作社+农户"的合作模式，让600多户贫困户成功脱贫，带动了村集体发展经济。其中金银花生产被列为宜都市政府扶贫项目，目前已拥有自己的种植基地。随着公司规模的扩大，每年也吸引了其他村集体前来合作，企业提供金银花树苗及相应技术，农户种植，企业按照市场价25元一斤收购，帮助农民实现脱贫。

通过了解，我们知道了该公司主要是受到电商小镇三年免租的优惠政策吸引入驻电商小镇的，该公司拥有自己的销售渠道，包括淘宝以及1688批发，还有各大银行的购物平台，但主要是依托电商小镇园区的电商平台供货给第三方。在谈到政府的入驻优惠政策时，该公司员工提到，入驻企业必须是本地企业，目前电商小镇三年的免租期将在今年7月到期，免租结束后应该也会有相应优惠政策，但具体政策还未出台。

该公司员工一边回答我们的采访问题，一边邀请我们品尝了他们公司的金银花茶，大家都觉得口感和味道很棒。在谈到疫情影响时，出乎我们意料的是，该公司员工表示，疫情期间没有受到太大影响，反而是随着人们对于健康、养生意识的提高，含金银花等具有清热解毒功效的茶叶产品行情变好，销量提升了。由于该公司主要是供货方，所以企业并未过多参与"618""双十一"等促销活动。

在谈到入驻电商小镇对于企业发展的影响时，该公司员工认为，政府的政策很好，给企业带来了很多便利，入驻之后形成了产业聚集效应。以前企业只能专注生产，没有时间和精力发展电商，入驻之后，拍照、美工等配套服务完善了，企业发展电商更加便利。最后我们一行人一起合照，并且购买了该公司的金银花茶产品作为纪念。

结束了对湖北明腾生物科技股份有限公司员工的采访，我们在产品展示中心工作人员的带领下，来到了宜都网商协会会长所在的公司。我们到达时，该公司上上下下都十分忙碌，我们表明来意后，网商协会的会长在百忙之中抽出时间，欣然接受我们的采访请求。

会长先带领我们参观了位于公司二楼的直播间，直播间内的带货主播正在忙碌地进行着芒果等产品的天猫店铺直播。我们发现该直播间设备较为完善，主播的专业素养也较好，很好地掌握了直播间带货技巧。在会长的介绍下，我们了解到该公司主要销售农产品，包括宜都本地、外地的特产。

在我们的提问下，会长告诉了我们网商协会的意义，他表示："网商协会是由政府授权的民间组织，协会和政府合作，将宜都做电商的小微企业聚集在一起，参与电商小镇的发展。政府提供电商小镇这个平台，协会和入驻企业积极发展。"

会长告诉我们，网商协会主要有以下两个职能：一是做好入驻企业的服务，搭建政府和企业的桥梁，让企业和政府紧密联系起来；二是通过举办沙龙分享、培训会等方式，使得入驻企业之间能够相互学习交流电商知识、借鉴经验。另外，我们也解决了刚进入小镇时产生的疑惑——电商小镇的入驻企业门店普遍在下午和晚上才开门，由于专注线上，所以线下人流量普遍不多，小镇的门店主要是企业用来办公和仓储的。

我们还了解到，在新冠肺炎疫情期间，网商协会作出了巨大贡献。网商协会联系了入驻企业，快速搭建了宜都的电商平台，使得宜都市人民能够在疫情期间线上采购，通过无接触配送的方式购买到物资。除此之外，会长还表示，预计电商小镇在以后还会有更多企业入驻，会长认为电商是未来的发展趋势，脱离了电商，企业也就脱离了一个巨大的销售渠道，企业的发展前景就会受到影响。

从会长的介绍中，我们得知电商小镇目前入驻了 35 家企业，政府提供了7000 平方米的园区范围。有不少企业经营状况良好，有的优秀企业一年的销售额达几百万甚至几千万元。但同时会长也认为，相比其他平级的电商示范园区，宜都市电商小镇的规模较小，园区面积至少需要 2 万平方米，而由于目前园区的面积、规模、投资较小，很多在外地做得好的本地人不愿回来入驻，年销售额上亿的企业目前都不愿入驻，限制了电商小镇的进一步发展。

在谈到电商小镇的电商化程度时，会长表示，目前只要是线上的平台，包括淘宝、京东、微信小程序等都有，电商小镇的微信公众号也已经做了很久了，公众号内容涉及推文、产品上架、营销、销售等各个方面。在电商小镇，一个项目的孵化期在 1—3 个月，电商小镇内的企业也会提供学徒培训等服务。有的企业效益好，客服的工资在每月 5000 元左右。在会长的介绍下，我们还惊喜地发现，有武汉纺织大学的学生在电商小镇就业，会长也积极邀请我们过来实习。

在谈到对于未来发展的意见和建议时，会长指出，宜都经济发达，但是由于没有充分认识到宜都电商的发展潜力，对于电商小镇的扶持力度还有待提高，举办的培训等存在"面子工程""低效不实用"等问题。他希望政府能够制定好完善的电商扶持政策，加大宣传力度，配置更多的政府专职人员参与电商小镇的建设发展，才能吸引更多、更优质的电商企业入驻电商小镇。政府的服务要到位，企业有困难和需要，政府要帮忙解决；经营状况不良的企业，政府要引导；大学生引进政策也要进一步完善。只有这样，宜都电商小镇的发展才会更好。采访的最后，我们同网商协会的会长合影留念。

采访顺利结束，回顾今天的宜都电商小镇之行，我们感到非常幸运。整个参观、采访工作进行得非常顺利，从通过展示中心的工作人员初步了解到电商小镇的基本情况，到走进具体企业了解电商小镇入驻企业的发展现状，再到与宜都市网商协会会长进行深度交流，我们深入了解了宜都市电商小镇的发展现状、存在的不足之处等。这次的电商小镇之行让我们感觉非常充实，了解到很多认识之外的事物。最后，我们在电商小镇的附近找了一家烤肉餐厅吃饭，以此庆祝这次宜都市电商小镇发展现状的实地考察活动圆满结束。

结束白天的采访后，四位小组成员召开了线上会议进行交流，整理了相关材料，分享了各自的收获以及看法。进行实地考察的三位小组成员分别对今天的访谈过程进行回顾总结，学生 4 根据成员提供的采访录音及拍摄的照片进行了采访报告的初步撰写，紧接着根据学生 1、学生 2、学生 3 三位同学各自的电商小镇之行的感受又进行了一定的补充，形成了实践报告的初稿，随后由三位组员提出修改意见，学生 4 根据其他三位组员的意见修改，最终形成实践报告。

小组成员个人总结

姓名	学号	班级	电话	承担任务
学生1	180××××××××	××班	135××××××××	分工安排，采访，摄影，PPT演讲（任务占比28%）

（个人在本次思政实践课中做了哪些事？有哪些收获？不少于1000字。）

在本次思政社会实践中我做的事：

1. 作为这次思政社会实践的组长，我首先对这次任务制订了计划，进行了小组分工以及任务安排。对于最开始的确定选题、确定采访时间，我作了一个可行性分析并与组员沟通。之后通过对组员的了解和实际情况，我为3位组员分配了不同的任务。在正式采访的前一天，我发起了线上会议对采访任务进行进一步细分并提醒大家要注意的事项。在采访结束以后，组员们再次通过腾讯会议对本次采访进行复盘，包括分享成果以及分析存在的问题，同时对负责撰写报告的同学提出具体要求。

2. 在本次社会实践中，我和另外两位组员一起进行了采访，同时我还负责摄影工作。在采访过程中，我还起到引导作用，比如咨询工作人员能否推荐其他企业以及是否能够带领我们去往这些企业实地调研，这为我们本次采访顺利推进起到了重要作用。

收获：

1. 磨刀不误砍柴工。在本次实践中，我最大的感受就是准备的重要性，我认为这是我们本次采访高效有价值以及成员之间配合默契的基础。因为在正式采访前，我们进行了任务分工，并且撰写了访谈提纲，对正式采访中可能遇到的问题作了假设。所以在正式采访中，我们能够很高效地获取我们想要的信息，并且能够引导被采访者按照我们设想的方向回答，整个采访过程都非常顺利。

2. 实践是认识的来源。在正式采访之前，我们对提问的问题预想了很多回答，比如我们以为疫情对企业的影响会很大，很多企业可能入不敷出，而小微企业的经营可能更加困难。但当我们真正去采访之后，才发现答案与我们预想的大相径庭，不少小微电商企业不仅发展得特别好，甚至有的企业还进一步扩大了生产规模。

3. 学会求助他人。在这次实践中，还有一点让我印象特别深刻，我认为我们这次采访之所以顺利还有一个很重要的因素，就是我们得到了一位政府工作人员的帮助。当时在采访完她之后，我只是顺便问了一句：请问周围的企业中您有没有什么推荐的？您认为还有哪些企业很具有采访价值？当她告诉我们之后，我又顺带问了一句：您可以带我们去吗？我们对这里不是特别熟悉。万万没想到，正是我无心的两句话，给我们之后的采访带来许多便利。所以我认为学会求助也很重要，尤其是当自己不了解、不熟悉或者有疑问的时候，一定不要害怕去咨询他人，也要学会通过询问来获得更多信息。

4. 对许多社会热点有了更深的感悟。虽然这次采访的中心是关于电商企业的，但通过采

续表

访，我们还对人口老龄化、职业教育、精准扶贫等社会热点有了更深的了解，并且打破了很多以往的偏见。比如虽然我们都听说过精准扶贫，但在这次采访中我们具体知道了企业如何进行精准扶贫，如何帮助脱贫。再比如我之前不知道小微企业的收入也比较高，没有想到许多小程序平台其实都是高职高专的同学们做的。通过采访，打破了很多我以往的偏见，让我能够从更多角度去分析问题、看待问题。

　　总之我非常感谢这次思政实践活动，其实最开始听到这个任务我是挺担心的，因为我认为它可能会花费很多时间，与我目前考研的计划会有所冲突，而且还有很多未知数，但当我真正去投入，真正去实践后，我发现其中的收获远比我想象中的多，尤其是在思维和认知方面，我希望以后也要不断在社会实践中提升思维的深度和广度，真正做到知行合一。

注：每人一份个人总结，手写，且签名、日期。

小组成员个人总结

姓名	学号	班级	电话	承担任务
学生2	180×××××××	××班	158×××××××	准备问题，采访，录音（任务占比24%）

（个人在本次思政实践课中做了哪些事？有哪些收获？不少于1000字。）

我们此次的实践活动，是调查湖北省宜都市电商小镇的发展现状。调查过程中所思所见之零零目目，皆引人深省，真是无愧此行！

首先，我们这次实践活动是调查宜都市电商小镇的发展现状，随着互联网的兴起，越来越多的电商小镇出现在全国各地，所以这个课题本身具有很大的社会意义。而宜都市又是我的家乡，所以我对此产生了很大的兴趣和调查的动力。

我在本次实践活动中主要做以下三方面工作：准备采访问题、实地采访、做好采访录音。

我们计划6月25号进行实地采访，所以在6月24号的时候，我们一起对采访的问题进行了准备并作了初步构想。通过网上的一些资料和电商小镇本身的电子商务性质，我把采访的问题主要从三个关键方向展开：电商企业的行业规模和运作模式，疫情期间面临的困难及解决方案，政府的支持是否有力度。

6月25号，我们在电商小镇汇合。我的主要工作是进行实地采访以及采访录音，采访录音其实操作很简单，所以主要工作是如何进行有效的实地采访。我们首先抱着试试的态度，进入了电商小镇的一个展销平台，这个展销平台主要用来展示和宣传宜都电商公司。很幸运的是，我们遇到了一位热情善良的小姐姐。当我们说明来意后，她很乐意为我们讲解宜都电商小镇的基本状况。在我们拍完照片和留影之后，她又非常热情地当起了我们的"向导"。她先是把我们带到一个生产金银花的本地企业，名字叫明腾。明腾的招待人也是一位热情的小姐姐，知道我们的来意后，开始为我们冲泡桌上的金银花茶。我看到他们墙上挂着一些代表公司历程的奖章，就询问起他们公司的发展史。接待的小姐姐莞尔一笑，跟我们聊起其实这家公司最开始就是农村的承包合作社，经过一系列发展，才慢慢变成公司的形式，最近两年又赶上电商的热潮，所以在宜都电商小镇里算是发展得不错的企业。我们越聊越觉得有意思，最后走的时候还买了两盒金银花茶，留作这个片段的纪念。

随后，展厅里的小姐姐向导又带我们去了电商协会会长的办公室，在他的办公室旁边，有一位小姐姐正在拿着一个芒果直播。会长听到了我们的来意，马上发出了一声感慨："像你们这样的年轻人，就应该回到家乡来发展电商事业，我们现在越来越招不到人了。"随后会长又从一个宏大的视角为我们讲述宜都电商小镇的前世今生。他说电商小镇的模式是对的，符合当今的趋势，只不过竞争太激烈。另外从其他的角度来说，政府虽然有大量的政策支持，但是相比周边县市仍有不足；宜都的年轻人去外地读大学，一般都不会回到家乡就业，所以这也导致人才储备不足，电商小镇的发展后继乏力。我们听得津津有味，和会长留影和告别

续表

后，我们都很高兴，因为这是一次值得的、难忘的实践活动。

　　这次实践活动不仅让我更加关注电商小镇发展这样一个社会问题，关注家乡的人才和发展问题，还让我深深感受到了实践对理论的支撑和充实作用。以前我们总是对着一些概念舞文弄墨却不着实际，而此次的经历让我深切感受到了实践下基层的重要意义，所有问题的解决方法，不就是理论和实践的紧密统一吗？

　　注：每人一份个人总结，手写，且签名、日期。

小组成员个人总结

姓名	学号	班级	电话	承担任务
学生 3	180××××××××	××班	156××××××××	采访，整理记录（任务占比 24%）

（个人在本次思政实践课中做了哪些事？有哪些收获？不少于 1000 字。）

　　我们小组此次的思政实践活动是对湖北省宜都市电商小镇发展现状的调查。从团队的组建分工，选题的确定，计划的付诸实践，以及最后的反思与总结过程，对于我来说都是一个学习与成长、丰富理论知识、获益匪浅的经历。同时，我也认为此次活动达到了我个人内心的期望值。在我们的调研活动逐步开展的过程中，我也逐步意识到这个调研本身具有的社会意义。

　　首先，我们团队其他的成员都是极其优秀的当代大学生代表，政治思想觉悟高，品学兼优，个人能力和团队合作能力极为突出。团队组长的领导力、执行力突出，整个团队的凝聚力特别强，这也是我们后续的工作能够高效按照计划进行的保障。

　　其次，我认为我们的选题本身就具有较好的社会意义，无论是更进一步了解自己的家乡，还是更进一步认识电商产业对于当地经济发展的影响，都有相当大的意义，并且随着调研的不断深入，这个感觉变得越来越强烈且深刻。这使我意识到这不仅仅是一次作业，它改变了我对于电商行业的一些认知。电商行业是有一定时间差和地域差的。

　　我们制订了详细且完备的计划，在执行的过程中我们也不断优化我们的计划，由于我们小组的两位同学是宜昌宜都人，我们相隔不远，结合政策大环境的趋势以及借鉴往年的经验，我们将实践的地点选择在了宜昌宜都市的电商小镇，对电商小镇的现状展开了调查，由学生 4 拟订了访谈提纲，学生 1、学生 2 和学生 3 去实地展开调查。6 月 25 日，我们相约于电商小镇见面，在两位当地同学的带领下，我们拜访了电商小镇的一些代表性企业，并就我们提纲上的问题进行了提问、录音、拍照，整个访谈在电商小镇的工作人员的带领下顺利进行，我们也获得了很多新的认知。让我印象最深的是电商协会会长的一些看法，他表达了对于人才的迫切渴望，对于像宜都这样的全国百强县，人才的缺口依然很大，现在很多从家乡走出去的大学生和高层次人才，都不愿意留在家乡、建设家乡，另外政府对于电商产业的政策扶持力度还没有达到理想的程度，这在很大程度上制约了电商小镇的发展。这些问题确实是很现实的问题。

　　我们的整个活动过程也是一个不断反思与总结的过程，我们 6 月 24 日晚上在线上召开了实践活动的细节会，6 月 25 日实践活动结束后在线上召开了我们整个活动的反思与总结会议，我们也通过不断的反思与总结，在完善我们思政实践活动的同时，获得经验。

　　回顾本次活动，我的收获颇丰：一是从团队成员身上学到了如何写访谈提纲，如何更好地进行团队合作；二是本次活动让我认识到了电商小镇对于当地的经济，尤其是对于扶贫具有很大的作用与意义。

　　注：每人一份个人总结，手写，且签名、日期。

小组成员个人总结

姓名	学号	班级	电话	承担任务
学生4	180×××××××	××班	156×××××××	整理访谈提纲与采访记录，制作PPT（任务占比24%）

（个人在本次思政实践课中做了哪些事？有哪些收获？不少于1000字。）

本次思政实践成果的展示，我们小组做的是照片图展。实践成果的题目为：湖北省宜都市电商小镇发展现状调查影展。回顾这次思政实践活动，从讨论选题形式、制订实践计划、实地实践、实践总结这四个方面来说，我们小组均保持了高效的实践作风。团队每一位成员在参与以上四个环节时，不管是做事积极性还是协调配合，都达到了高度的一致。我想，这也是为什么团队能够在假期刚刚开始便如此"高效"，完成整个思政实践的实施和总结回顾，没有受到暑期全国多地疫情反复的影响。对于本次小组思政实践，我认为可以用配合无间、取长补短、群策群力来概括，对于小组思政实践的结果来说，不管是项目的影展报告还是小组四位成员的实际感受，都比较充实。

下面我就本次思政实践进行个人总结。在前期，小组四位成员通过线下讨论确定了本次思政实践的主题。学期末，小组通过线上会议大概确定了实践的时间以及参与实地考察的组员。由于有两位同学是湖北省宜都市本地居民，另一位同学的家也在宜都市附近，所以经过小组讨论决定，本次思政实践的实地考察、拍摄、访谈等环节由这三位同学完成，而我负责本次思政实践当中的访谈提纲撰写、调研背景的资料查找以及后续的思政实践报告的总结撰写工作。在进行访谈提纲撰写时，我利用之前多次做访谈的经验，撰写了本次思政实践的访谈问题，由浅入深，方便小组成员能够在进行访谈时，尽可能深入地了解湖北省宜都市电商小镇的发展现状。撰写后上传到小组群内，由三位小组成员提出修改意见，由我进行了最后的修改工作。

2021年6月25日上午，小组成员怀着既兴奋又忐忑的心情前往宜都市电商小镇集合，我在群内时刻关注着三位小组成员的动态。我在充分了解了小组成员上传到群内的访谈录音以及照片等素材后，于6月25日晚，同小组其他三位成员在线上召开了本次思政实践的总结回顾会。在总结回顾会上，我主要通过提问的方式，向三位小组成员充分了解了实践的具体细节、流程；三位小组成员也分享了很多在实践过程中的趣事。在听到小组成员的分享后，我也禁不住感叹，本次思政实践的收获颇丰。结束总结会后，我撰写了项目总结报告书，又根据小组成员提出的意见修改后，完成了本次思政实践报告书的主体部分。

回顾本次思政实践中我的收获，一是丰富了撰写访谈提纲、团队分工协调的经验，二是随着小组走出校园，前往宜都市电商小镇，我也间接了解到了电商小镇的现状（规模、效益、社会影响力、扶贫效果等）、宜都市电商小镇所面临的机遇与问题（园区面积过小、政府的扶持力度不足，限制了小镇引入更大规模的电商企业入驻等）。

注：每人一份个人总结，手写，且签名、日期。